·国家社会科学基金一般项目《社区养老服务"医养护"一体化路径研究》（编号：16BSH126）资助

Research on the integrated elderly care service of medical care and health care

医养康护一体化养老服务研究

汪连新◎著

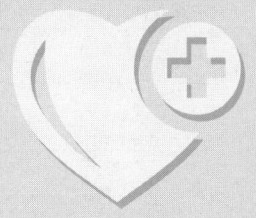

中国经济出版社
CHINA ECONOMIC PUBLISHING HOUSE
北京

图书在版编目（CIP）数据

医养康护一体化养老服务研究 / 汪连新著. -- 北京：中国经济出版社，2022.5

ISBN 978-7-5136-6910-8

Ⅰ. ①医… Ⅱ. ①汪… Ⅲ. ①养老–社会服务–研究–中国 Ⅳ. ①D669.6

中国版本图书馆CIP数据核字（2022）第076070号

责任编辑	贺　静
责任印制	马小宾
封面设计	华子设计

出版发行	中国经济出版社
印　刷　者	北京富泰印刷有限责任公司
经　销　者	各地新华书店
开　　本	710mm×1000mm　1/16
印　　张	18.75
字　　数	230千字
版　　次	2022年5月第1版
印　　次	2022年5月第1次
定　　价	78.00元

广告经营许可证　京西工商广字第8179号

中国经济出版社 网址 www.economyph.com 社址 北京市东城区安定门外大街58号 邮编 100011

本版图书如存在印装质量问题，请与本社销售中心联系调换（联系电话：010-57512564）

版权所有　盗版必究（举报电话：010-57512600）
国家版权局反盗版举报中心（举报电话：12390）　　　服务热线：010-57512564

前 言

  人口老龄化是我国改革开放和社会经济快速发展的必然结果，也是新时期我国在应对经济转型、克服新冠肺炎疫情面临的挑战的同时要努力解决的社会建设任务。党的十九届五中全会将应对人口老龄化提升为国家战略，探索适合中国国情的养老服务制度、实施"医养康护"一体化的养老服务模式，不仅是对"居家为基础、社区为依托、机构为支撑"养老服务体系的具体细化，也囊括了对老年人的生活照料服务和精神慰藉服务。此外，国家更加关注老年人医疗保健、康复理疗、疾病救治、临终关怀等医疗康复服务。"医养结合"制度，"医"是关键，"养"是基础。"医养结合"制度以老年人基本需求为出发点，解决了老年人照护和康复的难题，减轻了家庭和社会的负担，突出解决了失能、半失能、高龄老人的照料难题。本书研究"医养康护"养老服务体系，剖析目前养老服务建设理念、管理体制、服务内容、基础设施、人才队伍、信息智能化等方面存在的问题，借鉴英国、美国、德国等发达国家的经验，提出完善"医养康护"服务体系建设的政策建议，具有重要的理论意义和实践意义。

  本书从我国人口老龄化基本国情入手，解析我国人口老龄化基数大、速度快的特征，面对传统家庭照护功能弱化、社会化"医养结合"养老服务制度尚不健全的现实，在梳理国内外"医养结合"文献的基础上，以健康老龄化理论、积极老龄化理论、社区照顾理论、福利多元主义理论、马斯洛需求理论、新公共服务理论等理论为基础，梳理我国政府和主管部门颁布的关于养老服务的政策文件，评析政策文件颁布的现实意义。此外，本书通过问卷调查和访谈的方式进行了实证研究，对北京、广州、上海、兰州等城市居民以社区为单位开展面对面随机问卷调查和访谈，通过描述性统计、有序多元Logistic模型分析，认为"医养结合"制度存在的问题主要表现为社区养老和医疗服务供给不足，康复护理服务短缺，对"医养结合"的理念认识不到位，老年护理人员短缺、流动性大，家庭医生签约服务没有取得实质效果等方面。梳理了国家先后出台的"医养结合"试点单位及模式，并总结、借鉴了英国、美国、日本、德国等国家养老服务的经验。

  本书剖析了国家"医养结合"试点单位的现状，结合问卷调查分析，认为我国"医养康护"养老服务制度亟待解决的主要问题包括以下几个方面：一是"医养结合"顶层设计缺乏科学理念指引，对健康老龄化和积极老龄化等理论意义缺乏科学认知，在老年人的健康管理方面，重医疗、轻防护，大病小病都去三级医院，对社区基层医疗机构不信任。二是"医养结合"政策落实不力。医疗和养老资源没有得到充分整合，呈现出碎片化、多头管理现状，社区卫生服务薄弱，老年人专业化康复护理服务短缺。三是"医养结合"专业人才短缺。老年护理人员缺口大、专业素质低、人员流动性大，与"医养结合"制度相关的心理慰藉、老年教育、老年健康等专业人才缺口大。四是对"医养结合"服务模式认知存在问题，对"医"和"养"养老服务及养老机构开展医疗服务界定不清、定位不准，执行过程存在形式主义现象。五是长期护理保险制度尚未定型，老年人失能等级评估标准还缺乏具体指导性和可操作性。六是"医养结合"部门协同存在壁垒，国家卫健委、民政部、老龄办、人力资源和社会保障部等部门在某些领域仍然存在碎片化管理，医养结合处于"多龙治水"的局面，没有形成对"医养结合"制度的总体规划和管理。七是"医养结合"基础设施不完善，养老机构护理床位数量不够，有的养老机构远离市区和老人熟悉的家园，老年护理用品还不能满足老年人的基本需求。

前言

本书针对"医养结合"存在的问题，提出以下政策建议：一是完善"医养结合"养老服务相关法律法规，强化《中华人民共和国老年人权益保障法》执法检查监督，维护老年人合法权益，加快修订基本养老保险制度和基本医疗保险制度，破除"医养结合"发展的制度障碍，完善老年人社会救助制度。二是树立"医养结合"发展的科学理念，宣扬健康老龄化和积极老龄化理念，树立关心关爱老年人健康的社会风尚，深入贯彻《联合国老年人原则》，保障老年人合法权益。三是强化"医养结合"供给侧结构性改革，增加养老服务供给，支持"医养结合"社会化筹资渠道。商业银行和保险公司探索提供住房反向抵押养老保险产品和税收递延型商业养老保险产品，解决"医养结合"资金来源问题。四是提高"医养结合"养老服务模式运行效率，整合医养服务资源，拓展创新"医养结合"多种模式，激励社会组织和资金参与"医养结合"服务，落实家庭医生签约服务制度，提高时效性和便利性，激励医养康护专业技术人员多点执业。探索适合中国经济发展和老年人需求的长期护理保险制度。五是强化"医养结合"管理和监督体制，明确国家卫生健康委员会对"医养结合"制度设计和改革的总体管理职责，强化不同部门的横向监管，发挥联席会议作用，使部门之间协同发展、责任明确，共同提升老年人的生活质量。六是加快培育"医养结合"人才队伍，从学校教育和非学历教育入手，做好"医养结合"专业人才发展规划，建立多途径"医养结合"专业技术人才培育机制，弥补人才缺口。七是构建"医养结合"信息化和智能化服务系统，将互联网、大数据和人工智能技术运用到"医养结合"的养老服务中，提高制度效率，降低成本。八是构建"医养结合"社会支持系统，包括非政府组织、社会志愿者、社会救助、社会参与等系统，全社会共同参与，为老年人提供全方位、全生命周期的服务保障。

目　录

第一章　绪　论 / 1

第一节　研究背景 / 1
一、我国人口老龄化的特征 / 3
二、我国养老服务现状 / 10

第二节　研究意义 / 14
一、理论意义 / 15
二、实践意义 / 16

第三节　研究方法、内容及逻辑框架和可能创新点 / 21
一、研究方法 / 21
二、研究内容及逻辑框架 / 23
三、研究的创新点 / 24

第二章　研究文献综述 / 27

第一节　"医养结合"研究文献概况 / 27

第二节　国外文献综述 / 29
一、美国商业保险护理制度研究 / 30
二、日本介护保险制度研究 / 31
三、德国社会保险护理制度研究 / 32
四、国外养老服务评价 / 34

第三节　国内文献综述 / 35
一、老年健康重要性研究 / 36
二、"医养结合"概念及内涵研究 / 37
三、"医养结合"功能研究 / 38

四、"医养结合"必要性研究 / 38

五、"医养结合"现状及问题研究 / 39

六、"医养结合"发展的影响因素研究 / 41

七、"医养结合"制度实现路径研究 / 42

八、"医养结合"制度内容相关研究 / 44

九、家庭医生签约服务相关研究 / 44

十、"医养结合"专业人才培养研究 / 46

十一、"医养护"一体化必要性研究 / 48

十二、"医养结合"发展政策建议研究 / 49

十三、长期护理保险制度研究 / 50

十四、建立"医养结合"型护理机构研究 / 52

十五、建立中医特色养老机构研究 / 53

十六、国内"医养结合"典型案例实证研究 / 55

十七、养老服务"互联网+"信息化网络建设研究 / 57

第四节 文献研究评析 / 58

第三章 "医养结合"相关概念解析及理论基础 / 62

第一节 "医养结合"相关概念及内涵解析 / 62

一、人口老龄化 / 62

二、家庭养老 / 65

三、社区居家养老 / 66

四、机构养老 / 68

五、空巢老人 / 69

六、失能老人 / 70

七、医养结合 / 71

八、社区"医养结合"养老服务 / 72

九、"医养康护"一体化服务 / 74

十、长期护理保险 / 76

　　十一、临终关怀 / 77

第二节 "医养结合"相关理论基础 / 78

　　一、健康老龄化理论 / 78

　　二、积极老龄化理论 / 80

　　三、社区照顾理论 / 82

　　四、福利多元主义理论 / 85

　　五、马斯洛需求理论 / 87

　　六、新公共服务理论 / 91

　　七、非政府组织理论 / 92

　　八、全面小康理论 / 94

第四章　我国养老服务政策梳理及理念变迁 / 97

第一节 1999—2020年养老服务政策梳理 / 98

　　一、历年全国两会政府工作报告中关于老龄工作的部署及政策评价 / 98

　　二、从历年党的全国代表大会报告中梳理老年政策及评价 / 101

　　三、全国人大常委会及国务院关于老年服务的政策及评价 / 103

　　四、全国老龄委办公室关于老年服务的政策及评价 / 103

　　五、民政部关于老年服务的政策及评价 / 103

　　六、国家卫计委关于老年服务的政策及评价 / 103

　　七、国家发展改革委关于老年服务的政策及评价 / 103

　　八、老龄相关部门关于老年服务的政策及评价 / 103

第二节 我国养老服务的理念变迁及制度趋向 / 137

　　一、养老服务孕育期：1951—1978年 / 137

　　二、养老服务探索发展期：1978—2000年 / 138

　　三、养老服务体系化建设期：2000—2015年 / 138

　　四、"医养结合"期：2015年至今 / 140

第五章 "医养康护"一体化老年服务现状问题实证调查研究 / 142

第一节 研究问题的设计及调查 / 142
一、调查问卷设计 / 142
二、调查过程及问卷统计分析 / 143

第二节 问卷调查结论 / 162
一、社区养老服务供给不足 / 162
二、社区医疗服务供给不足 / 162
三、社区老年人康复护理服务基本缺失 / 163
四、对"医养结合"的理念认识不到位 / 163
五、医护人员缺乏，成为医养结合实施的短板 / 164

第六章 我国"医养结合"典型模式解析 / 165

第一节 国家医养结合试点政策及单位 / 165
一、第一批"医养结合"试点单位及政策 / 165
二、第二批"医养结合"试点单位及政策 / 167

第二节 医养结合的模式及典型案例 / 169
一、我国"医养结合"模式探索 / 169
二、我国"医养结合"模式类型 / 171

第三节 我国"医养结合"典型模式 / 176
一、北京市社区养老服务驿站 / 176
二、杭州市医养护签约服务模式 / 177
三、青岛市实施"医养康护"相结合的长期护理保险 / 178
四、"医养护一体化"的有益经验及借鉴 / 179
五、各地"医养结合"创新模式 / 186

第七章 国外"医养结合"养老服务的经验及借鉴 / 208

第一节 英国的养老服务制度 / 208

一、英国的养老服务模式 / 208

　　二、英国养老服务的类型 / 210

　　三、英国的"医养结合"制度 / 210

第二节　美国的养老服务制度 / 212

　　一、美国的养老服务模式 / 212

　　二、美国的老年护理机构 / 213

　　三、美国养老机构的类型 / 214

　　四、美国的养老产业制度 / 216

　　五、美国"医养结合"模式对我国的启示 / 216

第三节　日本的"医养结合"制度 / 217

　　一、日本的养老服务制度 / 217

　　二、日本养老服务的政策支持 / 219

　　三、日本养老服务"医养结合"的融合情况 / 220

　　四、日本的养老服务类型 / 222

　　五、日本养老服务模式对我国的启示 / 223

第四节　德国的"医养结合"养老服务 / 225

　　一、德国"医养结合"的模式 / 225

　　二、德国养老服务机构的类型 / 226

　　三、德国的养老护理制度 / 228

　　四、德国养老服务模式对我国的启示 / 229

第五节　新加坡的养老服务制度 / 230

　　一、新加坡的养老服务 / 230

　　二、新加坡"医养结合"的养老模式 / 231

　　三、新加坡养老服务模式对我国的启示 / 232

第八章　我国"医养康护"一体化养老服务存在的问题及政策建议 / 234

第一节　"医养结合"养老服务存在的问题 / 234

一、对"医养结合"理念认识存在偏差 / 234

二、我国"医养结合"服务制度存在的问题 / 235

三、"医养结合"服务模式存在的问题 / 237

四、长期护理保险制度尚未定型，缺失护理等级科学评估标准 / 238

五、"医养结合"的支付保障系统不完善 / 239

六、"医养结合"部门协同存在壁垒障碍 / 239

七、"医养结合"专业人员短缺，成为制度发展的短板 / 240

八、"医养结合"基础设施不完善 / 244

第二节 "医养结合"养老服务政策及建议 / 245

一、完善"医养结合"养老服务相关法律法规 / 245

二、树立"医养结合"发展的科学理念 / 246

三、强化"医养结合"供给侧结构性改革，增加养老服务供给 / 248

四、提高"医养结合"养老服务模式运行效率，整合医养服务资源 / 251

五、强化"医养结合"管理和监督体制 / 253

六、加快培育"医养结合"人才队伍 / 254

七、构建"医养结合"信息化和智能化服务系统 / 256

八、构建"医养结合"社会支持系统 / 256

第三节 研究结论 / 257

参考文献 / 263

附 录：调查问卷 / 277

索 引 / 283

后 记 / 285

第一章 绪 论

2020年10月,党的十九届五中全会提出了应对人口老龄化的国家战略目标。构建应对人口老龄化的养老服务制度、解决老龄化带来的家庭照护难题,是未来全面建成现代化强国,实现社会和谐、家庭幸福的重要任务。研究并完善"医养结合"养老服务模式,对于当前应对我国快速老龄化挑战具有重要的意义。

第一节 研究背景

我国正快速成为人口老龄化和高龄化的国家。2000年,我国60岁及以上人口占总人口比重达到10.46%,标志着我国已进入人口老龄化国家行列,仅20年后,2020年年末第七次全国人口普查数据显示,我国60岁及以上人口占比已经达到18.7%,总数为2.64亿人,其中65岁及以上人口1.91亿人,占比为13.5%,我国成为世界上老龄人口最多的国家。2020年,我国人均预期寿命达到77.3周岁,相比新中国成立初期的不到40岁,预期寿命延长,这一方面是因为生活质量改善,医疗水平提升,人们身体抵御疾病的能力比以前大大增强了;另一方面是因为较低的出生率。2018年,我国60岁及以上人口总数超过0~15岁未成年人总数,这一趋势在未来将成为常态。2017年1月，我国"十三五"卫生与健康规划[①]指出，2015年我国人均预期寿命已经达到76.34岁，比2010年提高了1.51岁，2020年我国人均预期寿命在2015年的基础上提高了1岁（见表1-1）。

表1-1 "十三五"时期我国卫生与健康指标[②]（健康部分）

领域	主要指标	2020年	2015年	指标性质
健康水平	人均预期寿命/岁	>77.3	76.34	预期性
	孕产妇死亡率/‰	<18	20.1	预期性
	婴儿死亡率/‰	<7.5	8.1	预期性
	5岁以下儿童死亡率/‰	<9.5	10.7	预期性

预期寿命延长，是我国社会经济快速发展、生活质量和水平提高的必然结果，也是改革开放促使社会保障水平提升的标志，我国预期寿命预测数据如图1-1所示。人口快速老龄化和社会抚养比下降，给老年人的治疗疾病、残疾高龄护理以及老龄关怀等方面带来了一定的挑战，需要政府、社会、家庭和老年人共同解决老年人医疗、康复、护理等服务的难题，切实以老年人基本需求为出发点，构建老年人"医养康护"一体化服务模式，实现老年人养老服务业的社会化和市场化发展。"十四五"规划为新时代进一步推进养老服务事业和产业指明了正确的方向，具有重大实践指导意义。

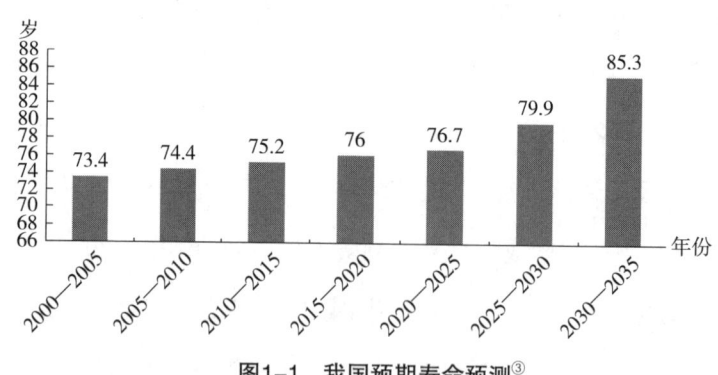

图1-1 我国预期寿命预测[③]

---

① 资料来源：http://www.gov.cn/zhengce/content/2017-01/10/content_5158488.htm。

② 资料来源：http://news.xinhuanet.com/health/2017-01/10/c_1120283228.htm。

③ 资料来源：http://www.chyxx.com/industry/201609/450544.html。

一、我国人口老龄化的特征

我国人口老龄化的特征与其他国家相比具有明显差异,发达国家步入人口老龄化阶段经历了百年甚至更久的时间,而我国老年人口占比从10%到20%用了不到15年时间。我国人口老龄化的明显特征是速度快、慢病化、空巢化和高龄化。

(一)我国人口老龄化速度快

联合国和世界卫生组织对人口老龄化标准有着明确界定——一个国家或地区60岁及以上人口占人口总数的比例超过10%,或65岁及以上人口占人口总数的比例超过7%,即进入老龄化社会。老龄化是一个动态过程,即老年人口占总人口比例上升,社会人口结构变化体现为老年人数量不断增加。

2000年我国60岁及以上老年人占比达到10.46%,我国快速进入人口老龄化社会(见表1-2和图1-2)。

表1-2 我国人口老龄化的发展阶段[①]

老龄化阶段	起止年份	老年人口规模/亿人	老年人口占比/%	主要特征
快速人口老龄化阶段	1999—2022	1.31~2.68	10.3~18.5	老年人口增加,少儿人口减少,劳动力资源相对充足
急速人口老龄化阶段	2022—2036	2.68~4.23	18.5~29.1	总人口规模稳定,老年人口快速增长,为应对人口老龄化的艰难时期
深度人口老龄化阶段	2036—2053	4.23~4.87	29.1~34.8	总人口负增长、高龄化加速,在世界上人口老龄化形势最为严峻
重度人口老龄化阶段	2053—2100	4.87~3.83	约33	少儿出生人口、劳动年龄人口及老年人口同比减少,人口结构比例相对稳定,老龄人口占比高位运行,进入重度老龄化时期

---

① 资料来源:《关于国家应对人口老龄化战略研究总报告》。

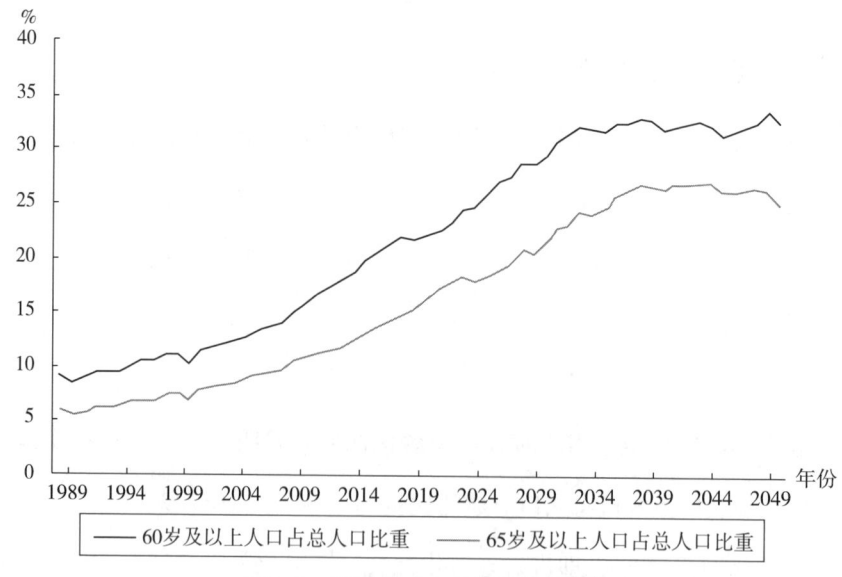

图1-2 我国人口老龄化发展趋势①

统计数据显示，我国已进入快速老龄化时期。截至2020年年末，我国60岁及以上人口占总人口的比例为18.7%，老年人总数达到2.64亿人，65岁及以上人口达到1.91亿人，占比为13.5%（见表1-3）。

表1-3 2013—2019年我国人口结构变化统计② 单位：万人

指标	2013年	2014年	2015年	2016年	2017年	2018年	2019年
年末总人口	136072	136782	137462	138271	139008	139538	140005
0~14岁人口	22329	22558	22715	23008	23348	23523	23492
15~64岁人口	100582	100469	100361	100260	99829	99357	98910
65岁及以上人口	13161	13755	14386	15003	15831	16658	17603

历年统计公报数据显示，我国65岁及以上人口每年增速超过1%，人口快速老龄化特征更加明显（见图1-3）。

---

① 资料来源：http://www.chyxx.com/industry/201603/395552.html。

② 资料来源：中健联盟研究中心。

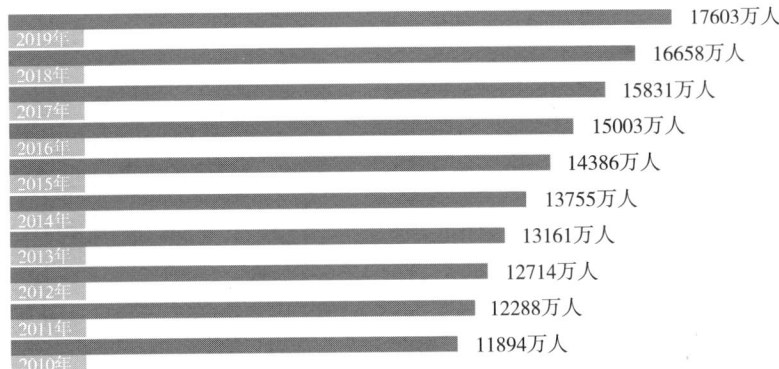

图1-3 我国65岁及以上人口年度增长趋势①

根据国家老龄委的统计数据，我国人口老龄化将呈持续快速增长的态势，对我国社会经济产生重大影响。从图1-4老年抚养比增长趋势数据来看，老年抚养比逐年增加，社会和家庭都要迎接即将到来的长寿时代，为老年人设计能够安享晚年的照护制度。

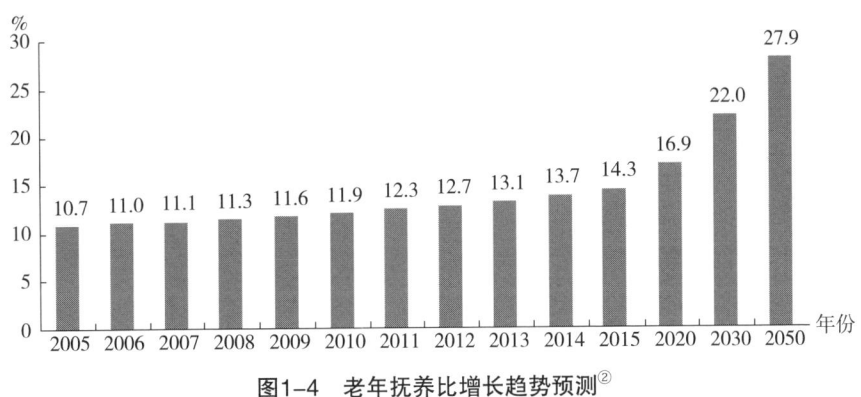

图1-4 老年抚养比增长趋势预测②

2010年中国总抚养比为34.2%，少儿抚养比为22.3%，老年抚养比为11.9%，而到2019年这一数据发生了较大变化，总抚养比为41.5%，少儿抚养比为23.8%，老年抚养比为17.8%，总抚养比增加了7.3%，少儿抚养比仅

---

① 资料来源：根据2010—2019年国民经济和社会发展统计公报整理。
② 资料来源：http://www.chyxx.com/industry/201609/450544.html。

增加了1.5%，而老年抚养比增加了5.9%（见表1-4）。

表1-4 人口抚养比的变化情况① （%）

指标	2010年	2011年	2012年	2013年	2014年	2015年	2016年	2017年	2018年	2019年
总抚养比	34.2	34.4	34.9	35.3	36.2	37	37.9	39.2	40.4	41.5
少儿抚养比	22.3	22.1	22.2	22.2	22.5	22.6	22.9	23.4	23.7	23.8
老年抚养比	11.9	12.3	12.7	13.1	13.7	14.3	15	15.9	16.8	17.8

（二）老年人医疗消费支出比重增加

卫生部门的一项调查显示，人一生医疗费用的41.7%发生在65~84岁；死亡前1个月的住院费用占临终两年总费用的38%。该项调查还显示，医疗资源消耗总体以老年人口为主，老年人通过门诊和急诊看病人次占门诊总量的52.2%，疾病出院人数占总量的45.3%②。因此，老年阶段消费结构会发生很大变化，医疗费用支出明显增加，一些老年人的养老风险主要集中在因为医疗费用的增加而引发的经济支付风险，甚至会导致家庭经济困难。

从生命周期理论视角看，退休期也是生命风险的积聚期，一方面，退休金收入增长有限；另一方面，随着年龄增长，护理费用和医药费用不断增加，使得老年人可能面临入不敷出的经济风险。如图1-5所示，在退休期，医疗护理等支出可能增加，而老年人的收入基本不变，老年人可能面临难以维持长期支付医疗费用的风险。

（三）空巢老人数量快速增加

空巢老人是社会经济发展和城镇化过程中出现的新群体，是子女成家或异地就业后独自生活的老年群体。随着改革的不断深化，人们的职业意愿和就业观念发生了重大改变，子女远离父母居住地就业成为常态。农村

---

① 资料来源：中健联盟研究中心。

② 资料来源：http://www.xiangrikui.com/shehuibaoxian/shendupinglun/20170318/505740.html。

劳动力到城市打工，使得农村老人的空巢比例高于城市。空巢老人不仅在生活上难以自我照料，更难以解决心理、精神需求，容易产生心理失调症状，成为社会化服务的重点关注对象（见图1-6）。

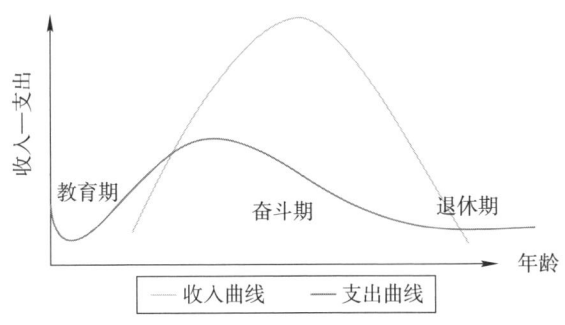

图1-5　退休期的收入与支出曲线

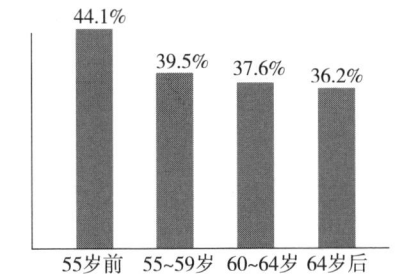

图1-6　2017年中国空巢老人现状报告（1）[①]

注：当最后一个孩子离开父母时，这个家庭就开始了空巢期。近一半的中国家庭空巢期从50~55岁开始。

从图1-7中可以看到，我国空巢老人的比率逐年增加，是老年群体中迫切需要社会化养老服务的对象，此外，还应重点关注孤残老人、失独老人、高龄老人和农村留守老人等特殊群体。

---

① 资料来源：http://www.sohu.com/a/134030279_635749。

图1-7　2017年中国空巢老人现状报告（2）[①]

注：每5个空巢老人中，就有1人将独自度过晚年。依目前趋势，在30年后，每10个阅读此报告的中国人中，就有1人孤独度过晚年。

（四）高龄老人数量快速增加

高龄长寿是每个人的梦想，随着生活水平的提升和休闲指数的增加，中国已经迈入长寿时代。人均预期寿命每10年增加3岁左右，到2050年，中国人均寿命预计超过80岁，高龄成为老龄化社会的普遍特征。

高龄化指数计算公式如下：

高龄化=（80岁及以上老年人口数/60岁及以上老年人口数）×100%

在人口老龄化的基础上，我国高龄老人数量也在快速增加，高龄老人对医疗、康复、护理等服务的需求也明显增加。从消费方面看，高龄老人的消费结构中医疗费用和护理费用占比会显著增加，甚至会居消费支出的首位。高龄人口的老龄化过程将会持续很长时间，成为2050年现代化中国的重要人口特征。《中国老龄事业发展报告（2013）》[②]显示，高龄老年人口年均增长100万人，在老龄化后期还会呈现出加快趋势。如图1-8所示，我国高龄人口到2050年将达到约1亿人，80岁及以上人口占比将从2020年的1.95%提高到2050年的6.55%（见表1-5）。

[①] 资料来源：http://www.sohu.com/a/134030279_635749。

[②] 资料来源：http://www.360doc.com/content/14/0331/20/8290311_365284728.shtml。

第一章 绪 论

表1-5 我国高龄老人数量增长预测[①]

年份	总人口/亿人	80岁及以上人口/亿人	80岁及以上人口占比/%
2015	14.04	0.25	1.78
2020	14.33	0.28	1.95
2025	14.45	0.31	2.15
2030	14.44	0.39	2.7
2035	14.39	0.53	3.7
2040	14.29	0.59	4.13
2045	14.08	0.75	5.32
2050	13.73	0.9	6.55
2055	13.38	1	7.47
2060	13	0.93	7.15
2065	12.62	0.91	7.21
2070	12.29	1.06	8.62
2075	11.95	1.05	8.79
2080	11.63	1.01	8.68
2085	11.29	0.93	8.24
2090	11.04	0.97	8.79
2095	10.8	1.06	9.81
2100	10.51	1.09	10.37

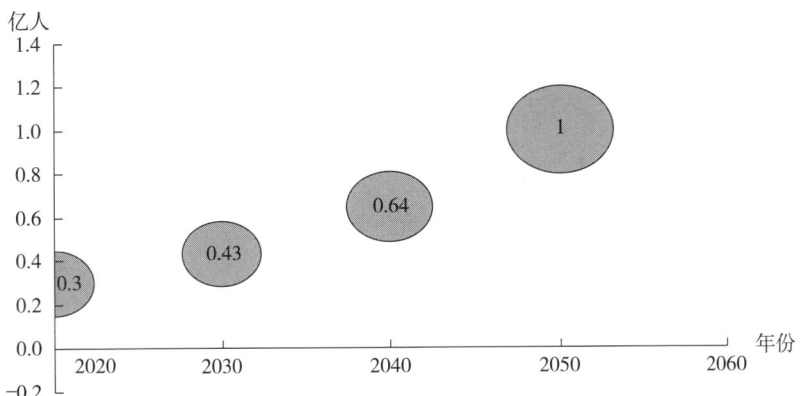

图1-8 我国高龄人口绝对数增长趋势[②]

① 杜鹏,翟振武,陈卫.中国人口老龄化百年发展趋势[J].人口研究,2005(6):90-93.
② 资料来源:《中国人口老龄化趋势》。

二、我国养老服务现状

（一）家庭养老功能弱化

我国传统的家庭养老理念是希望儿孙满堂，有很多子女照顾一对老人，老人在家里的地位比较高，很有权威，可以一言九鼎。孝敬老人是我国的传统美德，古人把"孝"作为最基本的道德规范，把"齐家""治国"与"平天下"放在同一高度，这也是我国家庭养老保障的伦理基石，将"孝顺"与"养老"紧密相连。《辞海》中对家庭养老有三种解释：一是指奉养老人；二是指官员退休后"告老还乡"；三是使年长者在家颐养天年。

传统家庭养老保障制度的产生和发展是建立在"家天下"的家庭伦理观念和相对封闭的自给自足农业生产方式之上的。我国农业社会采用自给自足的生产方式，不同家族之间相对封闭，家庭既是维系生育、养老的情感体，也是独立的生产单位，子女对家庭的依赖和老人在家庭中的权威使得家庭养老传统得以延续。我国实施计划生育政策后，家庭结构发生了快速变化，"多代同堂"的家庭结构逐渐消失，而独生子女"三口之家"成为核心主体，家庭结构变成了"4-2-1"倒金字塔型，即四个老人、一对夫妻和独生子女。家庭人口数量逐年减少（见图1-9），类型呈多样化，出现了丁克家庭、单身家庭、单亲家庭、失独家庭等，使得家庭原有的依靠多子女养老的方式难以实现。

（二）老年人护理康复等服务供给不足

从我国原有的行政管辖体制来看，老年人的医疗服务管理隶属原国家卫生和计划生育委员会（2018年3月改为国家卫生健康委员会，简称卫健委），而老年服务管理隶属民政部，两个同级管理部门，使得老年人不可分割的医疗和养老两翼需求被迫分离为两个主管部门，形成了"多龙治

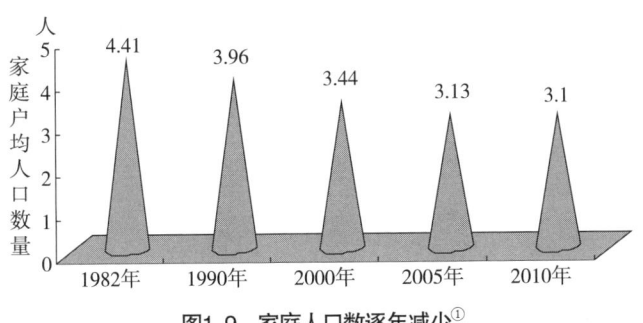

图1-9　家庭人口数逐年减少①

水"的管理局面，导致了老年保障制度运行中的责任不清、管理效率低下问题。以居住在城市社区的老年人为例，社区养老服务中心（也称为老年活动中心）为老年人提供文化娱乐健身休闲场地和服务，社区卫生服务中心为老年人健康和护理服务，由于社区没有良好的医疗条件，老年人看病要到附近的大医院排队挂号，这样的医养分离格局导致"养老的地方看不了病，看病的地方却不能养老"。因为养老归民政部门管，医疗归卫健部门管，将老年人两大基本需求隔离开来。许多养老院医疗服务缺失，甚至老年人常年服用的降压药等基本药品都需要到附近药店或医院购买，老年人一旦在养老院突发疾病，养老院也常常手足无措。党的十九大之后，我国新组建了国家卫生健康委员会，增加设立了老年健康司，原来由民政部主管的老龄协会改由国家卫生健康委员会主管，突出了医养结合政策措施，从管理体制上实现了老年人养老服务和医疗服务管理的统一，明确了老年人养老服务和医疗服务的职责。2017年我国各类养老服务机构和设施有15.5万个，同比增长10.6%，而到2018年，机构数量保持在17万家左右，机构床位727.1万张，每千人养老床位29.1张，保持快速增长趋势（见表1-6）。随着老龄化速度的加快，我国养老机构床位缺口逐渐扩大，2018

---

① 资料来源：根据历次全国人口普查报告数据整理。

年我国养老机构床位缺口为914万张，同比增长9.1%，机构养老服务的供给明显不足。

表1-6 养老机构床位年度变化统计①

年份	2010	2011	2012	2013	2014	2015	2016	2017	2018	2019
养老机构床位数/万张	316.1	369.2	416.5	493.7	390.3	358.1	378.8	383.5	379.4	429.2
增减幅度/%	—	+17	+13	+19	-26	-9	+5.8	+1.2	-1.1	+13

从我国养老机构床位近10年的变化可以看出，养老服务制度建设的理念在不断变化。在我国养老服务体系建设中，关于养老服务定位是"机构为补充"还是"机构为支撑"，学界一直存在争议，2011年政府文件中提出养老服务体系"机构为支撑"，2013年又修改为"机构为补充"。在争议还没有定论的时候，我们发现相比2013年，2014年养老机构床位数减少了103.4万张，机构养老作为我国养老服务体系的支柱，在供给床位、服务专业人员、服务质量和标准等方面还存在诸多需要补齐的短板。而社区养老，可以让老年人在自己熟悉的环境里颐养天年，适合中国国情，需要大力发展社区养老服务，让医养结合以社区为平台，尤其要重点满足老年人康复护理服务需求。

位于杭州上城区大学路新村的在水一方益寿院②，已经建成将近30年，是一家公办民营的"老牌"养老机构。3年前，刘大伯和老伴住进养老院，原因是养老院里有食堂提供饭菜，护理员每天会定时打扫房间、清洗衣物，衣食住行基本不需要老人操心。养老院就在社区里，空闲时，他们可以找熟悉的老邻居聊天、打麻将，或者到旁边的公园里锻炼身体。且相比其他养老机构，益寿院的收费并不高，一个自理老人每月的费用

---

① 资料来源：根据历次全国人口普查报告数据整理。

② 资料来源：http://zj.people.com.cn/n/2015/1211/c186806-27293826.html。

大概为2200元，老年人基本可以承受养老费用支出。可是老年人最关心的医疗问题难以解决，养老院没有医疗服务能力，也没有与附近医院建立医疗合作，经常出现老人突发疾病要急救送医院的现象，甚至有时会出现老人因为急救不及时而去世的情况。刘大伯和老伴都患有高血压、高血脂等慢性病，所幸两位老人的身体还算硬朗，每个月月初，两人就结伴到附近的大学路社区卫生服务站配药。

由此案例可知，"医养康护"是老年人的基本需求，而现状却是"医养"服务分离或"康护"服务缺失，无法从整体上提升老年人服务质量，也制约了养老机构的全面发展。

（三）养老服务人才短缺

笔者在各大养老机构调查访谈时发现，养老服务人才紧缺是养老机构目前普遍面临的一大难题。一是护理人员以中老年女性为主，专业化服务水平不高，不能满足老年人的心理需求、特殊照护需求，且因工资低，流动性较大。二是护理人员普遍为没有医学、护理学知识的保姆和护工，她们的能力仅限于陪伴老年人或料理家务，而老年人更需要养老护理人员，他们应具备更专业的护理知识和技能，能够对一些特殊老年人群体进行专业化护理，比如老龄失能老人、手术后康复期病人、瘫痪卧床老人等，他们需要更专业的康复和护理服务，能够为老年人提供这些医疗康复护理的保姆少之又少。除此之外，对老年人有爱心，能够提供精神、心理关爱等方面的特殊照顾，也是普通护工不具备的素质。三是养老护理人员总数缺口巨大。据老龄办的统计数据，我国2019年年末失能老年人超过4000万人，而全国养老护理员持证人数仅有30万，远不能满足护理需求。面对养老护理从业人员的巨大缺口，政府和业界都在积极采取措施，加快"补短板"[①]。

---

① 资料来源：http://www.xinhuanet.com/politics/2019-11/05/c_1125195464.htm。

基于以上背景，研究"医养康护"一体化养老服务模式及实现路径，对于应对我国快速老龄化挑战、提高老年人健康质量、实现健康养老目标，具有重要的现实意义。

第二节　研究意义

我国是世界上最大的发展中国家，也是世界上老年人口总数最多的国家。尽管我国目前经济总量居世界第二位，但是人均GDP还没有达到世界平均水平，2019年我国人均GDP接近1万美元，而发达国家的人均GDP已超过4万美元。百年未遇的新冠肺炎疫情暴发，使得世界经济发展的不确定性增加，国内外的风险因素更加聚集。基于我国的基本国情，设计和探索我国养老服务制度，应以老年人基本养老服务的需求为出发点，采取当面访谈老年人及问卷调查的方法，倾听老年人的心声，考虑老年人的服务需求和经济能力，设计相应的服务内容和项目。城市和农村的老年人退休养老条件存在较大差别，养老服务制度设计也应该有所差别。改革开放以来，我国社会保障制度从计划经济转型为市场经济，社会福利制度从单位福利转变为社会化福利。进入21世纪，人口老龄化问题日益凸显，我国开始探索养老服务的模式。

关于养老服务体系的探索，我国在传统家庭养老的基础上，逐渐向社区养老和机构养老方面拓展。2011年12月，我国在社会养老服务体系规划中，明确了养老服务的建设方向，并不断出台具体政策，各地方政府开始探索适合当地的养老服务模式。

2015年11月，国务院办公厅转发卫生计生委等部门《关于推进医疗卫生与养老服务相结合指导意见的通知》。医疗卫生与养老服务相结合，有利于满足人民群众日益增长的多层次、多样化健康养老服务需求，有利于推动经济持续健康发展和社会和谐稳定，对稳增长、促改革、调结构、惠民生和全面建成小康社会都具有重要意义。本书基于城市社区老年人的访谈及调查，从老年人基本服务需求入手，分析我国老年服务供给侧现状及问题，解析"医养康护"一体化养老服务模式的实施路径，无论从理论还是从实践视角看，都具有重要的意义。

一、理论意义

解决我国人口老龄化面临的系列困境和问题，时间紧迫、任务繁重，要以满足老年人基本需求为出发点，以提高老年人退休期生活质量为目标。目前很多学者从社会学、人口学、老年护理学等视角开展老年服务实证研究，比较或借鉴国外养老服务模式，提出实现社会化养老的政策建议，但理论层面的探索研究相对不够深入。本书基于福利多元主义、马斯洛需求理论及社区照顾理论等，拓展延伸了老年服务保障的理论研究领域。

（一）研究丰富老年保障学的理论内容

养老服务属于多学科交叉领域，涉及社会学、心理学、医学、管理学、公共管理学等领域。要建立以居家养老、社区养老和机构养老为支柱，医养结合的养老服务体系，发挥多主体参与机制，政府、社会组织、企业、家庭及老年人都要承担相应的责任。老年人从计划经济时代的"单位人"变为"社区人"，退休后隶属老年人所在的社区管辖，社区及家庭在养老服务供给中成为重要平台，符合老年人在熟悉的环境养老的习俗，而机构养老的支撑作用也不可忽视。因此，本书研究多支柱、多元化的养老服务，借助多学科交叉理论，探索养老服务的理论基础，从而丰富并深化了老年保障学理论的内容。

（二）拓展社区公共服务供给理论的研究领域

以社区为平台是我国养老服务体系的基础，北京市提出的"9073"服务模式，其中7%的老年人是依托社区养老服务供给的。社区养老服务，突破了传统的家庭养老观念。老年人不是到远离家园和亲友的养老院，而是在熟悉的社区享有专业化的服务，既可以随时回家与亲人团聚，又能在社区享有来自社会工作人员的照顾服务，甚至居住在家里，通过智慧养老服务系统让家庭签约医生和社区老年服务人员上门提供服务，这是利用互联网技术对养老服务的创新，是社区公共服务理论的延伸，既能满足老年人传统家庭养老的心愿，又能满足其专业化的养老和医疗服务需求，丰富了社区公共服务理论内容。同时，探讨多元化的社区养老服务供给体制，深化了公共管理服务理论研究领域。

（三）丰富老年学科的研究内容

老年人的服务需求包括基本生活照顾、医疗康复护理和精神心理慰藉等方面。社区在保障和维护老年人权益方面有较丰富的资源和良好的条件，特别在对高龄老人、伤残老人、孤寡老人、空巢老人的照护和救助方面可以建立完善的老年服务信息系统，为老年人提供医疗保健、疾病康复、慢性病治疗、临终关怀等专业化服务，较好地实现养老和医疗服务的结合。社区养老服务研究对象和研究内容与老年学研究框架基本一致。因此，研究社区层面的医养结合养老服务，对于丰富老年学科的理论内容、为我国社会化养老服务制度建设提供理论指导，具有积极意义。

二、实践意义

（一）从政府层面看

第一，有利于构建适合中国国情的医养结合养老服务模式。面对"银发浪潮"的快速到来，养老服务体系建设任务十分紧迫。在非正式制度照顾体系中，家庭照顾仍然发挥着不可替代的作用，成为老年人主要的生活照顾方式，但由于城镇独生子女家庭增多，核心家庭数量增加，加上就业方式发生改变，异地就业成为常态，许多独生子女在时间和精力上都无力照顾老人。机构养老虽然可以集中养老资源，针对老年人需求提供专业化、个性化服务，但目前机构养老总体承载能力有限，服务质量良莠不齐，专业技术人才缺乏，无法起到养老技术支撑的作用，服务费用也相对较高。我国政府提出探索"医养结合"的养老服务模式，是多年探索养老服务制度的经验总结，也是符合我国国情的养老服务创新模式（穆有帅，2018）。

社区养老被认为是适合我国传统和国情的养老服务方式，社区可以提供上门服务，也可以提供日托（餐桌）服务。加强社区养老服务平台的医疗和养老结合制度建设，对于化解老年照护风险具有积极的现实意义。

第二，有利于完善服务型政府职能。《"十四五"规划和2035年远景目标纲要》中明确提出"深化简政放权，放管结合，优化服务改革"。通过探索医养结合服务制度，加快政府"放管服"改革，转变政府职能。政府通过购买服务方式充分授权社会组织参与养老服务，从原来大包大揽、事无巨细的"管理及执行者"角色转变为"服务与支持者"，可以更好发挥政府的主导作用，有利于政府做好顶层规划与设计，制定医养结合政策与服务标准、强化监管，是更好满足"医养康护结合"的社会化养老服务制度内在要求。

第三，有利于加快老年福利制度建设步伐。社会保障具有三层基本功能，即经济保障、服务保障和精神保障。经济保障以基本养老保险为基础；服务保障是核心，可以满足老年人生活照顾和健康医疗的基本服务需求;精神保障以满足老年人情感需求、文化娱乐等精神层面的需求为目标,是最高层次保障需求(见图1-10)。2012年世界精神卫生日的主题就是以老年人精神健康为主旨,提出了"精神健康伴老龄,安乐幸福享晚年";关注老年人精神、心理需求,是养老服务的重心。

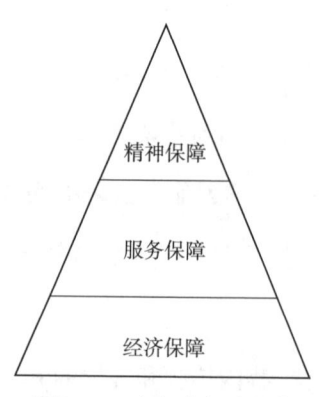

图1-10　老年人保障层次

（二）从社会层面看

第一,加强老年医疗和康复服务,避免引发社会风险。高龄老人大多数身体机能衰竭,患有慢性疾病。统计显示,2020年年末我国健康寿命是68岁左右,退休期平均患病的时间是10年左右,在目前家庭和机构养老服务都无力满足失能老人照护需求的现实条件下,老年照护问题可能集聚成社会性风险。因此,加快养老服务建设,整合资源,满足老年人的医疗、养老、康复及护理等需求,对于化解老年群体的照护和医疗社会风险具有重要意义。

第二,有利于促进尊老敬老社会风气的形成。老年人为国家和社会发展付出了毕生精力和心血,不应该把他们当成社会的负担,更不应该把老年人当作弱势群体和纯粹的消费人口,他们是社会重要的人力资本,应充分挖掘老年人积累的智慧和技术潜能,以社区为平台,创造机会让老年人继续发挥余热,把他们勤俭节约、恪尽职守、甘于奉献等的精神财富传承给下一代,这在发挥老年人社会价值的同时也促进了社会良好风气的形成和发展。

第三,有利于社会和谐发展。医养结合的养老服务模式使老年人的健康管理有了制度保障,使其健康质量得以提升,减少了医疗费用支出,减轻了家庭的经济负担,对于全社会来讲,也是促进家庭和睦、社会和谐发展的有益制度安排。

(三)从老年人个体层面看

第一,有利于摆脱特殊老年群体养老服务困境。根据健康状况,老年人可以分为健康老人、半自理老人及失能老人,其中失能老人的养老和医护服务需求最为迫切。世界卫生组织调查结果显示,65岁及以上的男性平均期望寿命约为17.1年,其中5.6年需要他人照顾;女性的平均期望寿命约为20年,其中6.7年需要他人护理照顾。社区医疗和护理服务的主要任务之一就是照顾那些高龄、失能、伤残老人,提高他们的生活质量,从心理方面及时给予他们疏导,保证老年人心情舒畅、配合治疗,以良好的心态积极与疾病抗争,尽可能实现康复。政府在社区养老护理服务中应加大财政投入,针对那些高龄、失能、病残、空巢、独居等特殊老年群体,用专项补贴或发放养老服务券方式为他们购买社会医疗机构服务,在社区范围内指定帮扶对象,发挥家庭签约医生的定点会诊作用,定点看护或照顾老人,这些措施对于特殊困难老人群体的晚年生活质量提升都具有积极意义。

第二,有利于提升老年人退休生活质量。刘继同(2019)认为"人们的基本需求是关于人类生存的必需品,如果得不到相应资源来满足,人们就会受到伤害,影响其正常社会功能的发挥"。老年人的需求具有多样性和复杂性，受其年龄、身体状况、婚姻状况、居住方式、经济条件、工作阅历、家庭环境、生活习惯等因素的影响和制约。老年人的养老服务需求具有层次性，在设计养老服务模式时，首先要满足老年人基本的生存和生活需求；其次在老年人安全需求层次，满足其医疗和康复需求；最后，精神和心理慰藉需求是老年人最高层次需求，让老年人有自我实现的满足感，使其发挥余热继续为社会做贡献，更有益于老年人身心健康，帮助其实现老有所乐的目标。

第三，有利于构建和谐家庭。老年人并不是纯粹的消费人口，他们也能创造新的社会价值，在很多专业技术领域，如医疗、教育、工程技术等，有的老年人还有着丰富的工作经验和娴熟技术，是社会的宝贵财富。构建以社区为依托，以家庭支持与社区支持相结合的"医养结合"服务模式，可以让老年人既能在熟悉的家庭环境里安享晚年，又可以接受来自社区的专业化的健康、心理、法律等咨询服务。老年人在社区老年服务中心参加丰富多彩的活动，可愉悦身心，交流感情，培养兴趣爱好，实现老有所乐。老年餐桌服务可化解老年人午间就餐的难题，减轻子女的照护负担，减少家庭因为养老照顾可能出现的纷争矛盾，维护家庭的和谐与发展。

第四，有利于实现老年人自身价值。社区是老年人发挥余热的"乐土"，是老年人退休后的精神和生活依托之地，可创造有利于老年人发挥潜能、实现其自身价值的机会和条件，使其成为老年人实现老有所为的良好平台。应通过提供制度化的老年服务，解除老年人医疗和失能照顾的后顾之忧，同时为老年人退休后再工作提供渠道和政策支持，有机会让老年人实现自身价值。

第三节　研究方法、内容及逻辑框架和可能创新点

一、研究方法

（一）问卷调查与定量分析方法

本书以北京、上海、广州、武汉、石家庄等城市社区的居民为调查对象，采用随机抽样方法，从社区老年服务供给和需求两个方面，采用多阶段分层随机抽样的方法，在每个城市社区随机抽取10个调查点，每个社区随机调查10位年龄在60周岁及以上的当地户籍老人，共计发放调查问卷600份，其中有效问卷577份。调查时，在居委会工作人员的帮助下随机抽取调查对象，有时也采用拦截式问卷调查法，其程序如图1-11所示。每份调查问卷都由笔者与老年人就问卷内容一对一问答，当面填写，调查结束后认真审定问卷并有效编号，因此调查问卷的有效率较高。通过抽样社区的问卷调查，收集到社区医疗和养老服务需求及供给情况的原始资料及数据，对城区不同社区、不同年龄阶段老年人的生活状况、医疗和养老服务需求情况及社区供给情况有了较深入的直观了解。调查数据采用SPSS统计软件进行定量分析，并以此为基础展开了交互分析、卡方检验、回归分析和研究，探析影响医养结合养老服务的因素。

（二）人物访谈与定性分析方法

通过随机访谈不同地区的老年人，精心设计访谈提纲和调查问卷，对老年人所在社区的养老服务供给和需求情况进行实证分析，尤其是对老年人的医疗和康复需求、健康管理、护理服务、社区上门服务情况等进行实证分析。笔者也访谈了社区的街道办事处、社区居委会和社区卫生服务人员，通过访谈对"医养结合"养老服务制度现状及问题进行剖析。

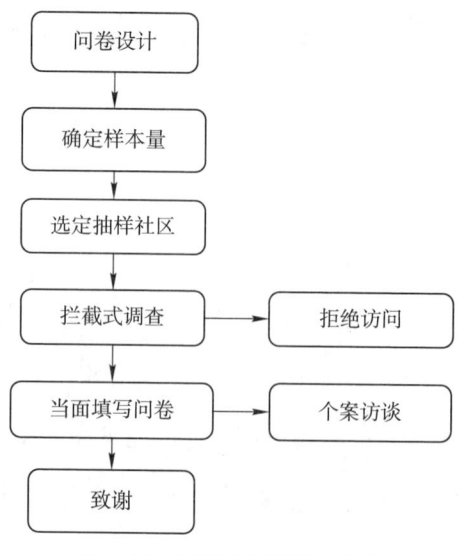

图1-11 拦截式问卷调查程序

（三）理论与实践相结合

本书采用理论与实践结合的研究方法，阐释养老服务理论的指导意义，分别从健康老龄化理论、积极老龄化理论、马斯洛需求理论、福利多元主义理论、非政府组织理论、全面小康理论等视角，分析我国养老服务构建的理论框架，以养老服务问题为导向，探究我国医养结合养老服务的制度模式，结合国内外有关医养结合养老服务和社区照顾的文献资料，调查城市居民的医疗和养老服务需求，分析养老服务存在的问题，为构建符合中国国情的医养结合养老服务制度提供政策参考。

（四）历史与现实相结合

本书梳理了养老服务制度的发展历程及最近10年的"医养结合"政策，从新中国成立初期的"救济型"制度到改革开放的"福利型"制度，再到21世纪初的"社会型"制度，从历程梳理中了解到我国养老服务制度从"补缺型"到"适度普惠型"转变的时代背景及必然性。通过对制度历程变迁的梳理，研究"医养结合"养老服务制度可推广的经验及制度选择的必然性。

二、研究内容及逻辑框架

本书以我国城市"医养康护"社区养老服务需求调查及供给现状为主题开展研究。针对城市社区养老服务中存在的问题，分析其影响因素，为政府积极应对老龄化带来的老年照护难题、"医养康护"一体化路径建设提供政策参考依据。具体来说，本书包括以下主要内容：

第一章，绪论。主要包括研究背景、理论和实践意义、研究方法、研究内容及逻辑框架和研究的创新点。

第二章，研究文献综述。分别从国内和国外两方面展开文献综述，梳理观点，并对研究现状做出评价。

第三章，"医养结合"相关概念解析及理论基础。相关概念如"医养结合"、长期护理保险、养老目标基金、税收递延型养老保险等新型养老规划金融产品。对养老服务理论的内容、价值及意义进行梳理解析，如健康老龄化理论、积极老龄化理论、马斯洛需求理论、福利多元主义理论、社区照顾理论、新公共服务理论等。

第四章，我国养老服务政策梳理及理念变迁。通过梳理2000年前后，特别是2013年以来中共中央、国务院及中央部委颁布的关于"医养结合"、养老机构、社区养老服务、老年康复护理、老年服务人才培养、老年居家养老、老年居家环境改造、养老金融、养老服务标准等的政策文件，对政策内容和重要意义进行评价。

第五章，"医养康护"一体化老年服务现状问题实证调查研究。以民政部"医养结合"典型试点名单为案例，梳理我国若干城市开展"医养结合"服务的情况，通过访谈调查试点地人员，对"医养结合"的创新模式及经验进行评价。

第六章，我国"医养结合"典型模式解析。以北京等城市社区的老年人为调查和访谈对象，采用随机抽样方法，对老年人服务需求及现状开展调查研究，探析老年人基本服务需求，并挖掘社区养老服务存在的问题及根源。

第七章，国外"医养结合"养老服务的经验及借鉴。分别解析英国、美国、日本、德国、新加坡等国家医养结合的养老服务制度及其特色和对中国的借鉴与启示。

第八章，我国"医养康护"一体化养老服务存在的问题及政策建议。通过总结全国各地养老服务开展的试点经验，对构建老年服务的"医养康护"一体化的制度现状和问题进行解析，提出建设路径，对调查访谈社区养老服务现状及问题给予相关的政策建议，以落实老年服务的制度目标。最后得出研究结论。

本书构建以满足老年需求为出发点，研究多元主体供给体制下的"医养结合"养老服务制度体系，发挥政府主导责任、社区居委会的自治功能、家庭基础养老保障功能，建立社会组织参与养老服务的激励机制，探讨构建社区护理院、完善社区全科医生等问题（见图1-12）。

三、研究的创新点

（1）本书通过调查问卷，对北京、广州、兰州等城市社区居民进行面对面调查和访谈，整理筛选问卷，开展数据分析，对"医养结合"的现状及问题进行实证分析，对老年人医疗和照护服务需求进行最基层的调查分析，对老年人养老服务需求和问题有了明确的认知。

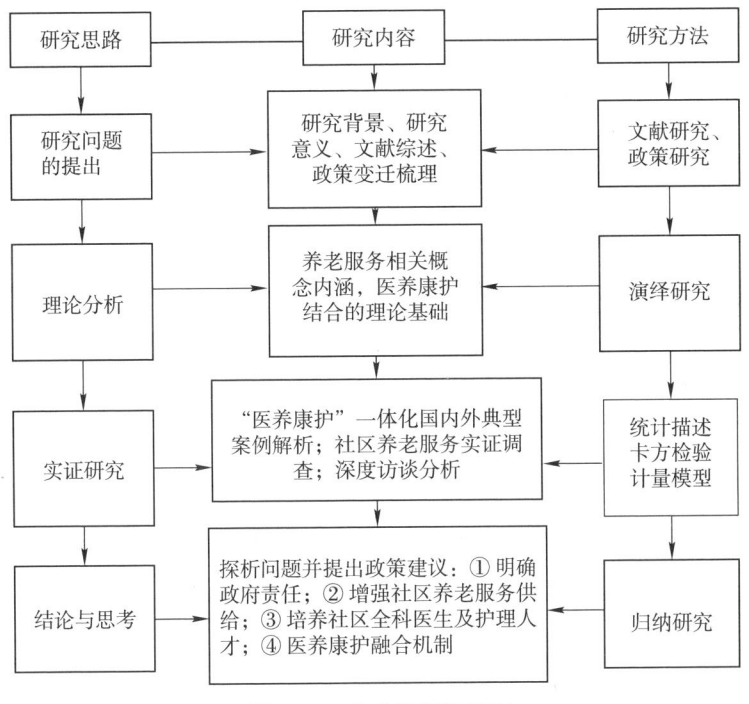

图1-12 本书的逻辑框架

（2）本书对2013—2020年我国各级政府及养老主管部门出台的系列养老文件和政策进行系统梳理，并对政策文件出台的意义和效果作简要评价，回顾了我国养老服务政策和理念的变迁，并对目前的"医养结合"养老服务政策有了总括认知，了解我国政府高度重视人口老龄化的挑战，并采取应对措施，积极探索实现老有所养的政策和制度。

（3）本书通过对"医养结合"现状问题的剖析梳理，在分析现状问题根源的基础上，提出有针对性的政策建议，具有实践指导性，能为养老服务政策制定和养老机构管理人员工作提供参考。通过对国家"医养结合"试点单位经验的总结、对城市社区老年人的访谈，深刻剖析目前"医养结合"制度存在的问题，有利于及时纠正养老服务理念偏差，抓住机遇期，构建符合中国国情的养老服务制度框架。

（4）本书提出了完善"医养结合"制度亟待解决的关键问题并提出针对性建议。问题具体包括：一是医疗资源城乡分布不均，社区卫生服务供给不足；二是"医养结合"人才短缺，缺乏专业化、规范化的康养护理人才队伍；三是"医养结合"产业体系发展尚不完善；四是社区养老服务供给不足，社区养老服务基层设施不完善。政策建议包括：一是完善"医养结合"养老服务相关法律法规；二是树立"医养结合"发展的科学理念；三是强化"医养结合"供给侧结构性改革，增加养老服务供给；四是提高"医养结合"养老服务模式运行效率，整合医养服务资源；五是强化"医养结合"管理和监督体制；六是加快培育"医养结合"人才队伍；七是构建"医养结合"信息化和智能化服务系统；八是构建"医养结合"社会支持系统。

第二章 研究文献综述

近年来,养老服务成为政府和学界高度关注的热点领域,随着老年群体人数不断增加,老年人生活质量和收入水平逐渐提高,老年人对养老服务和健康医疗服务需求不断增长,政府提出了居家养老、社区养老和机构养老相结合的多元化多层次服务体系,并提出了"医养结合"的新型养老服务模式。党的十九届五中全会将积极应对人口老龄化上升为国家战略,推动养老服务领域供给侧结构性改革,充分发挥市场的决定性作用,调动社会力量积极参与,转变养老观念,推进医疗和养老资源有效配置,真正实现健康老龄化目标,基于以上制度目标,对养老服务的理论和实践研究进行综述。

第一节 "医养结合"研究文献概况

在中国知网以"医养结合"为关键词搜索文献(时间:2020年12月3日),从文献年份分布看,研究文献数量呈现出逐年增加的态势,从2012年5篇、2013年22篇、2014年90篇、2015年280篇,急剧攀升到2016年563篇、2017年768篇、2018年975篇、2019年1066篇、2020年(预测)1326篇,这是我国学界对"医养结合"养老服务模式高度关注的体现,具体如图2-1所示。

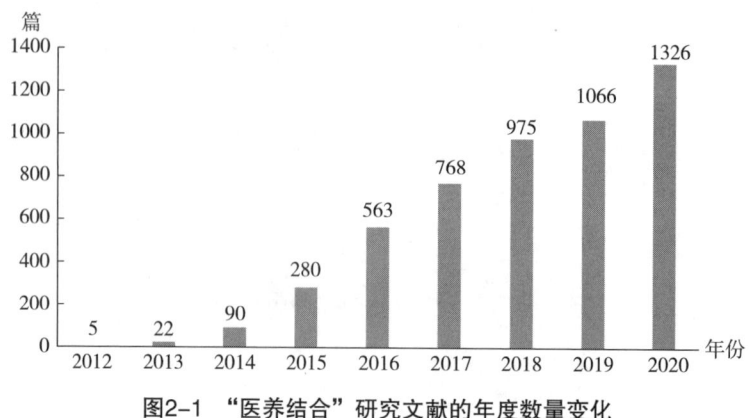

图2-1 "医养结合"研究文献的年度数量变化

从文献的"关键词"构成看,以"医养结合"为第一关键词的文献3781篇,占全部文献的34.7%;以"养老机构"为第一关键词的文献1267篇,占比为11.63%;以"养老模式"为关键词的文献753篇,占比为6.91%;以"养老服务"为关键词的文献685篇,占比为6.29%;以"老年人"为关键词的文献505篇,占比为4.63%。具体数据如图2-2所示。

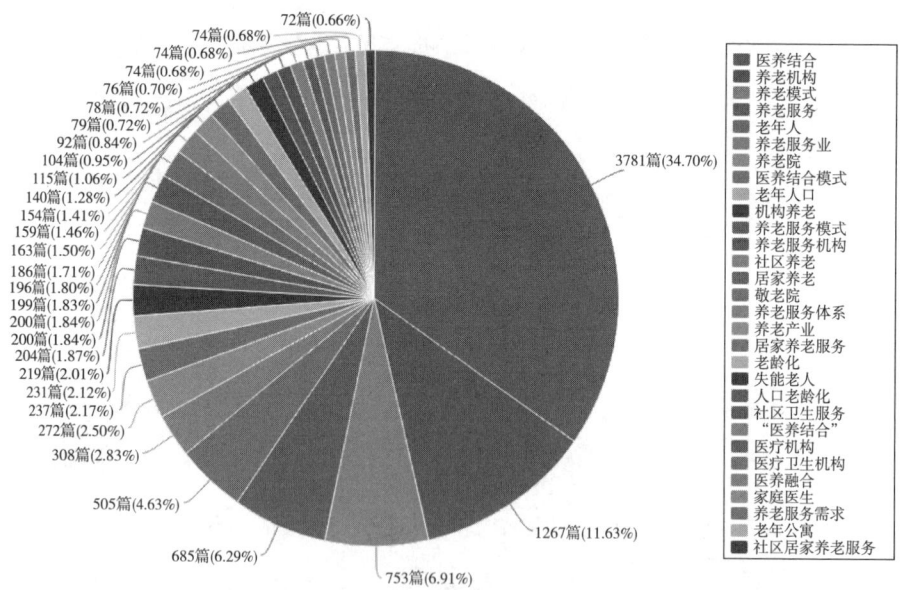

图2-2 从文献的关键词看文献构成

从研究文献的基金项目支持情况看，国家社会科学基金项目最高，共计115篇，占30%；其次是国家自然科学基金项目103篇，占25%；其余均为省级基金项目或教科委项目（见图2-3）。

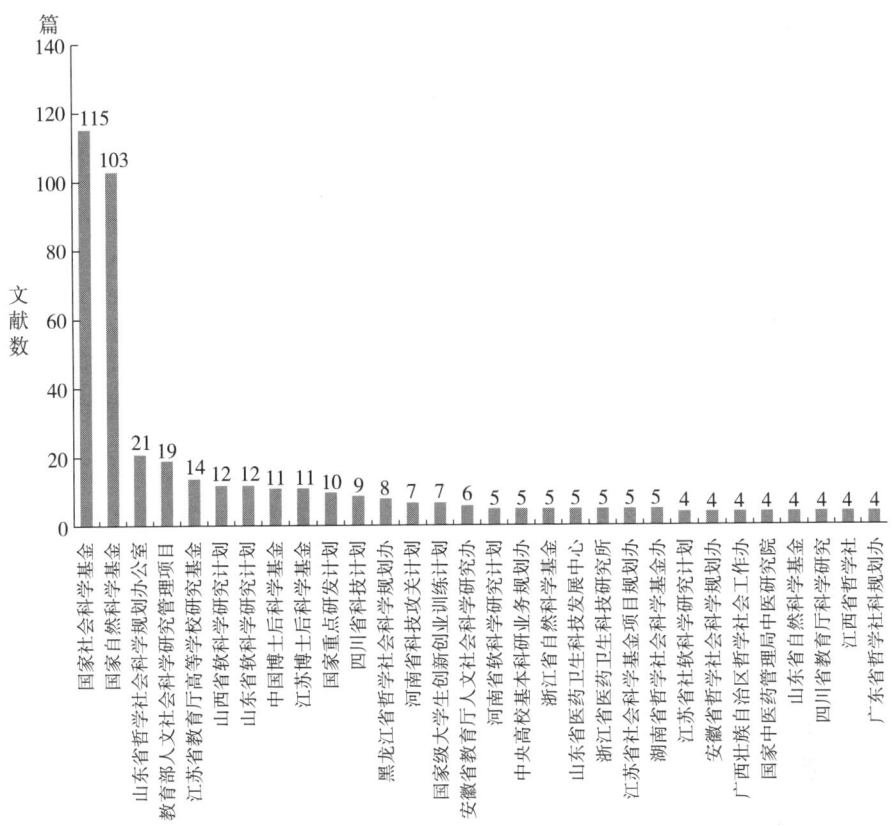

图2-3 "医养结合"研究文献的基金项目支持情况

第二节 国外文献综述

国外针对老年人养老服务和康复护理的研究成果丰硕，无论是在理论研究还是在实践探索方面，都已经形成本国特色和模式，如美国的商业保险照护制度、日本的长期护理保险模式、英国的税收筹资体制模式以及德国的社会保险模式等。发达国家的养老服务既适合本国国情又各具特色，诸如政府责任、资金筹集、法律法规、社会组织参与等方面都值得我们借鉴。

一、美国商业保险护理制度研究

（一）美国长期护理保险研究

美国健康保险学会（HIM）界定的长期护理制度的功能主要是指为患有慢性疾病、老年痴呆等认知障碍或处于伤残状态的老年人提供包括医疗、照料、家务、运送或其他需要支持的服务。美国长期护理保险以商业保险的形式实施，投保人自愿投保，各州政府对贫困老年护理保险给予一定的财政支持，法律对保险责任、承保方式和保费收取等有明确规定，更有力地保障了老年人的护理需求。Schnepper（2001）等在其研究中提出了长期护理保险产品的基础功能，指出："长期护理保险能在老年人需要长期护理时，为其避免因巨额财务支出而无法享受长期护理，导致晚年生活无法得到保障的危机。"长期护理保险既能保证失能老年人享受到很好的照顾，也能避免因年老疾病等原因引发的高额支付风险。

（二）美国养老服务专项计划

美国为应对老龄人口照顾风险，出台了一系列专项计划，1997年在社区推行的养老服务专项计划（PACE）取得了很好成效。美国颁布了《平衡预算法案》，推行"全方位的养老服务"创新计划，规定不同健康等级的老年人适用不同健康医疗和护理项目，以满足社区养老服务的社会需求。Pinkac（1998）研究认为，PACE主要有以下特点：项目以服务失能或半失能老人为重点，由专业的老年人健康评估机构对其身体情况进行评估，接着根据老年人健康等级，分别安排养老机构进行针对性的初级护理、诊断治疗、特殊护理，以及日常护理照料等相应的服务，并按照护理等级支付费用。PACE项目整合了医疗保险（Medicare）和医疗补助（Medicaid）的财务资源，受托机构完成服务后，由美国医疗保险系统以"按人计价"的方式统筹支付给受托机构经费，受托单位必须在按人口计费的固定额度下提升一定的服务质量，自行统筹运用，承担财务亏损的风险。

（三）美国养老服务特征的研究

Hillel（2005）认为，美国政府在老年服务制度中发挥着主导及财政支持作用，尤其对失能老人承担兜底责任。Lubitz等（2001）研究美国老年人医疗服务的相关政策，认为商业保险和市场化方向发展，还存在很多不公平的问题，需要在实践中不断完善和改进。Brangan（1999）认为，美国政府通过构建社区护理机构或托老所提供相关老年服务，服务内容包括照料服务、疾病预防和大病康复等。

二、日本介护保险制度研究

吕学静（2016）研究日本长期护理保险，认为它是一种强制性的社会保险制度，由地方政府（市町村）主导制定颁布，并负责保险运营，中央政府及各都道府县为其协作方，承保对象分为两种：年龄在65周岁及以上的老年人和年龄在40~64周岁的被保险人。

（一）护理保险筹资主体多元化

日本《护理保险法》规定，被保险人在接受长期护理服务时缴纳护理总费用的10%，其他费用则由政府和被保险人分担。65周岁及以上被保险人护理费用从退休金中扣除，40~64周岁的被保险人必须终身缴费，护理费用从收入中扣除。政府缴费由中央政府、都道府县和市町村承担，负担比例是2∶1∶1，被保险人缴费和政府缴费各占50%。长期护理保险资金由多方筹集，既减轻被保险人的经济负担，又减轻政府财政支付压力，这体现了劳资分责、个人为健康负责的制度设计初衷。

（二）护理服务的层次性和多元化

日本根据被保险人的健康评估等级，制定护理费用和提供护理服务，护理服务具有层次性和多元化特征。日本制定的护理服务等级标准是向被保险人提供护理服务并确定护理费用的重要依据。根据护理服务程序规定，被保险人必须先进行申请，经主管政府部门审核，依照一定标准对其所需护理服务进行等级评估后，被保险人方能接受护理服务。日本长期护理服务法律规定共有七个等级，等级不同意味着其服务费用与服务内容也有所差异。这种方式实现了护理服务的层次性和多元化，提高了护理服务的针对性和效率，也保证了护理资源的有效配置，避免了浪费（Chanene H., 2012）。

（三）护理服务具有健康预防理念

预防重于治疗，这是健康管理重要的理念转变。日本护理保险制度以满足不同个体健康服务需求为出发点，帮助老年人树立健康防护意识，更多的干预是在预防疾病方面，而不是病后康复。日本激励更多活力老年人再就业，很多领域都是老年人在发挥余热，这样会明显改善老年人的身体机能，延缓其身体功能衰老趋势，也减轻了护理保险制度运行的人力和资金压力。为此，日本政府采取了改善老年人饮食结构、鼓励老年人自立、加强老年人预防保健等措施[①]。

三、德国社会保险护理制度研究

（一）德国社会护理保险特征研究

德国是世界社会保险制度的发源地。为应对老龄化挑战，1995年，德

---

① 资料来源：http://insurance.jrj.com.cn/2018/07/10091324793438.shtml。

国政府颁布实施了《长期护理保险法案》，依托社会保险筹资机制，结合商业保险的强制性缴费筹资，形成特色和制度效果比较明显的老年护理保险制度。从参保对象看，德国的长期护理保险将全体德国公民作为制度保障对象，根据收入分为两类：一类是普通工薪阶层雇员、低收入人群、无收入者等；另一类是收入较高群体，如个体营业者、自由职业者等。德国政府将收入较高群体纳入强制性社会长期护理保险范围，要求其参加社会性长期护理保险或者购买商业长期护理保险，二者必选其一，制度基本覆盖了德国全体国民。从长期护理保险筹资责任看，德国社会性长期护理险由政府、雇主和雇员三方共同承担筹资责任，商业长期护理险的筹资责任主要由投保人个人承担，政府可以对投保人给予保费补贴（Hen KN.,2004）。德国的长期护理保险中，社会性长期护理险采用现收现付制，商业保险公司的商业长期护理险采用投保人个人缴费的预先缴费模式。德国护理保险的费率，社会性长期护理险和商业长期护理险的费率界定依据不同，商业长期护理险的费率由商业保险公司精算确定，与投保人面临的风险相关，而社会性长期护理险的费率依据参保对象的职业和身份来确定，还要依据社会性护理保险基金投资收益率动态调整费率。

（二）德国护理保险的启示

德国长期护理保险对于中国长期护理保险制度定型有比较重要的借鉴意义。一是政府在护理保险制度设计及利益协调中发挥主导作用；二是社会性普惠长期护理险和商业保险公司长期护理险相结合，体现出制度层次性；三是德国护理保险筹资责任由政府、企业雇主和投保人共同承担，体现了劳资分责。德国建立的养老护理技术人员的定期培训制度值得借鉴，执业护士必须经过至少三年的职业培训才能够上岗，养老机构的助理护士也必须要在护理学校接受不少于三个月的老年护理教育和培训才能到机构上岗,并且在岗的执业护士每年必须参加一定时间的在岗护理培训,否则其护士执业资格将会被取消。

Joanna等(2014)研究德国长期护理保险制度,对护理保险费用报销及提高制度效率进行分析并提出建议,包括政策制定的规模和病人管理规范,护理医院、全科医生和养老机构的报销付款方式。关于对德国长期护理的评价,R.Heinz(2005)认为德国的长期护理制度比较高效率,针对现收现付的资金收支体系发展,提出需要建立动态化调整机制,否则护理经费的实际购买力将会有下降风险。

四、国外养老服务评价

国外对"医养结合"相关服务的研究主要集中在对长期护理保险领域,美国健康学会对长期护理保险概念进行了界定,突出了其保障目标为功能性损伤、需要持续性服务。对本人及家庭来说,长期护理保险可以规避因老年疾病产生的负债风险,同样也提出了可能产生的道德风险问题。国外学者对长期护理保险进行评价时也强调了其在应对老龄化、增进社会福利方面的优势。同时,由于老龄化的不断深入,护理保险制度设计问题也不断浮现,存在服务质量不高、护理经费不足、护理人员缺乏等问题。尽管国际社会对长期护理保险的研究和发展早于我国,其发展经验对于我国"医养结合"模式的完善具有重要的借鉴意义,但是其存在的这些问题依然不能忽视。总体来看,在人口老龄化背景下研究满足老年人医疗和养老基本需求的服务整合,具有一定的实践意义,这是应对老年疾病风险、强化养老服务、合理分配医养资源、满足老年人养老需求的必然选择。目前"医养结合"模式的发展要侧重供给侧结构性改革,着力于医疗机构和养老机构的融合,其存在的问题也集中在机构医养结合服务资源分配不均衡方面。养老机构中人员结构失衡、医疗服务水平偏低、资金不足、护理人员短缺等问题依然存在，为此，一些学者提出了改变养老机构服务模式、尽快建立长期护理保险体系等政策建议。

发达国家进入人口老龄化阶段时，具有比较雄厚的经济基础，无论是政府的社会性保险基金积累还是个人储蓄型商业护理保险，都具备了一定的经济支付能力。美国的市场化和专项养老服务计划、德国和日本的护理保险制度，都构建了完善的法律制度，以老年人基本医护和服务需求为出发点，树立了政府、企业雇主和老年人分责的理念，这些都是可借鉴的经验。通过对国外"医养结合"的研究不难得知，人口老龄化造成的医疗养老的供需矛盾普遍存在，所以我国在处理这一问题时，不仅要考虑养老需要，也要尽量从医疗角度满足其需求。国外现行"医养结合"服务供给主体除了政府之外，还依赖于市场及志愿者团体。我国可以借鉴这一模式，发展保险市场和社会团体相结合模式，发挥市场效力，吸纳民间力量。另外，国外整合养老、医疗两方面资源的实践比较充分，体系相对成熟，在政策制定、法律及营运体系建设和发展方式等方面也都可借鉴。因此，在当下我国人口老龄化严峻形势下，解决养老和医疗的供求矛盾，探索与本国情况相符的养老服务模式，应该借鉴发达地区的养老服务模式、体制变革与建设经验。

第三节 国内文献综述

随着我国人口老龄化的加速，老年群体的健康消费及老年人照护服务，都成为研究的热点。国内学界的相关研究呈多视角，集中在人口老龄化趋势下老年人面对的现实需求问题以及政府的制度和责任体系构建等方面；研究学科跨多个领域，涉及经济学、管理学、统计学及社会学等；研究方法既有实证调查,也有长期追踪老年人的纵向研究;从研究层面而言,以微观领域与宏观政策相结合的研究为主流视角。

一、老年健康重要性研究

健康体面的退休生活,是每一位老年人的梦想,也是国家老年保障制度的目标。2016年8月,在全国卫生与健康大会上,习近平总书记提出了全民健康的重要战略目标,提出要全方位和全生命周期地保障人民生命健康,同时强调要为老年人提供连续的健康管理服务和医疗服务,努力实现老年人"人人享有康复服务"的制度建设目标[①]。

(一)关于老年人健康管理现状的研究

白晨(2019)认为,尽管基层社区建立了常住老年人健康档案,也能进行常规体检,但是老年人健康管理还没有制度化,管理水平较低,对老年人健康意识,特别是精神和心理的健康管理重视不够,管理效果不明显。老年人健康意识不强,受经济能力、生活习惯等因素制约,老年人健康情况整体不容乐观,慢性病患病率呈高发趋势,老年人预防意识不强,不愿意主动体检。林涛等(2003)建议增强社区为慢性疾病老年人服务的能力,以提高老年人健康水平,具体包括社区卫生服务机构组织老年人体育健身活动、慢性病检查管控、维系和谐的家庭婚姻生活、老年人科学饮食等方面的内容。

(二)关于影响老年人健康因素的相关研究

诸多学者关注影响老年人健康的因素,其中既有老年人自身因素,比如年龄、经济能力、职业等,也有社会环境、家庭环境等方面因素。范涛等(2012)研究认为,导致老年人慢性疾病的因素有很多方面,主要包括年龄、生活习惯、经济收入等。勾姝宇(2015)认为,老年人的家庭关系和谐、社

---

① 资料来源:http://www.xinhuanet.com/health/zt/2016JK20/index.htm。

会交往良好、个人自身有良好的健康防护习惯意识等，都有益于老年人身体健康；周浩礼等（2008）提出影响健康的因素既包括老年人个人因素，如家庭、婚姻、居住等，也包括社会因素，如社区环境、社会交往、退休工资等。

二、"医养结合"概念及内涵研究

自国务院2015年颁发"医养结合"政策建设文件以来，对"医养结合"内涵的界定一直被学者们讨论甚至引发争论，养老机构也在实践中不断探索"医养结合"的模式。彭雅等（2018）认为关键是要明确界定"医"和"养"的内涵，才能在实践中产生"医养结合"效果。老年服务的"医"，包括健康咨询、疾病诊治、康复护理及临终关怀等服务内容，而"养"包括生活照护、文化娱乐等服务内容，"医养结合"就是把"医疗、护理、预防、心理、康复、照护"等全方位服务相融合。朱志伟（2018）认为，应以"健康老龄化"为发展目标，集康复、照料于一体；强调养老、医疗双重服务，保障老年人的"养"与"医"需求，有效整合利用"养"和"医"两大资源。谢穗雅（2020）主张利用"互联网+养老"智慧健康管理服务模式提高护理质量。於军兰等（2015）认为，"医养结合"强调通过医疗和养老资源的有机整合，为老年人提供持续性的照顾服务。耿爱生（2015）认为"医养结合"内涵丰富，包括健康保健、老年医疗服务、老年康复护理、老年心理咨询等方面。孙励等（2014）认为，"医养结合"模式就是适合中国国情的养老模式。何艺轩（2018）认为，我国社区居家"医养结合"养老模式的关键是提高社区医疗水平。刘小铭等（2020）分析我国"医养结合"的典型模式有"医养结合"模式和"互联网+医养结合"模式，具体有"医设养""医转养""养设医""医养合作"及"医疗—社区家庭"等5种，而"互联网+养老"模式是在信息技术快速发展背景下整合线上和线下资源的养老服务模式。

三、"医养结合"功能研究

学者们充分肯定了"医养结合"的功能及必要性。研究文献集中在以下方面：一是缓解老年人看病难的局面（成秋娴等，2015）；二是提升老年人生活质量，明确责任主体，增强社区医疗能力等（同春芬，2017）；三是促进养老服务模式与老年人需求更好对接，将政府在养老保障中的主导作用与市场对资源配置运行机制较好衔接（李杰，2014）。

耿爱生（2015）认为，"医养结合"促进了养老和医疗资源与养老模式的整合，老年人在享受生活服务的同时享受医疗康复服务，可以提升生活质量；赵锡锋（2020）指出"医养结合"中"医"的重要性，认为"医"发挥的作用越大，老年人服务越能得到更好提升，并节省成本；谢军（2020）认为，"医养结合"是养老模式的创新，可以将养老和医院功能相融合，将老年人基本生活照护和医疗护理、健康咨询、健康检查与康复关怀等服务融为一体。

四、"医养结合"必要性研究

学者们肯定了"医养结合"政策，认为其在应对老年照护方面具有实质效果。制度设计的必要性体现在以下方面：黄佳豪等（2014）认为，老人晚年生活质量保障不能缺少医疗和养老两个环节，尤其是对高龄、病残、失智和失能老人的"医养护"一体化服务。张立平（2013）认为，医养结合是养老服务的本质要求。吴宏洛（2013）也指出，医养结合既能满足老年人医疗护理的需求，又可以缓解目前医院床位紧张的局面。符美玲等（2013）提出医院老年人长期"押床"现象的根源在于，老年人生病住院治疗后，没有提供康复理疗服务的专门机构，只能在医院病床康复，加剧了医院床位的紧缺。邓庆等（2014）认为老年人因为身体机能衰退，对医疗和康复护理的依赖程度增强，而我国目前医疗资源分配不均，三级医院集中在大城市，乡镇农村基础医疗资源有限，"医养结合"制度有利于资源均衡分配。杨景亮（2012）认为，"医养结合"的必要性体现在将老年人健康医疗服务更加制度化上，不仅有满足老年人的生活护理服务、精神心理服务、文化娱乐服务，还有重点满足老年人迫切需要的卫生健康服务。万仁涛（2020）认为，社区层面医养结合模式具有实践意义，可以满足老年人基本服务需求，不仅能提供上门服务，还能满足老年人在家的医疗服务需求，建立全科医生制度能提供上门诊断，提供常规医疗检测，满足了残障老人康复护理需要。

五、"医养结合"现状及问题研究

针对"医养结合"的现状，诸多学者从不同视角展开研究。笔者整理相关文献，研究从养老机构、政府责任等方面的问题展开。

（一）"医养结合"养老机构存在的问题研究

彭雅等（2018）调查研究养老机构的"医养结合"案例，认为目前存在的问题有：一是政策保障力度不够，养老机构申请医疗保险的报销资格还存在诸多门槛和障碍，不能纳入医保，入住机构的老年人的看病治疗难题不能得以彻底解决；二是"医"和"养"融合程度不足，多数养老机构并没有财力再增设医疗设施，多数医疗机构护理设施功能不完善，老年护理床位较少；三是养老机构专业护理人员短缺。杜娟等（2020）认为，医养结合型养老机构面临的问题有：一是医养结合的效果不理想，覆盖面不大，医疗护理服务效果不理想；二是养老机构医保政策不健全，存在异地医保支付难问题;三是机构缺乏专业化服务。周云等(2007)指出,养老机构的护理型床位缺口巨大,不能满足老年人的医疗护理需求。冉光艳(2008)实证调查贵阳市医养结合型机构,认为养老机构医疗康复服务总体供给不足,养老机构与附近医院签约服务只停留在书面,医院缺乏实质的合作意向,效果并不理想。

(二)"医养结合"其他方面的问题研究

学者们从多视角研究了"医养结合"存在的问题,尚振坤(2008)在研究中提出制约"医养结合"模式的最大障碍是医疗资源分布不均衡,医疗和养老结合不顺畅,养老机构还不能都进行医疗保险报销。余瑞芳(2014)指出"医养结合"模式存在的问题包括:相关法律法规缺失、没有长效设计机制、护理床位缺乏、护理人才短缺、没有监督和评测系统等。政府责任认知不够,采用传统的试点先行方式,地方提出了很多模式,但是全国性的制度难以定型。郭斌(2015)指出社区层面的医养结合效率有待提高,医疗基础设施不完善,专业医护人员尤其是护理人员存在明显缺口。童小琴(2018)提出医养结合服务体系不足:一是没有明确顶层设计理念,理念重于行动,只颁布大批文件,政策落实不够;二是医疗和养老资源的整合缺乏合力;三是缺乏过程监管和服务标准,没有依据和定力。

(三)"医养结合"认知理念存在的偏差及问题

符美玲等(2013)认为,大型医院的着力点是疾病治疗,而在医院手术治疗后的恢复期、康复护理期的老年人,还有慢性病老年人、高龄残障和绝症晚期老年人,因没有专门的护理康复机构,全部在医院,长期住院"押床",造成医疗床位资源紧张,这也有老年人医疗理念认知偏差的原因。董红亚(2018)研究医养结合的理念,指出并不是在所有的养老机构都建立医院就是"医养结合",而要理清功能,不能以医代养,也不能浪费医疗资源。杨菊华等（2018）研究认为，要精准定位"医养结合"的服务对象，首先在一定程度上以失能和半失能老人的医疗和养老困境为医养结合重点服务对象，残障老人更需要医疗康复护理服务，但是在实际运行过程中，养老机构更愿意接受活力老人。

六、"医养结合"发展的影响因素研究

"医养结合"发展受到诸多因素影响，学者们分析了这些影响因素并提出发展的建议。王素英等（2013）提出医养结合发展因素，认为主管部门分责是影响制度效率的最关键因素，必须理清国家卫生健康委员会、民政部、人社部、老龄委、国家发展改革委等与老年人服务相关的部门职责，不能"多龙治水"，这会导致管理效率低下；其次是医养结合服务分层，针对不同老年人的服务需求，提供相应的产品和服务，侧重点是政府要关注高龄、残障和失能老人；对于失能老人来说，"医"和"养"都是刚性需求，不可脱节，制度的重点是如何实现"医"和"养"服务良好衔接。张立平（2013）提出，我国养老机构存在结构性失衡问题，良莠不齐，公办养老机构一床难求，而私立养老机构床位空闲，很多老年人难以支付高额的养老费用，养老服务总体呈现出结构性短缺。黄佳豪等（2014）分析影响医养结合的因素，提出要加快培育老年医护人才队伍，增强基层社区养老服务的专业化和服务项目建设，满足老年人的基本需求。人才是决定医养结合实施效果的关键因素，如果不能弥补老年护理人才缺失的短板，养老机构将无法提供专业的医疗康复护理服务，导致其容易倾向于将只愿意接受生活自理老人而拒绝失能老人，增加家庭照护负担和难度，让三级大医院承担照护常年卧床的患病老人，甚至承担起临终关怀的相关服务责任，这是医疗资源在市场化条件下的错配，需要有合理的规划和政策引导，尽快建立老年康复机构。朱昱璇

(2020)的研究显示,我国"医养结合"制度理念设计不明确、基础设施不完善、服务和评估标准不统一、主体责任和监管责任不清晰,然而这些都是影响医养结合发展的因素。

七、"医养结合"制度实现路径研究

如何实现"医养结合"？学者们提出了诸多实现路径。刘清发等(2014)提出了医养结合实现健康养老模式的三种路径：一是通过养老机构和医疗机构组织结合；二是通过医养结合主体之间的合同,签订契约开展合作模式；三是通过共享互联网资源,提出智慧服务网络模式。王胤添(2014)提出将养老机构的服务模式从单一的养老服务转变为鼓励融合养老服务、医疗康复和健康护理等,满足老年人多层次的养老服务需求。张艳荣等(2018)提出构建"医养护"一体化、"机构+社区+居家"一体化的老年服务体系,尽快构建适合我国国情的长期护理保险,将社会化养老服务纳入老年保障规划,完善家庭医生服务签约制度,统筹医护人才和养老服务管理人才培养等。何婉红等(2016)跟踪调查了上海市社会养老机构服务的效果,通过家庭医生的签约服务,依据被服务老年人健康管理的变化和满意度,分析家庭签约服务的效果,并探析目前家庭医生签约存在的制度性问题和障碍。陈世明等(2018)研究认为,医养结合的制度以居民需求结构的变化为出发点,探索医养结合的多种服务途径,只要能方便老年人看病、能为老年人提供健康服务,就可以不局限形式,应该大力倡导灵活多样的合作模式。医养结合的内容应该是多方面的,并不是简单的"医"和"养"两个机构合并,而是老年人服务需求的融合,以社区为平台,基础是对老年人基本生活的照护,重点是包括老年人疾病治疗、健康管理、康复护理及精神慰藉等在内的连续性、综合性的服务。

杨景亮(2012)实证研究了"医养结合"有效模式,认为这一制度涉及不同管理部门的资源整合,必须发挥政府的主导统筹规划功能。需要规划整合的主要是医疗资源,建立老年专科医院,或者将小型综合医院转型为以护理康复服务为主的医院,在新建社区的规划中,要为养老和医疗机构在社区层面的衔接留足规划空间。袁晓航(2013)研究针对失能残障老人的"医养结合"服务模式,提出在养老机构设置医疗工作组,养老机构和医院开展机构合作,通过绿色通道提供医疗服务,依据健康生命表设计医养结合的服务定价机制,提出根据年龄定价的收费方案,预测一定时期内老年人的年龄结构和服务所需基本费用。

刘琼(2013)认为,"医养结合"是养老机构和医疗机构灵活合作形式,可以是具备老年科医疗资源的医院,通过与养老机构签订协议,不定期到养老机构为老年人开展健康咨询,定期巡诊,提高老年人的健康防护意识,使其有疾病早治疗;也可以开通绿色通道服务,当养老机构的老人身体不适时,立刻通知签约医院,紧急送诊,为老年急性病抢救赢得宝贵时间,实践证明这是有效的。王素英等(2013)研究我国医养结合养老保障的实现路径,跟踪研究如何实现医养结合。其认为要在完善政府法规、明确主导责任的基础上,激励社会组织参与,发挥社区在卫生健康管理、家庭病床、家庭医生签约服务等方面的平台功能,鼓励养老机构和医疗机构签约服务、双向转诊,发展智慧远程医疗,通过委托协议等合作途径,培养护理人才,筹建多种类型的老年专科医院、老年康复中心、老年护理医院等机构。

袁晓航(2013)认为,"医养结合"型养老机构创新模式实现路径的关键是对服务老人需求的精准界定,要以患有常见慢性病、需大病康复、患有绝症晚期的失能老人和半失能老人为服务目标,而不是全体老年人。张旭(2014)提出了"医养结合"服务模式市场化运作机制,将政府、营利组织和非营利组织等主体有机结合,整合多主体服务资源。刘清发等(2014)引入嵌入性理论，嵌入医疗与养老机构的组合，突破两者割离的现况。刘金玲（2017）认为，老年人在居家、社区和机构层面的医养结合，要发挥政府、市场、社区、家庭和志愿者组织的资源与力量，多方共同参与。

八、"医养结合"制度内容相关研究

"医养结合"具体的服务内容是什么？诸多学者也进行了研究。王素英等（2013）认为，医养结合的基础是老年基本生活照护，关键是老年医疗、康复和护理服务。在做好老年人基本养老服务、精神慰藉后，重点是提高老年人健康预防、大病治疗康复及疾病晚期临终关怀等医疗服务质量。张旭（2014）研究认为，医养结合突出了老年人健康管理的重要性，其本质是提高老年人身体机能，服务内容是整合老年人的基本需求，实现供给"医"和"养"的资源整合。王雯等（2020）研究了医养结合养老服务的具体内容：理顺影响老年人服务需求的因素，尤其是根据不同老年群体的服务需求，设计适合老年人需求的服务项目和产品，使活力自理老人和失能老人享有不同的养老服务和医疗服务。武媛媛（2020）研究认为，医养结合养老服务内容设计的关键在于主管部门要理顺责任，完善老年人医疗保险的报销方式，申请办理医保报销点要简化手续，提高护理人员专业性，建立健全长期护理保险制度，推动"健康老龄化"战略的实施。王越（2020）通过实证调查分析，认为"医养结合"的养老模式应多主体参与，政府、企业、社会组织、社区和个人等协同，整合医疗和养老的资源和力量，以有效满足老年人养老服务和健康护理的需求。

九、家庭医生签约服务相关研究

家庭医生签约服务是"医养结合"的创新和关键之举，很多学者对家庭医生签约服务的现状及问题展开了研究。周建红等（2014）在上海市嘉定区开展调查研究，对照两组老年人，对开展家庭签约服务效果进行跟踪研究，享受过家庭医生签约服务的老年人，其健康状况明显改善，抑郁情绪减少，生活积极性提高。郭斌（2015）走访了上海徐汇区某街道社区开展的家庭医生签约服务，通过家庭医生签约形式，医生可以熟知老年人的健康状况，能对健康防护提出有效建议，是经实践证明有效的医养服务模式。王政清（2018）具体研究了家庭医生服务产生的多项功能，如实现了老年人慢性疾病管理，为老年人健康提供咨询服务，指导老年人合理用药，还对居家重病、失能及部分失能老人提供家庭病床、家庭巡诊、护理康复、安宁疗护等健康服务，认为其具有实践价值。顾介康（2018）认为，家庭医生与社区老年人签约服务具有重要作用，家庭医生既可以为老年人建立健康病历档案，在社区医院（卫生所）为能出行的居家老年人提供医疗服务，还定期为不能出行的居家老年人提供上门服务。一旦发现老年人有重大疾病，家庭医生能及时与有关医院和专家联系，为老年人就医提供便捷通道。家庭医生与老年人建立良好熟知的医患关系，对老年人的健康状况比较了解，为老年人健康提供咨询建议，是实现"医养结合"的十分有效的途径，得到老年人及家庭的广泛好评和欢迎。谢文野（2018）认为，通过社区家庭医生上门签约服务，可解决老年人看病难的问题，把医养结合的制度从文件落实到社区基层老年服务，能为老年人提供最基本的健康和护理服务，提升社区医疗服务能力和可及性。吴宏洛（2013）研究认为，政府应出台政策激励医院医护人员多点执业，定点到社区就诊服务，送医到家，方便老人，并逐渐熟知老年人的身体健康状况，实现家庭医生的定点签约服务。杨暐等（2020）认为，家庭医生签约服务，满足了家庭医疗服务的最基础需求，在健康咨询服务中医生对签约家庭实施个体化健康服务，可以提高老年人对自身健康和疾病预防的认知,这一做法值得在基层社区卫生服务机构推广。同时也提出,家庭医生签约服务虽然在一定程度上提高了社区基层卫生服务利用率及居民健康管理依从性,双向转诊缓解了社区老年人就医难的问题,但也存在医生签约激励机制不够、医生没有更多时间和精力服务签约家庭,甚至基本只是停留在签约仪式阶段而没有实质性进展等问题。景日泽等(2020)通过研究我国目前的家庭签约服务,认为需要组建团队,实施轮流值班,使签约服务时间得到保证,要落实签约医生激励政策,在奖励、职称评审等方面要有实质举措,从技能上提升医生服务家庭能力,培养全科医生,加强继续教育和医德教育,提升家庭医生服务水平,促进我国家庭医生签约服务高质量推进和发展。

十、"医养结合"专业人才培养研究

养老服务制度构建,关键是护理人才和服务管理人才的培养。诸多学者对我国养老服务人才培养现状及问题开展研究。

(一)"医养结合"专业人才的现状及问题研究

许彩虹等(2015)研究指出,制约我国养老服务产业发展的主要因素是专业人才短缺,尤其是全科医生及老年护理人才等短缺,距离市场人才需求差距很大。因为就业观念和缺乏激励,到养老机构就业的护理专业毕业生很少。郭婷(2015)研究了目前养老机构从业人员的年龄、学历、专业情况,认为总体来看护理人员专业知识不够,只能从事简单的老年生活照护,年龄偏大,多属农村临时性打工者,人员流动性大,而老年人服务人员需要更多医护知识。养老机构的岗前培训内容并不系统,没有满足养老服务从业人员的基本技能要求。王玲、徐健康等(2015)调查研究发现,养老机构的医护人员专业能力薄弱,在没有经过专业系统培训、未取得专业资质的情况下就上岗工作，缺乏专业护理知识，这些都是目前急需解决的问题。张艳荣等（2018）研究认为，要增强社区医疗卫生服务能力，必须出台社区基层工作人员激励机制政策，提高其工作积极性，通过在职培训等形式，使其参加系统专业的训练，制定社区全科医生和医护人员的多点执业的激励制度。孔聪（2020）提出，我国"医养结合"养老服务的发展面临诸多困境，其中专业人才相对较少是最大短板。因此，要在全社会树立爱老敬老光荣传统，走出"照护老年人的职业不光彩"的认识误区，树立职业认同感，从重视养老服务人才规划和培养、加强人才培训管理等方面入手解决问题。

（二）"医养结合"人才培养机制的建议研究

魏海斌等（2018）研究提出，我国目前应完善养老服务人才培养机制，结合养老服务标准要求，与多元化和专业化要求相对应。郭冬等（2005）较早地提出了"医养结合，持续照顾"的理念，认为政府要出台养老机构医护人员就业保障政策。马杰等（2018）提出开拓培养医养技术融合的老年服务管理人才的渠道，一是高等学校及高职高专学校增设融合老年服务的管理专业，政府给予招生奖励；二是增加校企合作，将养老机构从业人员分批送到具有养老服务专业师资实训基地学校参加理论学习和实训，提升其专业能力。施国祥（2018）研究认为，推行"医养结合"，必须重视医疗护理服务人员匮乏问题，提出尝试把有意愿、健康状况较好的、年纪较轻的退休老人组织起来，通过培训学习后，扩充到养老服务机构，缓解养老机构服务人员不足的问题。顾介康（2018）认为，养老机构从业人员必须具备两方面的基本素质，首先是继承和发扬中华民族的优良传统，有尊老、敬老、爱老之心；其次是懂得老年人的心理特征，了解老年人常见病、多发病的病理知识，掌握老年康复、护理的专业技能。曹华华（2020）研究认为，老年志愿服务的"时间银行"模式比较可行，可以在一定程度上缓解养老服务人力短缺的问题。蒋媚等（2020）认为，专业化人才短缺是社会化养老服务的重要供给主体——养老机构在推进医养结合服务过程中仍存在的瓶颈问题。田雨同等（2020）认为，"医养结合"养老模式在我国正处于试运行阶段，国家也出台了相关政策，一些地方人才培养的制度落实不到位，存在走过场现象，需要强化监管，对培训补贴资金落实进行严格审计。李海燕等（2020）认为，"医养结合医护人员短缺"和"医养结合管理部门权责不清晰"为目前医养结合领域最重要的问题，亟须从顶层设计人才培养规划。陈政扬（2020）认为，加强养老服务队伍建设，应出台激励医务人员到"医养结合"机构多点执业的相关政策，使其享有与医疗机构同等的职称评定、专业技术人员继续教育等权利和待遇；配足、配优乡镇卫生院医护人员和乡村医生，落实培训措施，提高其服务能力；加大护理人员培训力度，建设一支专业人员、志愿者和社会工作者相结合的养老服务队伍。

十一、"医养护"一体化必要性研究

针对"医养结合"制度的必要性及重要意义的研究文献也有很多。唐咏等（2010）研究香港的老年服务经验，提出针对老年人的照护和医疗健康服务需求，整合多个部门的资源并互相协调，提供综合服务，实现让老年人在身体状况出现变化的情况下还能在同一个体系内得到连续的照顾。刘金玲（2017）提出，"医养护"一体化服务的必要性体现在以下方面：一是"医养护"一体化服务制度可以增强社区医疗能力；二是通过"医养护"一体化服务，可以区分重点服务老年人群体，尤其是失能、残障老人急需医疗康护服务；三是"医养护"一体化服务，可以明确服务主体责任,发挥医护人员、社会组织、志愿者的作用;四是"医养护"一体化服务建设,明确养老服务的医疗、护理、康复等内容。张艳荣等(2018)认为,"医养结合"应打破行业壁垒,建立多部门联合机制,加强部门融合,体现"共建共享"发展理念,提出"医养结合"的诸多文件要多部门联合下发,不再是单兵作战、各自为政,社会资源协作参与,主体之间协作互动,推动医疗、养护、康复、社保、金融等机构深度对接,积极构建养老、医护、康复、临终关怀"四位一体"的服务体系。高迪等(2020)研究认为"医养结合"是适合中国国情的养老服务模式,是提升老年人养老生活的有益制度保障,其应重点发展老年康复护理机构,补齐老年健康保障的短板,完善养老院资格认证制度和评定标准,提高养老护理人员薪资待遇和社会地位,设计制度化降低人员流失的机制。陈振建(2020)提出,实现"医养康护"一体化的发展,应尽快完善法律法规,建立互相衔接的管理体制,增加财政专项补贴,扩大养老机构的就业。

十二、"医养结合"发展政策建议研究

针对"医养结合"的问题,诸多学者提出了政策性建议,视角包括政府责任、服务制度、管理体制、责任分工、资金筹集、人员培训等方面。

李晶(2010)在研究中提出,政府在养老服务中应当提供基本服务供给,尤其关注低保、失能、高残等老年人群体,实现老年人资源的最佳配置,为满足高层次的服务需求应该引进社会化力量。戴尚(2020)研究提出完善"医养康护"的建议,认为"医养结合"项目最大的难点和痛点是"医"与"医"相关的配套服务,重点是康复和护理等,"养"而无"医",老年人就没有安全感,机构就没有吸引力。"医"而无"养",机构就没有经济收入,没有生存力。"医"不能总靠"养"的支持来支撑、靠"养"

的输血来生存，必须能够自立，能够独自生存，且具备发展潜力。"医"与"养"如果形式大于实质、不能协同发展，医养结合就没有生命力，应提高制度效率性，否则没有可持续发展能力。

潘多拉（2020）提出强化"医养结合"管理体制。在中国，与老年人相关的管理机构包括国家卫生健康委员会（原卫生部）、民政部、老龄委、人社部、国家发展改革委等，如果部门之间缺乏联合协同机制，就会造成部门之间定位职责不明确、"多龙治水"，造成管理效率低下。陈超贤（2020）研究认为，现有的医养结合机构中，医疗能力薄弱，增强医护人员的能力是"医养结合"效果的关键，可以通过市场化运作和科学合理的规划设计，形成多层级、多模式的医养服务体系，从而突破传统"医养结合"模式发展的困境。刘冰、孙学明（2020）采用问卷调查法研究社区居家养老服务，结果显示，居民在对社区医疗服务的满意度方面，认为社区医护人员服务态度较差，很多简单的体检都没有，希望社区能提供有效的健康咨询服务，能上门为失能老人提供基本的血压、血糖监测服务，居民对社区层面的"医养康护"服务有着较高的期望。

十三、长期护理保险制度研究

学者们认为，构建长期护理保险制度，是我国"医养结合"的关键之举。

（一）长期护理保险制度设计

张勘等（2009）研究认为，要解析和借鉴德国和日本等发达国家的长期护理保险模式，通过老年护理等级评估或商业保险公司护理保险服务的设计，缓解护理服务人员的紧缺。长期护理服务是公共服务的重要制度安排，既要依据国际经验，还要结合中国国情，构建独立医疗保险体系外的护理保险制度，构建依托社区的护理保险服务体系。张广利等（2012）研究认为，在长期护理保险制度的试点基础上，通过颁布法律制度，立法先行，规范制度的运行，明确责任，使得制度构建更加科学，更具有可操作性。荆涛等（2012）提出，长期护理保险制度要在试点基础上稳步推进，分阶段筹划建立，提出从商业保险的护理模式过渡到社会商业保险与社会保险结合的模式，最终建立符合我国国情的政府主导型社会长期护理保险制度。张利（2020）研究认为，我国长期护理保险应当是政府主导下的社会保险制度组成部分，通过个人缴费和社会统筹缴费模式，树立自我负责健康的理念；制度的关键还是培养护理人才队伍，保障长期照护人员的福利待遇，减少养老照护人员的流动性。

（二）长期护理保险制度的功能

鲍捷等（2015）提出，长期护理保险制度对于我国"医养结合"服务目标的建立具有重要意义。护理保险通过提前谋划，可以减轻老年人医疗护理经济负担，提高医疗保险制度效率，转变医保偿付结构，将医疗保险的理念从治病转型为防病，更加合理地设计医疗保障项目与医保偿付范围。董红亚（2018）研究提出了护理保险制度构建理念，明确了保险保障对象及偿付能力监管，保证制度的可持续发展。要聚焦失能、失智老人，分类提供相应的照护服务，总结护理保险试点经验，加快建立老年失能评估机制，通过专业化的社会评估机制，准确界定老年人护理等级，激励社会医护资源进入养老服务领域，通过培训提升护理服务队伍职业素养，提高老年人的护理费用支付能力。邝奕轩（2020）提出，构建护理保险制度要厘清以下几个关键因素：一是要聚焦居家养老和社区养老，以此为基础，符合家门口养老的传统；二是发挥传统家庭养老功能，护理保险的基础还是依托家庭养老；三是应用人工智能和大数据平台，积极构建"互联网+护理服务"新模式；四是应大力推进老年专科医院、老年康复医院等机构建设。

十四、建立"医养结合"型护理机构研究

老年护理机构的建设会减轻医院的压力，减少老年人疾病治疗后长期在医院住院"押床"的现象，将住院治病与病后康复护理分开。学者对增加护理型服务的必要性开展了调查研究。

范卫星等（2010）研究认为，健康状况不同的老年人对医疗康复的需求不同，身体健康的活力老人的健康预防比较重要。而高龄和疾病老人在医院治疗后，将进入漫长的康复期。在这一阶段，家庭子女基本没有时间和精力长期护理，专业的社区护理机构就显得非常重要和迫切。孙雯芊等（2013）研究认为，建立"医养结合"型护理机构是当前缓解人口快速老龄化带来的家庭照护难题的重要举措，政府应该强化顶层设计，引导养老服务向科学化方向发展，而不是依赖试点先行的改革路径；让具备资质的小型医院转型为老年康复护理服务机构，加强合规监管，规定机构应配备一定数量的具有一定资质的医师和护士。吴园秀等（2014）调查了居民护理服务需求，提出在社区养老服务机构增设康复护理床位，减轻家庭的经济负担和时间成本，减少老年人在医院住院的时间，其实也能在精神层面让老年人树立康复训练的信心。每天在医院的病床上，老年人会产生对死亡的恐惧，心理负担比较重，不利于其身体康复，医院的医生、护士因为病人较多，也没有精力和时间给予老年人心理上的安抚，社区层面的老年护理机构的康复效果反而更加明显。范卫星等（2010）认为，政府应逐渐加大"医养结合型护理机构"在床位补贴、护工培训、基础设施投资等方面的资金支持。佘瑞芳（2014）认为，老年人最迫切的社会化服务需求是失能后康复和护理，问题在于，一方面是家庭经济能力是否能承受，另一方面是难以找到

专门的护理机构和床位,也不能指望常年在医院让医生、护士参与护理。因此,要在独立于医院,或者在有条件的医院,建立老年护理中心或者社区老年康复床位等,这里的定位是病后护理和康复,也可提供临终关怀服务,把老年人康复服务当作重要的规划,弥补服务短板。赵晓芳(2014)认为,"医养结合"养老服务模式主要有三类,即养老机构通过设立老年医务室等机构增加医疗能力;在医疗机构内增设护理床位或康复病区;养老机构与医疗机构通过签约合作,建立绿色服务通道,实现医疗和服务的互助。无论是哪一种合作模式,失能老人的护理服务都是养老服务的核心和难点,要将老年人根据健康状况分类、按需求分层,提高制度效率。柏涌海等(2015)研究提出,要探索社会化的"医养结合"型护理服务发展,开展医疗机构与养老机构之间的业务协作,有条件的则增设中医保健养生等服务。纪娇等(2014)提出,政府在养老护理设计和规划中,应针对建设土地、资金、运行、人员培训专项规划给予政策支持,前期运营要减免税收和其他财政补贴。耿爱生(2018)研究提出,养老护理机构的重要功能是将老年人从医院转移到护理院,以社区为平台的护理院,方便了家庭、社区、志愿者一起参与护理服务,充分发挥了社会力量的作用,也可鼓励社会组织、民间团体等参与老年护理。

十五、建立中医特色养老机构研究

新冠肺炎疫情期间,在对患者的治疗过程中,中医中药发挥了关键作用,彰显了我国传统中医养生健身的保健及治疗功能,很多学者研究中医特色的养老服务功能,认为中医服务养老有很好的效果。

(一)中医特色的养老服务功能

梁清芳等(2013)跟踪调查中医护理前后老年人健康状况变化的结果显示,中医在对老年人的治疗中效果明显。其针对中医健身强体的六个方面,对24位老年人的跟踪调查发现，老年人经过中医干预后，健康情况明显好转，说明中医具有积极治疗和保健效果。袁娟等（2011）研究了中医护理参与社区养老卫生服务的意义，认为传统中医参与老年服务，具有群众基础，深厚的理论和成熟的中医技术具有不可替代的优势。刘延东（2014）认为，中医药作为独特的卫生资源，参与健康养老服务，对促进养老服务水平具有极大意义。杨永菊等（2018）研究认为，中医药参与老年服务，能发挥中医"医疗""养生""预防"的独特优势，在医养结合模式中占有重要地位。全毅等（2020）运用SWOT研究方法，系统分析中医药融入医养结合模式的优势、劣势、机遇和挑战，认为中医"治未病"的养生理念、对慢性病的治疗策略、简便廉价的治疗手段是其优势。

（二）发展中医老年服务的政策建议

施国祥（2018）建议要把发展中医养老服务、推行"医养结合"养老模式当成一项重要的保民生举措，需要政府列入发展规划，制定方案和优惠政策，确定管理部门和明确责任，督促落实。彭雅等（2018）研究认为，要让中医专家进养老院定期巡诊，为老年人提供健康咨询，并鼓励老年人以积极阳光的心态应对老龄挑战，这样的转诊服务能取得较好的效果，也能节省成本，实现资源的充分利用。董红亚（2012）认为，"医养结合"的重点在于社区养老服务和居家养老服务的资源整合，发挥中医传统优势，创办有中医特色的社区护理康复模式。曾玉婷等（2018）探讨了"医养结合"模式中老年人权益保障问题，认为中医特色的养老机构能够发挥中国传统中医养生保健功能，实现老人健康长寿。王展等（2020）提出，中医作为我国传统文化的瑰宝，是医学科学重要的构成部分，将中医引入"医养结合"的养老模式中，充分发挥中医特色，对于提高"医养结合"养老健康模式的效能具有重要的实践价值，也被众多中医养老机构的实践证明是有效的服务模式。朱孟斐等（2020）提出鼓励中医特色的养老服务模式，政府应出台养老补贴政策，重点支持中医"嵌入养老机构式"服务，发挥中医在增强老年人体质、改善老年人饮食习惯、引导老年人健康预防等方面的积极作用。

十六、国内"医养结合"典型案例实证研究

我国地方政府对"医养结合"高度重视，积极探索具有地方特色的医养结合模式。学者也开展了地方特色的养老服务模式的研究。

周乐明等（2018）梳理北京市的社区养老驿站模式，通过对居民进行访谈和调查，认为北京创新了社区养老服务模式，在社区平台上提供汇集老人生活照顾的服务如老年餐桌（可送餐上门）、健康服务（普通体检、健康咨询、失能护理床位），当然，还能为健康活力老人提供文化娱乐活动，为老年人群提供多层次、多样化的养老服务需求。沈俊（2018）研究北京市"医养结合"创新模式存在的主要问题是"医"和"养"的衔接融合不够，有的机构间建立的医养绿色通道并没有实质的合作，社区层面的医疗服务相对薄弱等。谢呈嫡等（2020）对国家级"医养结合"的试点区之一——北京市海淀区进行调查研究，应用SWOT分析医养结合模式，探讨模式的优劣势，并提出了鼓励社会力量举办养老机构和医院、放开对养老机构的限制、发展长期照护保险等有针对性的建议。景丽伟等（2020）指出北京市"医养结合"资源总量不足与配置不均衡的问题共存，建议进一步扩大资源总量；提升"医养结合"服务供给能力，补齐康复护理短板；优化"医养结合"资源配置结构，着重优化人力资源的区域配置和内部结构等，推动"医养结合"工作均衡、精准和可持续发展。Photomall（2016）研究了上海市长宁区江苏路街道的"颐家"社区老年人医养结合护理站。这个专业化的护理站的服务对象是社区失能及半失能老人，医生和护士都由社区卫生中心提供，服务内

容包括老年人基础医疗护理、康复咨询指导、生活照料等，诊疗费用可直接由医保支付，实现了"医、养、护"在社区养老服务上的一体化。崔方圆等（2018）研究认为，广州市医养结合模式的主要问题是养老资源供求不平衡、总体供给不足、针对老人的医疗健康服务水平低、社区层面的健康护理服务薄弱、政府对推进医养结合的财政政策支持力度不够等。孔银焕（2018）研究了新疆乌鲁木齐市的养老服务模式，认为"医养结合"养老模式中存在政府财力支持不够、"医养结合"的主管部门职责分工不明确、养老机构医保报销点申请程序复杂、老年异地报销难等问题，还存在套保的法律漏洞、医护人员极其短缺、"医养结合"养老服务供给不足、长期护理保险制度尚未建立等问题。姚雪超等（2018）研究了河北省"医养结合"实施现状及问题，指出"医养结合"有三种模式，即养中有医型、医中有养型和医养合作型，其中养中有医型适合身体较为健康或患有轻度病症的老年人；医中有养型适合患有重度或高危病症的老年人；医养合作型是医疗机构和养老机构分别为经营主体并签约合作，医疗机构通过上门服务、绿色通道等方式为老年人提供医疗卫生服务。王菊宁等（2017）研究了陕西省西安市的医养结合模式，认为其突出特征是利用互联网信息平台，将医疗专家与养老机构或家庭直接对接，这样的网络空中诊断模式节约了老年人去医院排队的时间，其也能享有专家级的医疗服务。程冉冉等（2018）研究了邯郸市的医养结合模式，认为邯郸市社区的失能老人对"医养结合"的服务需求中，占比最高的是希望医护人员能上门服务，其次是能定期进行健康检查、有急性病救护通道，还有社区能为老人建立健康档案并及时更新，这样的平台集医疗、养生、康复、健康管理于一体，能够提供不同健康状态的医疗健康服务，尤其能满足半失能和失能老人的医疗康复需求。滕建荣等（2015）研究了杭州市的养老服务现状，利用智慧医疗服务系统，杭州市实现了"医养护"一体化的服务模式，整合了养老服务资源，将集医疗、护理、保健于一体的老年人健康服务资源进行整合，管理部门联动，做实了家庭医生签约服务，创建了社区首诊、双向转诊、分级诊疗体系的老年健康服务系统。赵杨等（2020）实证研究了安徽省的医养结合模式，认为存在养老机构医疗服务能力薄弱、缺乏医护人员到养老机构从业的激励机制、服务费用偏高、医养结合型人才紧缺、医养资源对接不畅等问题。王磊等（2020）带领课题组对太原市迎泽区居民进行"医养结合"养老模式认知及意愿的问卷调研，发现"医养结合"养老模式目前存在"医"和"养"在服务内容上尚没有真正实现融合、政策支持尚不到位、医养结合的护理人才培养机制不健全等问题。建议尽快建立长期护理保险制度，注重医护型专业人才的培养，逐步探索借助大数据平台的"互联网+养老"智慧信息化养老模式。

十七、养老服务"互联网+"信息化网络建设研究

互联网、大数据和人工智能服务，是未来养老服务不可或缺的养老服务平台，诸多学者对"互联网+"信息化和智能化养老服务展开相关研究。

陈廷等（2018）认为，智慧养老是未来"互联网+养老"服务的必然选择，充分利用信息化技术、大数据和人工智能技术，可提高养老服务效率，节省人工成本。陈超贤（2020）研究了"医养护"一体化智慧服务的创新模式。"医养结合"领域有智慧养老工具，如老人佩戴智能手环，不仅能随时监测其血压心跳指数，也能监测老人的位置，防止失智老人走失，这些都是信息化在养老服务领域常用的工具。邵玲等（2017）研究认为，借助"互联网+"信息化技术，实现老年人医疗康护的服务与签约医院通过网络资源对接，实现网络医养结合，通过网络会诊、在线诊断咨询等方式，提高社区居家养老服务的整体效能。王秀花等（2018）研究创建

"医养护"一体化智慧医疗服务模式，建议政府做好顶层规划，提供网络基础设施，整合养老和医疗的网络信息，实现网络信息共享，建立政府购买智慧养老服务的机制，拓展智慧医疗的内涵，满足人们对于医疗和养老服务的多元化需求，为社会化养老服务发展打下基础。刘金玲（2017）研究认为，利用信息技术开展"医养护"一体化服务会更加高效，能够整合不同部门的服务资源。不论何种形式的"医养结合"，充分利用现代信息技术，实现网络信息共享，都会效果更好、效率更高、成本更低。石丹林（2016）研究认为，"医养护"一体化的新型养老产业与人工智能、大数据结合，可加快养老产业融资模式的多样化发展。马慧芬等（2020）提出智慧养老服务的重要性，针对养老服务的关键人才机制提出养老服务发展建议，应用智能产品提高养老服务效率，缓解对服务人力的需求压力，对"医养结合"服务人才策略进行实证研究。

第四节 文献研究评析

中华人民共和国成立70多年来，我国的人口政策不断变迁，对老年人养老服务制度进行了艰难探索。从一开始依赖敬老院、养老院等机构养老，到后来将社会资本引入养老领域，直至目前大力发展居家养老。随着养老需求的不断增加，我国养老服务的模式趋向多元化和多层次。满足老年人养老和医疗基本需求，是养老服务制度设计的出发点。2015年以来，我国人口快速老龄化，政府提出"医养结合"新型养老服务方式，意在解决长期困扰老年人的医疗、养护和照护服务分隔的难题。从研究文献看，实证案例研究较多。

2005年，国内学界首次提出"医养结合、持续照顾"的老年服务理念，此后在推进社会化养老服务进程中不断探索，2015年国务院下发关于推进"医养结合"的文件后，"医养结合"的研究逐渐成为学术界的热点。已有研究从政策环境的可行性、传统文化的可接受性、基层卫生资源的可获得性，以及借鉴国内外先进经验等不同角度，探讨了"医养结合"模式发展的现状及问题。"医养结合"的实质是通过将老年人的医疗健康服务和生活照顾服务有机结合起来，在为老年人提供生活照料、精神慰藉的基础上，着重为老年人提供健康检查、疾病诊治、护理服务、大病康复及临终关怀等医疗服务项目。学者提出的"医养护一体化"是老年人全生命周期的服务制度。老年健康管理是指应对人口老龄化的挑战，满足老年人个性化的需求，特别是关乎老年人生活质量提升和健康质量的基本生活照顾、疾病预防、疾病治疗、康复护理、临终关怀等方面。"医养护一体化"服务内容方面，将传统医疗服务的范围拓宽为健康管理服务，是老年医疗领域的重要理念转变，即将治疗疾病转变为预防疾病，老年健康管理的重心是预防疾病，遵循健康老龄化理念，但针对不同身体健康程度的老年群体提供的健康服务的具体目标有所不同，如针对生活自理老人要以预防、发现、控制慢性病为目标，针对半自理老人要以减缓能力衰退为目标，针对失能老人要以确保享有有尊严的晚年生活为目标。

2019年年末，我国医疗机构总数超过100万家，医院共计34000家，医疗机构持续增长，相对于养老机构的数量，医疗机构发展增速高于养老机构。随着健康中国的理念不断深入发展，基层医疗机构和社区卫生中心服务不断增强，为基层社区开展"医养结合"养老服务提供了基础保障。2019年全国社区卫生服务中心总数达到35000个，医院床位接近700万张。据统计，医院床位的总体利用率超过80%，而养老床位的利用率还不足50%，有的私立养老院的床位利用率常年在30%左右，努力提高养老床位利用率，是养老机构工作的重点（叶喆，2020）。

我国养老护理人才短缺，是养老服务的短板。尽管这几年我国护理人才增速加快，注册护士人数逐年增加（2019年注册护士人数443万人，如图2-4所示，比2010年204.81万人增加238.19万人，增长116%），改变了原来医护比例倒置的问题（2010年医护比例为1∶0.85，2019年医护比例为1∶1.16），增强了护工服务能力，但总量还是不能满足养老服务需求，要加快护理人才培养，对现有护理人才资源进行合理配置，做到人尽其才。

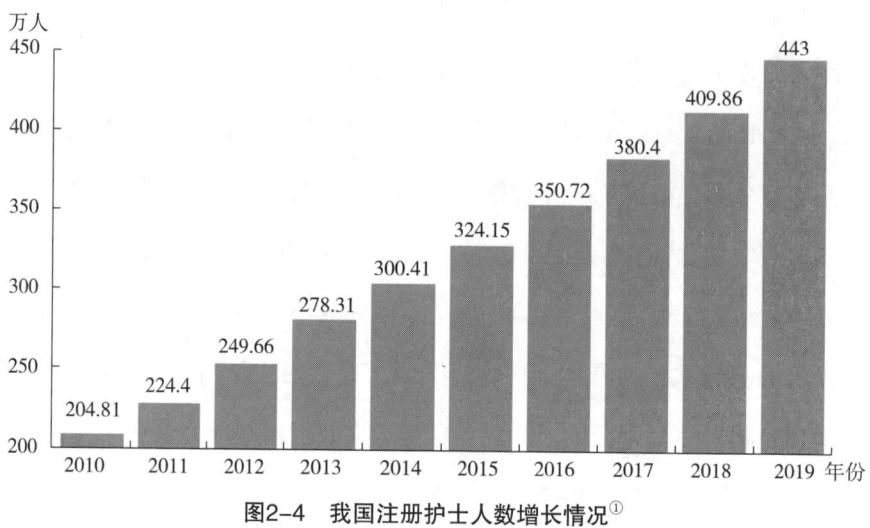

图2-4　我国注册护士人数增长情况[①]

针对我国"医养结合"现状，提出以下几个方面的举措：① 对于被护理老年人，需要完善服务需求申请登记和健康评估制度，对不同健康状况、不同自理状况的老年人进行合理分流，增加护理服务精准度。② 强化护理人才培养，要依据护理年限和专业程度进行组合，实现团队分工合作，在保持养老护理员队伍稳定壮大的基础上，进一步

---

① 资料来源：中健联盟研究中心。

提高专业化和职业化水准，尤其要提高老年护理职业的认同感。③ 创新"医养结合"方式，实施多种"医养结合"模式。在养老机构里增加老年人专项医疗和康复护理服务，申请医疗保险报销资格，方便老年人诊断治疗，减轻老年人的医疗保险负担；在具备医疗资质，医护资源相对充足、实力雄厚的医疗机构，增加老年病区，或者增加老年康复病区及护理床位，为病后恢复期老人提供基本服务。能够把"医养结合"养老服务机构纳入社会医疗保险报销点，将老年人护理费用也纳入医保范围，明确老年长期照护服务支付机构，减轻老年人的经济负担。④ 养老信息整合。利用"互联网+"实现信息资源整合，将老年人健康保健信息与医疗卫生服务资源相结合，为老年人提供日常健康管理、保健教育和紧急救援服务。在医养结合管理层面，通过明确国家卫生健康委员会和民政部的医养结合制度管理职责，实现信息化网络办公，减少审批手续，提高管理效率。⑤ 实现社会力量整合。新建"医养结合"养老机构，落实和细化政府激励社会力量和社会组织参与养老服务政策，通过购买服务的方式为老年人提供日常生活照料和医疗康复服务。此外，调动行业协会等民间组织力量，搭建平台，加强养老服务和医护人员教育培训工作（姜帆，2020）。通过积极的政策引导，鼓励商业保险机构对社区养老需求进行投保评估，在继续推行健康寿险以外，设计开发针对社区养老的护理保险、老人意外险、失能康复险等与社区医养结合相吻合的商业险种，积极推动社区"医养结合"养老机构、组织参与这些专项保险，发挥商业保险的风险分担作用，从总体上降低参与这一事业的社会组织风险，减少社区老年人居家养老的养老支出压力（龚俊杰，2020）。

第三章 "医养结合"相关概念解析及理论基础

目前,"医养结合"的服务模式包括养老机构配备医疗功能、医疗机构拓展养老功能、养老机构与医疗机构开展合作以及引导社会资本建立"医养结合"机构等。社区层面的"医养结合"尚欠缺。研究"医养结合"必须明确相关概念,探析"医养结合"理论基础[①]。解析养老相关的概念,如人口老龄化、家庭养老、社区居家养老、机构养老、空巢老人、失能老人、医养结合、社区"医养结合"养老服务、"医养康护"一体化服务、长期护理保险等,探索相关的理论基础,如健康老龄化理论、积极老龄化理论、社区照顾理论、福利多元主义理论、马斯洛需求理论、新公共服务理论、非政府组织理论、全面小康理论等。解析这些相关概念和理论内涵、理论指导意义及理论价值,对于更好理解"医养结合"政策具有指导意义。

第一节 "医养结合"相关概念及内涵解析

一、人口老龄化

"医养结合"政策的目标是应对人口老龄化挑战。关于人口老龄化的

---

① 杨素雯. 探索居家老人"医养护一体化"服务模式[N]. 中国社会科学报,2018-08-08(006).

界定，1956年联合国大会发布的《人口老龄化及其社会经济后果》提出，当一个国家或地区65岁及以上老年人口数量占总人口比例超过7%时，则意味着这个国家或地区进入老龄化社会。1982年维也纳老龄问题世界大会确定60岁及以上老年人口数量占总人口比例超过10%，意味着这个国家或地区进入老龄化社会。1996年我国全国人大常委会通过的《中华人民共和国老年人权益保障法》载明"本法所称的老年人是指60周岁以上的公民"。人口老龄化是一个动态过程，包含两层含义：一是指个体老龄化，指一个生命体从出生到死亡，经历了婴幼儿、童年、少年、青年、中年、老年阶段，遵循生命逐渐衰老的自然规律，这是不可逆转的变化过程；二是指一个国家或者社会，当老年人口在社会总人口中的比重逐渐增大，由于生育率下降，少儿人口比重逐渐减少，社会人口呈现出老龄化的状态。本书所提的人口老龄化是指第二种含义。老龄化产生的原因大致有三方面：一是育儿费用提高、工作生活节奏加快、生活支出压力增大，造成生育意愿下降，生育率也不断下降，出现众多丁克族；二是医疗技术不断进步，对癌症等重大疾病的治疗技术不断进步，加上生活水平提高，人均寿命延长；三是国家生育政策调整，虽然生育限制不断放开，但出生人口相比老年人口还是在减少，2016年我国老年人口总数超过未成年人口总数。人口老龄化是全球趋势（见图3-1），在发达国家较早进入老龄化社会后，发展中国家也不断加入老龄社会行列。虽然我国进入老龄化的时间较短（2000年前后），但老龄人口基数大、增长速度快、老龄化程度城乡和地区存在较大差别，对经济、社会发展都产生着深刻影响。目前大批老年人从单位退休后，由居住所在地的社区担负其退休、医疗等社会保障的日常管理事务，对老年人的管理从单位向社区转移，对社区的老年服务提出了新要求。以社区为平台构建结构合理、功能健全、解除老年人养老和护理之忧、满足老年人多层次服务需求的养老服务体系，对于促进社会和谐发展、消除老年贫困具有深远意义。

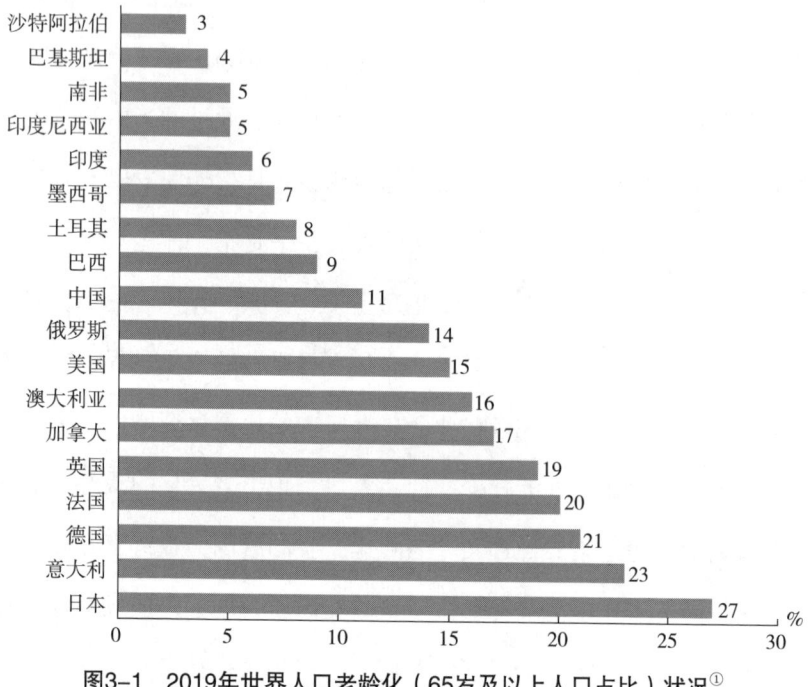

图3-1 2019年世界人口老龄化（65岁及以上人口占比）状况①

美英等发达国家进入人口老龄化社会时，经济发展水平已经很高，政府为应对老龄人口的照护和服务建立了相应制度保障，比如颁布相关法律、建立养老金储备制度和长期护理保险，但是我国在2000年前后进入人口老龄化社会时，应对老年风险的物质财富积累和制度保障都相对不足。2001年，中国65岁及以上老年人口占比达到7.1%，按照联合国标准已正式进入老龄化社会，而当年人均GDP仅为1041.6美元，不及德国、英国和加拿大的1/20，仅为美国和日本的3%左右，与发达国家存在较大差距。中国老年人总体在经济能力较弱的现实条件下进入人口老龄化社会，自身养老

---

① 李兵，张恺悌.中外老龄政策与实践[M].北京：中国社会出版社，2009.

储备不够、退休金比较低，未来可能面临较大的支付风险。

二、家庭养老

家庭养老是我国传统的养老方式，依靠家庭子女或亲人实现代际的经济传递，子女对老年人履行养老送终的责任。父母养育儿女，儿女赡养父母，是家庭养老的伦理道德基础。我国社会学奠基人费孝通先生早年在界定家庭养老功能时，认为家庭养老是"在家养老"和"子女养老"的结合。家庭养老是指家庭子女赡养照护老人，是相对于社会化专业机构养老服务来说的，从实质上说，家庭养老在社会经济快速转型的今天，能力和可及性相当薄弱，农村年轻劳动力在外打工，留守老人基本靠自我照料，在这种情况下很难实现传统意义的儿孙满堂、子女全天候照护长辈的养老方式。

"养儿防老"是家庭养老的基本特征，"百善孝为先"是孝道伦理在家庭生活的集中反映，家庭养老到今天仍然是我国养老的主要方式，其重要的功能体现在以下几点：一是家庭养老能促进社会和谐，满足老人精神慰藉需求。家庭能给予老人精神动力，让老人感受到来自亲人的关怀，有安全感，享受颐养天年的幸福老年生活。老人一旦身体衰老，疾病缠身，对家庭的依赖感会增强，渴望子女能给予照护，甚至养老送终。儿女孝顺是老年人晚年生活最大的精神寄托。二是家庭养老能降低老人养老成本，减少经济风险。相比在养老院或社区护理院养老，家庭养老的成本低，老人更愿意在家里养老，有自己熟悉的环境，跟子女亲人在一起，饮食起居都能按照自己的意愿安排，是性价比较高的养老方式。三是家庭养老有利于发扬中华民族传统家庭美德，倡导全社会树立正能量。尊老爱幼，是家庭和谐的基本要求。随着时代发展，家庭结构发生了很大变化，成为"421"家庭核心结构，孩子成为家庭的重心，关爱老人被逐渐弱化，但是家庭对老人的关爱和尽孝，是家庭教育的基本内容，也是社会和谐发展的基础和前提。

三、社区居家养老

区别于家庭养老，社区养老是社会化的养老服务，老年人居住在自己家里，接受社区专业服务人员上门提供老人需要的服务，服务内容既包括老年人基本的生活照料，如家务劳动、维修、送餐等，也包括医疗健康方面的服务，如送药、血压和血糖监测、失能或半失能老人基本护理服务等。

社区养老服务是一种新型模式，服务载体有社区养老驿站或社区养老服务中心，服务形式是将老年人集中到社区养老服务中心，在社区服务人员的组织下，身体健康的老年人一起参加文体娱乐活动或健康咨询，有医疗条件的社区也会提供专门的失能床位或护理床位，给残疾失能老人提供护理和康复服务，这是社区"医养结合"层面最有效的服务方式。

社区养老服务的功能，主要体现在以下方面：

一是社区养老服务能让老人感受到家的温暖，满足其精神慰藉的需求。社区是老人的精神家园，有多年相知的邻里朋友，老人对周围的环境都很熟悉，也是其日常生活和活动的主要场所。社区居家养老，老人可以居住在家，并享有专业化的社会服务，这是区别于家庭养老的主要方面。社区上门服务的内容，既有生活服务，也有医疗健康咨询和护理，客观上解决了子女因工作忙碌，无力照护家中失能或高龄老人的难题，同时又能满足老人在家养老、与亲人一起生活的愿望。

二是社区居家养老将机构养老的专业化和家庭养老的情感慰藉相融合，是适合中国传统理念的养老方式，降低了养老机构的经营成本。养老机构一般会选择环境优美、清净优雅的城市郊区，使得老人远离自己熟悉的家园，在陌生的环境里老人会失去亲情关怀。养老机构为方便对老人进行统一管理，需要制定各种管理制度，比如作息和用餐时间，老人可能会感觉不如在家里自由方便，而在心理上容易产生低落情绪，期待亲人去探望，怀念在社区与亲朋好友一起聊天的生活。社区居家养老则可以弥补机构养老在老年人精神慰藉方面的不足，无论是健康活力老人，还是失能残疾老人，都能随时在家享有来自社区的专业服务，还可以弥补家庭照护能力不足和专业化不够的问题，是社会化的专业服务和亲情化的家庭服务相结合的新型养老服务模式。

三是社区居家养老服务具有方便快捷的社会化服务网络。依托社区老年活动中心，老年人可根据自己的兴趣爱好参加适合自己的文化娱乐活动，满足老人的文化活动需求；健康老人可以自愿参加社区养老服务志愿活动，利用"时间银行"，为自己的养老服务"储存"服务时间，将来自己年老需要志愿者服务时，可以利用"存储"的志愿时间，无须付费，以此激励社区年纪较轻的老年志愿者从事社区养老服务；社区养老服务中心利用智慧化服务系统，将老年人的健康管理和日常生活管理信息编入信息数据库，老人在家需要社区服务时，只要用智慧系统的设备，就可以呼叫到任何一项服务，当老人的健康状况出现异常时，社区养老服务中心就会在系统里显示异常信号，社区卫生服务呼叫急救医院会第一时间上门进行急救治疗，为老人的急救争取最佳时间，智慧养老在社区平台发挥着很大的作用，节约了人力成本，提高了管理效率。利用智慧社区建设，建立老年人信息数据库，将大数据和互联网技术应用到社区卫生服务中心、托老所、养老院、护理院、文化活动中心等社区养老服务机构，实现信息共享，把老年社区福利服务网络建设纳入社区智慧养老系统中。

四、机构养老

机构养老在我国计划经济时期已经存在，一般称为敬老院，由政府主办，为孤寡老人提供养老送终服务。新时期我国人口老龄化加剧，具有政府福利性质的敬老院已不能满足老人居住的需求，社会资本和组织开始关注养老服务市场，并投资开设私营养老机构《民政事业发展统计公报（2018）》显示，截至2018年，我国养老机构共计16.8万家，养老床位共计727.1万张，每千名老人拥有的床位为29.1张。养老机构数量和床位数量逐年递增，但是相对于人口快速老龄化带来的养老服务需求，机构养老仍然不能满足老年服务需求。

养老机构能为老人提供专业化的服务，提供老年人"全天候""全生命周期""全人"的服务。所谓"全天候"，就是指老年人24小时居住在养老机构，居住、用餐、生活全部在养老院，需要养老院服务人员全天候的照护和服务；所谓"全生命周期"，就是指从老年人住进养老院到生命的最后时刻，都要在养老院度过，可能从健康老人到半自理老人，再到失能老人，最后到临终关怀服务，这是一项养老送终的服务；所谓"全人"服务，就是指养老院为老人提供满足其所有需求的服务，内容不仅包括衣食住行等基本生活需求，也包括督促老人定期服药、为老人健康体检、邀请医生专家到养老机构为老人提供咨询健康服务，还包括老人在养老院生病后通过"医养结合"绿色通道将其送到与养老机构签约的医院进行治疗，治疗出院后老人回到养老院，可能需要有康复护理床位，"全人"服务能为失能老人提供有效服务。

养老机构的经营面临很多风险。一是前期投入资金大、回收周期长，形成规模需要较长时间；二是入住老年人身体状况不一，随时可能有患疾病、意外摔伤，甚至去世的风险；三是养老院服务人员的专业素质和热心服务老人的职业认同感是养老院经营的软实力,口碑效应也非常重要。养老机构应对可能发生的风险:一是要制定养老机构风险管理预案,做好养老机构经营风险管理,做好投资风险规划,制定资金回收方案,充分利用政府对养老机构的补贴政策,减少经营投资风险;二是要做好养老院老人意外和疾病风险管理,养老院设施要防摔倒、防意外风险,可以用投保团体意外伤害保险的方式,减少老人在院里发生意外风险的可能。

五、空巢老人

世界卫生组织对空巢老人进行了界定,是指老人没有子女照顾,独居或者夫妻双居的老人,具体是指本身没有子女的孤寡老人,或者子女因为工作、婚姻等原因不一起居住的老人。空巢老人是人口老龄化和城镇化过程中出现的新老人群体,一般情况是子女因为工作原因不与父母一起居住,或者与父母不在同一座城市居住,老人独自居住生活。而老年人因为不能与女子一起居住,在心理上会产生孤独失落感,如果生活不能自理,就得请保姆或到养老院,因此空巢老人养老服务是当今中国老年服务保障的难题!

空巢老人的主要特征体现在以下方面:一是空巢老人占比逐渐增加。民政部门的数据显示,北京、上海等城市的空巢老人占比超过老年家庭的70%,而农村留守空巢老人的占比更高。必须高度关注空巢老人的服务和照护。二是空巢老人因为自我照料能力弱,很容易产生心理问题。平时心情郁闷、孤寂、饮食不规律、睡眠失调,容易产生抱怨倾向,不愿出门交流,有产生心理障碍和精神疾病的倾向。政府和社区要尤其关注空巢老人的精神层面,组织文化娱乐活动,让老人走出家门,通过跟同龄老年人之间的交流,找到共同交流的伙伴,减少孤独感;社区志愿者要定期关注空巢老人，陪老人聊天，力所能及地帮助老人，让老人感受到除了子女以外，还有来自社会的关爱，增强自信，减少埋怨、自弃、低落等负面情绪。

面对空巢老人的服务需求，以社区为平台和依托的养老服务中心将发挥更大作用，可以登记社区空巢老人信息进行摸底，通过社区服务智慧系统，时时了解老人的活动情况，安装平安铃等系统，老人有服务需求时可以随时呼叫社区服务人员，智能化的社区服务系统可以让空巢老人享有高效便捷的服务，也减轻了社区养老服务的工作强度。

六、失能老人

按照世界卫生组织的界定，根据老人自理程度，可以把老人分为自理老人、半自理老人和失能老人，判断依据是老人吃、穿、如厕、起床、走路、洗澡6项指标，其中有2项不能独自完成，定义为"轻度失能"；有3~4项不能独自完成，定义为"中度失能"；有5~6项不能独自完成，定义为"重度失能"。2019年5月，国家卫健委统计我国失能和半失能老人共有4400万人[1]，如何照护失能和半失能老人，是"医养结合"养老服务制度的核心。

我国失能老人的护理和康复服务面临几大难点：一是护理服务人才严重短缺，目前全国注册的护士约400万人（2019年5月），每千人口的护士仅有3人，总体上医护专业人才存在较大缺口；二是护士的职业认同感和荣誉感不够高，尽管新冠肺炎疫情发生后，我国4万多名医护人员甘愿当"逆行者"勇敢奔赴湖北武汉，为武汉取得抗疫胜利做出了巨大贡献和牺牲，赢得了全国人民的尊重，但是护士的职业认同感和荣誉感还偏

---

[1] 资料来源：https://www.sohu.com/a/313158390_310529。

低，基层社区医护人员受职称、待遇、工作环境等制约，缺乏激励机制，社区难以留住医护人才，人员流动性大，难以保证社区医疗服务质量。

如何应对失能老人的照护风险？无论从家庭成员照护时间还是经济负担来看，照护失能老人服务对于家庭来说都有较大的困难，也都是家庭面临的风险，亟待政府出台相关政策予以解决。

七、医养结合

"医养结合"是本书研究的重点，应该准确理解"医养结合"的内涵，"医养结合"并不是简单地在养老机构建医院，也不是在医院里设立养老床位，树立正确的理念是建立"医养结合"制度的关键。

"医养结合"养老服务的内涵，是指将医疗资源与养老资源充分融合，实现养老资源充分利用，可以融合老年人最迫切需要的医疗、康复、养护、生活服务等方面，将老年人健康医疗服务放在核心位置，在养老服务机构之间做好衔接和配套，实现养老机构和医疗机构功能相结合，将老人的生活照料和康复关怀融为一体（见图3-2）。

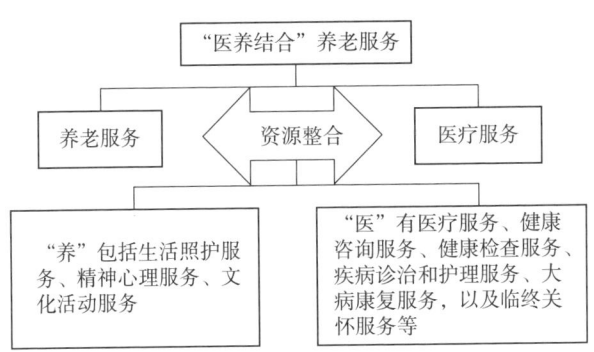

图3-2 "医养结合"养老服务的内涵

"医养结合"的目标是实现老人养老和医疗基本需求的融合，其服务对象并不是所有老年人，尤其不是针对身体健康的活力老人，而是针对常年患病、残疾、高龄、失能或半失能的老人，在基本生活照护的基础上，重点提供医疗和康复服务。在原有医养分离的服务制度中，老年人看病治疗困扰着老人自身和家人，一方面，养老院没有医疗服务，需要把失能老人送到医院检查治疗，经过漫长的挂号排队、检查诊断，有的老人可能需要经过好多次检查才能出结果，不仅耽误了治疗时机，还增加了家庭的负担；另一方面，因疾病住院治疗的老人，又把医院当作了养老院，常年住院，这样的"押床位"现象导致真正需要住院治疗的病人不能及时就医，造成医疗资源使用低效率。因此，要建立独立的老年护理或康护机构，老人在医院治疗后可以转移到护理康护中心，进行后期的照护，实现医护分离，这样可以明确医疗和护理康复的分工责任，提高医疗资源使用效率（陈作兵，2019）。

为了提高"医养结合"政策的适应性和有效性，自2016年6月起，国家卫计委联合民政部先后公布了两批国家级"医养结合"试点单位名单，这些试点单位利用政府特殊的扶持减税优惠政策，在医疗和养老融合方面开展积极的创新和探索，落实"医养结合"的任务，各地的探索也取得了积极成效。期待在试点的基础上，政府加快顶层设计，实施全国通行的具有中国特色的"医养结合"制度。

八、社区"医养结合"养老服务

社区养老是家庭养老的延伸和发展，在传统家庭养老日渐弱化的现实情况下，以社区为平台，上门为居家老人提供基本生活照护、健康护理或失能护理等服务，也可以让老人在社区卫生服务中心享有基本健康管理，或者在社区服务中心参加文化娱乐活动，整体提高服务老人的专业化水平，也能让老人在自己熟悉的环境养老，实现了家庭养老和社会专业养老的融合衔接。

社区"医养结合"模式的构建，具备良好的资源和平台优势。一是社区具备养老和医疗结合发展的资源优势。社区是社会神经末梢，是基层社会治理的基础，社区就如一个包罗万象的小社会，因此具备社会治理的综合因素，有利于实施养老和医疗资源的整合。以社区工作者为主导，社区老年活动中心、社区卫生服务中心、家庭、老年人、社区志愿者等多主体都可以利用社区平台参与到养老服务之中。二是社区"医养结合"的内容包括服务提供主体（谁来提供）、服务内容（医养如何结合）、服务对象（给谁提供服务）、服务人员（谁来参与服务）等。从具体服务项目看，"养老"是基础，社区层面的养老服务包括为居家老人上门提供基本生活照护服务和在社区养老服务中心提供精神文化娱乐；"医疗"是关键，尤其对社区失能、半失能老人群体，应从身体健康预防入手，组织社区卫生健康服务人员为常住社区老人建立健康档案，定期体检，组织医疗专家为老人提供身体检查健康咨询服务，提高老人的健康预防意识。社区与附近大医院建立绿色服务合作协议，有急性疾病的老人可以及时得到救治。社区层面的老年康复中心最为关键，可以为常年患有疾病的老人和失能护理老人提供专业的护理服务，享有比家庭更专业的康复服务。

社区"医养结合"的养老服务模式，将老年人生活服务和康复服务两个基本需求相融合，在社区层面实现养老服务硬件和软件资源整合、信息资源共享，整体提升老年人的健康生活质量，目标是让老年人有质量地生活，以延缓身体机能衰老，预防疾病，有病治疗，无病养生，切实实现老有所养、老有所医的目标。社区"医养结合"服务是多元化、多层次的养老服务模式，具有很大发展潜力，充满市场机遇和消费潜力，是未来"银色经济"的重要组成部分。

九、"医养康护"一体化服务

在"医养结合"基础上,强化对老年人康复和护理服务、融合服务资源,延伸出老年人"医养康护"一体化服务设计,即实现养老服务的基本生活照顾、医疗、康复、护理及临终关怀等服务的闭环系统,这样一体化的养老服务涵盖了老年人全生命周期。从国家指定的"医养结合"试点单位实践来看,养老机构增加医疗服务的比较多,社区层面的护理康复机构、独立于医院的康复护理中心等机构建设还远远不够,老年护理康复的服务亟待补充完善。

以社区为平台对辖区内养老服务资源进行整合,由民政、卫生、社保、残联、志愿者组织等组成社区养老服务联席会,社区牵头定期召开专题联席会,集中解决社区"医养康护"一体化运行过程中遇到的问题,打破行政壁垒,实现资源有效利用和整合(见图3-3)。首先,对辖区内所有老人的医疗康复护理需求信息进行逐个摸底登记排查,落实家庭医生签约服务责任制,使社区失能老人的护理康复需求逐项得到妥善安排;其次,落实养老服务政策,为社区老人提供基本生活服务、心理疏导、文体娱乐等健康咨询服务;最后,落实社会养老和医疗保险的相关政策,解决异地报销药费的难题,让老年人少跑路,享有方便快捷的服务。

在社区增加健康宣传服务和康复护理服务,成立为老人提供健康服务的组织和机构,强化对老人宣传营养、健身、调理、心理等相关知识,邀请老年健康防护专家到社区为老人传授健康知识,提高老人养生技能等,这是老年人社区健康服务的重要内容,区别于一些专门向老人推销昂贵的保健品,甚至诱导老人参与集资,从而陷入消费陷阱的老年保健品推销机构。在老年康复护理服务方面,则是配备专业的护理床位和设备,为手术后的出院老人提供康复期护理,避免老人在医院常年"押床"现象,减轻家庭的经济负担,社区护理康复的费用比在医院住院费用要少得多。

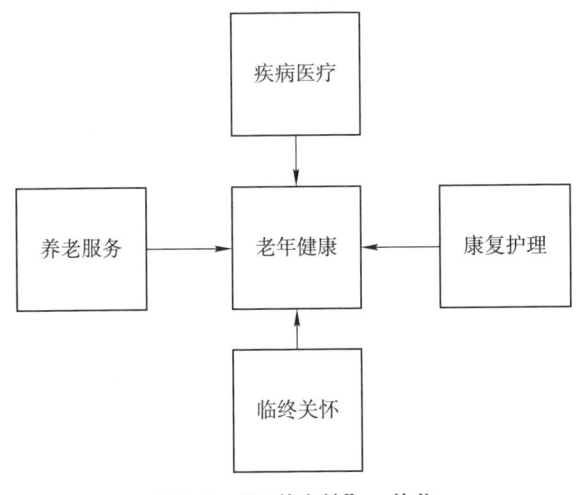

图3-3 "医养康护"一体化

社区"医养康护"一体化服务的功能应侧重于以下方面。

第一,增加老年康复和护理服务内容,抓住"医养结合"的最关键环节。转变老年人对健康领域的认识误区,使其定期做体检,对自己的身体健康状况有清楚认知,加强预防健康护理,扩大护理或康复中心机构的服务范围,补齐服务短板。

第二,社区康护中心,侧重于老人心理和精神慰藉防护。老人因为疾病、衰老、孤寂、家庭矛盾和经济问题等原因,心理很脆弱,需要更多关爱和倾诉,而老人一般没有向外人倾诉家事的习惯。设立老年心理康复中心,可以通过心理学专家对老人的引导和交流,让老人把心里话说出来,及时缓解老人心理问题,减少精神疾病发生的风险。

第三,创新社区护理康复服务。社区增加老年护理康复服务内容,创新服务模式,除了对失能老人提供生活照料服务和进行情感沟通外,还增加中医按摩、心理疏导，通过对老人血糖和血压的检测，为其精心配制营养餐，有利于老人身心康复。这样通过生活照护、康复护理、心理开导等精心照料，老年人的健康质量得到提升，实现了"老有所医、老有所养"的制度目标。

十、长期护理保险

"长期照护"一词来源于英文"Long-term Care"（LTC），也有的将其翻译为"长期护理""长期照顾""长期介护""长期照料"等。老年人因为年老、疾病或残疾，生活不能自理，需要雇用专业人员提供护理服务或保险公司给予护理费用补偿，统称为护理保险。

在借鉴德国、日本等发达国家长期护理保险的基础上，2016年6月，我国人力资源和社会保障部印发《关于开展长期护理保险制度试点的指导意见》，在国内15个城市开展长护险试点，并总结经验，推出适合全国的长期护理保险制度。从试点经验看，我国的护理保险制度与社会医疗保险衔接，但是护理保险基金的运行和护理服务的提供，可以委托具有资质的商业保险公司，发挥商业保险专业化风险管理、强大的营销能力和客户资源优势。商业保险公司开发商业健康保险产品，或者提供护理保险与养老机构衔接的养老服务产品，可以满足老年人多样化的护理服务需求。

多家商业保险公司开展了长期护理保险和养老社区服务，将保险金融产品与养老机构衔接，构建CCRC社区养老，其服务内容包括健康管理、康复护理，与当地三甲医院签署绿色通道合作，双向转诊和实施远程诊断，为居住社区老人提供高质量的医疗服务。例如，泰康保险公司养老社区北京燕园遵循持续照料、医养结合理念，能够满足老人高质量健康生活的基本目标,满足老人"社交、运动、美食、文化、健康、财务管理和心灵归属"七大核心需求,探索了长期护理保险和医养社区的创新模式①。

十一、临终关怀

老人在生命的最后阶段,因为疾病造成身体的疼痛,产生对亲人的依恋和对死亡的恐惧,会经历非常痛苦的临终阶段。临终关怀服务(hospice care)最早在英国诞生,后传到美国。19世纪50年代,英国护士桑德斯多年在肿瘤医院护理临终癌症病人时,目睹了病人在生命最后阶段经历的身心和精神痛苦,因此她创办了临终关怀机构,专门收治生命垂危的病人,其不以治愈疾病为目的,而是采取姑息治疗方案,尽量减轻病人身体疼痛,给予心理安慰疏导,让病人接受死亡,并安慰家属做好面对亲人离别的心理准备。目前世界上很多国家和地区都成立了临终关怀研究和运行机构。1988年天津医学院成立临终关怀研究中心,开始我国临终关怀的科研,随后上海、北京等地也设立了临终关怀机构。

临终关怀制度对于老年服务具有重要意义:

一是临终关怀是生命的完美句号,没有痛苦和遗憾,安静、舒适地离开世界。临终关怀是最人性化的制度安排,是生命高质量、人格尊严的充分体现,也是人类文明进步的重要体现。

二是有尊严地去世,是社会文明的标志。通过临终关怀服务,病人和家属都能平静地接受现实,不留下任何遗憾和阴影,让患者无疼痛而终,正如新生命来到世界、翻开生命第一页一样,生命的终结者是人生最后一页,也同样需要画上圆满的句号。临终关怀应该是社会公共事业

---

① 资料来源:https://www.zhongmin.cn/baoxian/taikangyanglaoshequ1.html。

福利项目,让每个人有尊严地走完人生最后历程,是社会走向现代文明的标志。

三是临终关怀改变了医疗职业道德观念。医生的职业责任是救死扶伤,而临终关怀的医疗目标并不是救治生命,是最大限度地减轻患者身体的病痛和精神上的痛苦,对患者生命价值和人格尊严予以保护,用科学的心理关怀方法和沟通,让患者树立信心,通过精心的临床护理,让患者平静地走完生命的最后时光。

第二节 "医养结合"相关理论基础

一、健康老龄化理论

(一)健康老龄化理论的内容

1990年世界卫生组织提出了"健康老龄化"的目标,对于健康老人的标准,世界卫生组织在官方文件中界定为"老年人群体达到身体、心理和社会功能的完美状态"。健康老龄化逐渐成为许多国家应对人口老龄化的努力目标。2019年1月,《老年健康蓝皮书:中国老年健康研究报告(2018)》指出,中国亟待开拓健康老龄化的路径,老年健康对国家宏观经济安全、产业结构、金融系统安全都会产生重大影响;《"健康中国2030"规划纲要》提出促进老年健康管理的重要性,强化老年人慢性疾病、常见疾病管理,推动"医养结合"发展,提高老年人健康防护意识;2017年3月,《"十三五"健康老龄化规划》将健康老龄化定义为:"从生命全过程的角度,从生命早期开始,对所有影响健康的因素进行综合、系统的干预,营造有利于老年健康的社会支持和生活环境,以延长健康预期寿命,维护老年人的健康功能,提高老年人的健康水平[①]。"提出促进健康老龄化的九项具体措施,对于推动"医养结合"制度建立具有指导意义。

(二)健康老龄化理论的实践价值

民众对人口老龄化的认识正在逐渐发生改变,有人认为老年人身体机能衰竭,在家庭和社会中已经没有能力创造价值,其会担心被嫌弃淘汰,成为家庭和社会的负担。而健康老龄化理论将人们对人口老龄化的认识从消极转变为积极,认为健康老龄化是一个过程,而不仅是结果,是社会经济发展的体现,随着生活条件和医疗技术的进步,人类预期寿命延长,因此健康老龄化是社会经济和社会文明成果的体现。此外,老年人是社会的宝贵财富,他们有多年的社会阅历和工作经验,尊重老年人的健康权,激励有专业能力、身体健康的老人走出家门发挥余热,继续贡献社会,可以转变世人对老年人的态度和偏见。可见,健康老龄化理论的实践价值是多方面的,不仅包括通过老年保障制度安排,让老人有健康的身体、高质量的退休生活,还包括激励老人以阳光的心态面对衰老,拥有参与社会建设的积极心态。健康老龄化不仅包括老年人个体行为,也包括老人心理健康和老人在环境、家庭、经济等层面的自我价值实现。

健康老龄化的提出对于"医养结合"理念的发展具有重要的理论指导意义。要尽快转变中国人的健康管理理念,改变重治疗、轻防护的认识误区,改变就医习惯。要积极宣传落实健康老龄化理论的思想内容,提高老年人的健康防护意识,使其有意识地参加适合老人身体条件的运动方式,适度参加健身养生活动,要根据血压血糖等基础健康要素科学饮食,健康防护要"管住嘴,迈开腿",清淡饮食,适度运动,不要听信所谓的保健专家,购买高

---

① 资料来源:https://www.360kuai.com/pc/9cf6d491f481dd392?cota=4&tj_url=so_rec&sign=360_57c3bbd1&refer_scene=so_1.

档昂贵的保健品，保健品并不适合所有体质的老年人食用；应重视健康体检，改变去大医院排队挂号检查的就医习惯，当下政府必须增强社区医疗卫生能力，留住医护人才，增加基础设施，补齐基层医疗薄弱的短板。

二、积极老龄化理论

（一）积极老龄化理论的提出

1999年，世界卫生组织提出"积极老龄化"概念，认为"积极老龄化"，就是鼓励老年人积极参加身体活动、体力劳动，积极参与社会经济文化事务，使老年人有尊严，激励老年人继续贡献社会，在参与经济社会建设过程中发挥余热。积极老龄化受诸多因素影响[①]，如图3-4所示。

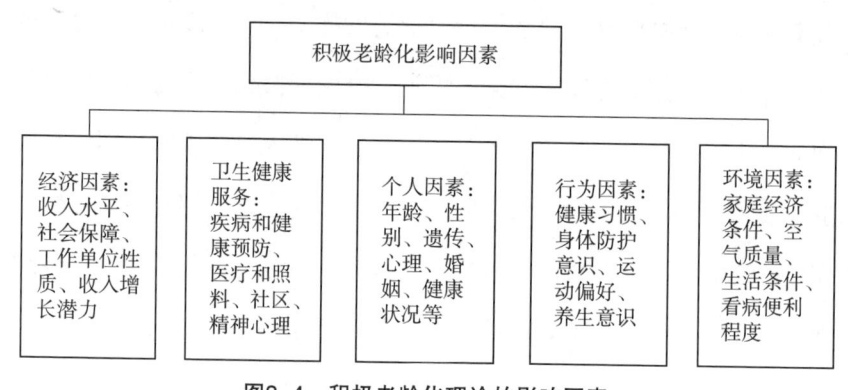

图3-4 积极老龄化理论的影响因素

（二）积极老龄化理论的内容

积极老龄化理论认为，在老年人有基本生存和自理能力的基础上，应激励老年人参与社会经济建设，倡导老年人发挥余热，利用多年工作和管理的经验及积累的丰富人脉，创造价值，融入社会，培养新人，指导或参谋自己领域中新的工作，而这个参与过程，是老年人自身潜力和价值得到

---

① 资料来源：https://it.sohu.com/20041211/n223446258.shtml。

充分发挥再利用的机会,对老年人保持健康心态、维系自身身体安康也会产生积极作用。

积极老龄化理论强调健康、参与和保障"三支柱",并解析了三者的逻辑关系,其中健康是基础,应从全生命周期视角看健康。老年人身体最终从活力逐渐向衰老转变,这是生命的必然历程,但是老年人个体之间存在一定差别,积极老龄化目标是努力延长健康有质量的生命长度,强调通过保健和预防提高健康质量;在老人健康的前提下,鼓励老人积极参与社会经济建设,发挥其多年工作领域中的专业指导作用,比如从建筑技术领域退休的高级工程师,退休后返聘到建筑工地,从事技术顾问或建筑质量检验,使老人不仅能获得除退休金以外的报酬,还能够利用老人在建筑领域丰富的施工管理经验提高效率,提高施工质量,充分发挥老人余热,取得双赢效果;积极老龄化理论的基础条件是需要有相应的保障措施,老年人退休后,要有完善的养老保险、医疗保险、护理保险等基础保障,解除老年人的后顾之忧,为老年人继续工作提供基础保障。依照马斯洛需求理论,老年人的服务需求也是从低到高的,有了经济和社会交往的基础条件之后,才能自我实现,产生服务社会的愿望。

(三)积极老龄化理论对医养结合的实践指导价值

一是保障老年人的生存权和参与权是政府的基本责任,也是积极老龄化理念的基本出发点。面对人口快速老龄化现状,受国内外风险压力和不确定因素叠加影响,社会经济面临下行压力,老年人自身养老储备金不够多,政府财力有限,退休金水平不高,群体之间差距仍然存在,积极老龄化理论的出发点是维持老年人权益的公平正义,无论是城市还是乡村,以现有的经济能力维持所有老年人基本的生存权,是政府义不容辞的责任。

二是积极老龄化让老年人更有尊严和活力。我国人口红利逐渐消失,但2亿多老年人却是宝贵的人力资源，老年人在自己的领域积累了多年工作经验，有丰富的知识和阅历，如果能够充分加以利用，采取师带徒的方式，年轻人就会少走弯路，国家也能节省很多成本。政府应出台政策激励老年人继续为社会经济发展做贡献，增加"银发劳动力"供给，是具有积极意义的举措。这样的制度安排也让老人受到尊重，发挥人生价值，增强老人的活力。

三、社区照顾理论

（一）社区照顾理论的提出

20世纪60年代，英国地方政府在对老年人的照顾政策方面发生改变，提出了"就近养老"的理念，并开展了"去机构化"养老运动。社区照顾逐渐得到老年人和养老机构的认可，老人们认为远离家园的养老机构费用昂贵、与世隔绝，减少了老年人正常的社会交往，增加了老人不适应社会生活、身体机能衰老的风险。20世纪70年代，英国政府开始向全国推行社区照顾政策（community care），老人居住在家，由社区老年服务人员上门为老人提供需要的服务，包括基本生活和健康护理等方面。社区照顾在英国取得了很好的社会效果，许多国家效仿并颁布实施政策。法国政府对分散居住在家的老人进行健康程度评估，派遣有老年照护资质的医师上门为老人提供医疗健康咨询服务，并采用分级诊疗的老年医疗体系，社区成为老人医疗保健的重要服务机构，如果老年人需要生活照护，地方政府会派遣家庭服务员上门为老人提供服务。社区照顾在欧洲国家逐渐成为主流的养老服务模式并运营至今。

（二）社区照顾理论的内容

1982年联合国召开世界老龄大会，通过了《维也纳老龄问题国际行动计划》，提出各国应制定政策，尽量使老年人在所在社区和家庭独立生活，社区向老人提供健康预防、健康咨询和健康服务[①]。20世纪80年代末90年代初，英国政府颁布系列法令规范和推行社区照顾养老服务模式，其中《福利白皮书》和《国家健康服务与社区照顾法令》对社区照顾的内容、标准、服务对象、费用、医护职责等进行规范管理，法令强调了社区照顾的对象，侧重于服务身体残疾、智障、精神不健全、高龄需要特殊护理等人群，精准定位服务对象，提高了社区照顾的针对性和制度的实效性。

1991年发布的《联合国老年人原则》，强调老年人应该在自己熟悉的环境里养老，得到家庭和社区给予的照顾和保护。在联合国和世界卫生组织的推动下，社区照顾在很多国家推行并不断创新服务内容，政府加大了对社区居家养老服务的资金投入力度，美国、日本等国家将社会保险资本引入社区养老服务，培训社区医生，健全社区养老服务基础设施，培育并发挥社区养老志愿组织的功能。经过30多年的探索运行，社区照顾养老受到诸多国家老年居民和家庭的欢迎，服务内容不断创新丰富。英国在增强社区福利的基础上，进一步细化服务内容，将社区照顾提供者细分为"正式照顾资源"和"非正式照顾资源"。"正式照顾资源"就是来自社区专业的老年服务团队，如老年社会工作者、社区康复护工、社区老年心理服务工作者、社区卫生保健工作者等；"非正式照顾资源"来自除社区老年服务工作以外的服务提供者，如家庭成员、亲友、邻居、社区志愿者等。社区照顾的服务内容，涵盖了老人的多项服务需求，包括为老人提供基本生活照顾、突出健康医疗和康复服务、为老年人参与社区服务提供支持、提供专门的心理精神支持服务。

---

① 资料来源：https://www.un.org/chinese/esa/ageing/1stageing.htm。

经过数年探索，福利国家将社区照顾模式细分为"在社区内照顾"和"由社区照顾"两种类型，这是根据对服务老年人的身体健康、心理状况、支付能力、家庭状况等因素评价进行的分类。对于生活不能自理、需要全天候护理的老人，政府为他们安排了"在社区内照顾"模式，由政府出资组建并有专业服务人员提供护理服务的社区护理机构，政府的这类组织一般称为社区日间照料护理中心、老年护理院或老人福利院，都属于"在社区内照顾"的范畴。

"由社区照顾"服务对象一般是身体健康的活力老人，不是通过政府专门的养老服务机构享受服务，而是由家庭或亲属提供服务和照顾，这样的照顾方式，突出了尊重老人的自由选择权，是非干预式养老，服务的提供者主要包括老人家庭成员、兄弟姐妹等亲属，还有老人在社区的邻居朋友、社区非营利组织、志愿者组织等。可以看出"由社区照顾"是基于陪伴性质的预防性、非专业性照顾，而"在社区内照顾"是一种专业性的护理照顾，是基于老人身体健康和自理能力弱化，甚至失能状态下的护理服务，是老年人从健康到衰老必然经历的阶段，从而满足了老人不同健康阶段的服务需求。

（三）社会照顾理论的实践价值

我国养老服务体系的内容是"构建居家为基础、社区为平台、机构为支撑，医养结合的养老服务"，社区照顾是家庭照顾的延伸，老人在家居住，享受到来自社区的专业化、社会化的养老服务，符合中国传统家庭养老的理念，突出了社区养老服务和社会治理的基础平台功能，同时又弥补了家庭小型化、多样化使得家庭照顾能力弱化的现实。因此，社区照顾理论在我国具有重要的实践指导意义。当前亟待弥补社区养老和医疗基础设施的不足，增强社区的医护专业能力，让老人在社区平台得到全天候、全生命周期的照顾。

四、福利多元主义理论

（一）福利多元主义理论的提出

20世纪70年代，西方福利国家遇到了通货膨胀和经济衰退的双重压力，原有的高税收高福利模式受到前所未有的挑战，各国开始进行福利制度的调整和改革。在此背景下，1978年沃尔芬德发表了《志愿组织的未来报告》，倡导社会福利的提供者应该多元化，志愿者也应该是福利的供给方，并经过专业技能培训，具备参与志愿服务的时间和相应的专业能力保证。学者罗斯在《相同的目标、不同的角色——国家对福利多元组合的贡献》一文中详细地剖析了"福利多元主义"[1]，认为老年福利的供给者不仅包括国家和市场，还包括家庭，三者是社会福利的综合供给者。应将国家、市场和家庭三者联合起来，发挥政府的主导作用和法律监管功能，同时发挥市场对资源的配置优化功能、家庭养老的基础功能，三者扬长避短、互相补充，共同提供福利服务。德国学者伊瓦斯在罗斯的福利多元主义研究的基础上，提出了"福利三角"研究框架，他从另一个视角研究福利的供给，认为文化、经济和政治三方面因素也对社会福利产生积极影响，综合考虑政治、经济和文化的因素，在一定的文化、经济、社会和政治背景中，政府福利和家庭福利可以分担社会成员在遭遇市场变化时的风险。

（二）福利多元主义理论的主要内容

福利多元主义的供给者有国家、市场、社区和民间组织，这些供给要素之间互相联系、互为纽带。民间组织发挥作用，使得国家、市场和社区

---

[1] 彭华民，黄叶青. 福利多元主义：福利提供从国家到多元部门的转型[J]. 南开学报，2006（6）：43.

之间的利益达成一致，在福利社会中发挥平台和协调作用。国内学者林闽钢[①]对20世纪90年代西方国家社会福利的发展历程进行了总结，认为社会福利的新发展趋向是从政府供给转移到民间组织供给；从一元化变成多元主体；从中央下放到地方；养老方式从机构式照顾变成社区照顾与家庭照顾相结合；从单一的主要是政府提供者变为社区和社会组织等多方提供且供给方式变成组合式的提供[②]。

（三）福利多元主义理论对于医养结合服务的理论价值

一是政府作为养老服务的福利提供者具有重要指导责任。福利多元主义理论的主要内容是界定政府为福利的供给者，在医养结合养老服务中具有主导责任，政府对每一位老年人的养老、医疗、救济、照护、康复及临终关怀等基本需求都负有保护责任。老年社会保障依法保护老年人被照顾的基本权益。

二是提出养老服务福利社会化的内容。福利多元主义认为福利社会化以社会的共同责任为理论基础，政府动员社会多方面力量参与养老服务，为社会提供多层次养老服务，满足老人养老和医疗的需要。强调养老服务制度面向全体老年人，鼓励社会资本和社会组织参与养老服务，即资金来源的多元化；也强调养老服务队伍的专业化和职业化。

三是福利多元主义理论的核心价值是处理好政府和市场的关系。福利多元主义产生的历史背景是多数西方发达福利国家出现了"市场失灵"和"政府失灵"的难题，国家成为福利的唯一提供者。存在低效率等缺陷，国家垄断福利提供也会招致很多批评，而家庭作为传统福利的提供者，却

---

① 林闽钢.福利多元主义的兴起及其政策实践[J].社会，2002（7）：36.
② 田北海，钟涨宝.社会福利社会化的价值理念——福利多元主义的一个四维分析框架[J].探索与争鸣，2009（8）：44-45.

逐渐走向弱化，存在"家庭失灵"现象。强化政府和市场的福利提供者作用，须弥补和纠正"家庭失灵"，将政府、市场和家庭三方结合起来，才能实现福利的多元供给，政府角色演变为监控者或养老服务的规范者，政府还有出台政策激励市场主体参与养老服务的功能。

福利多元主义理论对于现代社会福利供给体制具有重要现实指导意义。在养老服务领域也同样具有理论指导价值，计划经济时期，政府是老年福利的唯一提供者，同时也充当监管者，这样的供给体制相当于政府"既是足球运动员又是裁判员"。基于福利多元主义理论思想，在"医养结合"新服务模式建设中，政府要明确职责，发挥兜底保障供给功能，同时要激励社会组织、家庭、社会志愿者参与养老服务，整合资源，形成多元主体的养老产业结构。发挥政府制定政策、调控市场、完善法律法规的功能，在社区养老服务建设中规划设计，在保障弱势老人群体中起到政策推动社会朝公平放心方向发展的作用。为经济困难、失能及半失能老年人提供服务。最终在居家、社区及机构养老层面形成多元主体共同提供"医养结合"养老服务的格局。

五、马斯洛需求理论

（一）马斯洛需求理论的提出

著名的需求理论是美国心理学家亚伯拉罕·马斯洛在其著作《人类激励理论》中提出的，核心内容是人的需求就如阶梯一样从低到高排序，从最底层的衣食住行生理需求，到安全需求、社交需求、尊重需求，自我实现需求是最高层次的需求，可以实现人生内在价值的满足感，如图3-5所示。

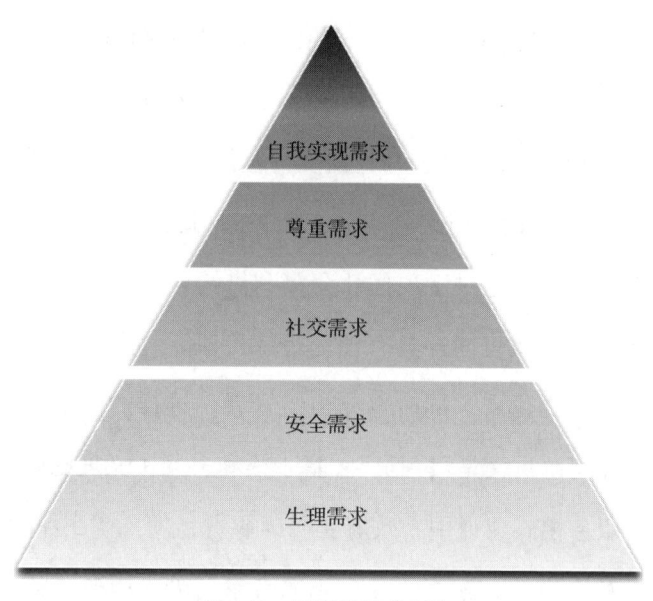

图3-5 马斯洛需求理论

(二)马斯洛需求理论的内容

马斯洛需求理论明确了人的需求具有从低层次向高层次逐渐提升的特征,呈金字塔形状的需求层次。

第一层次:生理需求。

基本生存需求是人作为生命体维持生命存在产生的需求,如衣、食、住、行,是推动人们行动的最基础动力,人只有在满足了这些维持生存的基本需求后,才产生其他新的需求。

第二层次:安全需求。

个人在社会经济中享有安全保障的权益,有人身安全、健康保障、财产所有权、家庭安全保障、工作环境安全等方面的需求。

第三层次:社交需求。

情感需求是人作为高级生物体的特殊需求,包括友情、爱情和归属情感等方面。渴望被关爱和去关爱身边的人,也是被社会和家庭亲人认可的心理需求。

第四层次：尊重需求。

人人都希望有社会地位，得到社会的认可和尊重。尊重需求的内容一般是自我尊重、自信心、成就感、尊重他人及被别人尊重。从内容可以看出，尊重需求分为内部尊重需求和外部尊重需求，内部尊重具体是指自我胜任力、自信、独立等人格尊严，外部尊重来自外部因素，比如希望得到别人尊重、具有信赖性、高度评价、具有威信地位等方面。

第五层次：自我实现需求。

需求层次的最高级是自我实现的需求，即一个人在所有的理想抱负都如愿以偿实现，自认为个人的价值和能力都充分发挥，对个人现实情况充分满足，接受世界的所有现实条件，自认为对世界发展做出了应有的贡献和努力，完成了与自己的能力相称的一切事情的需要。

对马斯洛需求理论的评价：

（1）需求层次从低到高，逐渐提升，但生活中也不是绝对在满足底层需求后才去追求更高一层，很多需求是同时存在的。

（2）马斯洛需求理论的两点基本原则，一是满足一层需求后，才能产生另一高层需求；二是底层需求得到满足后，高层需求才能产生激励作用，这与日常生活需求满足的层次并不一致。

（3）马斯洛需求理论层次，分为依靠外部条件就能满足的低级需求，包括生理需求、安全需求和社交需求；通过内部因素才能满足的高级层次需求，包括尊重需求和自我实现需求。各层次的需求互相依赖重叠。

（4）马斯洛需求理论的实现与国家经济社会发展条件相适应。社会制度的安排，首先要满足国人基本的生存需要和安全需要，要贯彻公平正义的理念，满足所有公民平等享有基本生存权和安全保障的权利，个人需求要同社会经济发展水平、科技发展水平、文化和自身受教育的程度相适应。

（三）马斯洛需求理论对于养老服务的实践价值

1. 积极方面

（1）老年人的需求也是从低级需求向高级需求逐渐升级的，马斯洛需求理论在某种程度上是符合老年人基本需求发展的一般规律的。

（2）马斯洛需求理论认为，每一个个体在人生每一个时期，都有某一项需求会占据主导地位，而其他需求处于从属地位，比如老年人刚退休期，身体健康，人际交往频繁，愿意继续走向社会发挥余热，或者完成自己的梦想，这是老年人尊重的需要和自我实现需要占据主导；而高龄老人，身体机能逐渐衰退，安全需求会占据主导，老人会特别注意身体健康。这一点对于养老服务管理工作具有启发意义。

（3）马斯洛需求理论对于医养结合制度安排具有积极意义，养老和医疗需求是老人低层次的基本需求，而养老服务应重点关注老人安全需求和情感精神需求，最终要发挥老人余热，让老人实现自我需求。尊重老人选择权、居住权、财产处分权、养老方式选择权，都是需求层次理论的基本要求。

2. 消极方面

（1）从马斯洛需求理论内容看，在完全满足低层次需求之后，才能去追求高一级的需求，但在日常生活中很多需求可能在同一时间段存在。

（2）生命个体的需求可能受到多种因素影响，不仅仅是动机产生需求。

（3）马斯洛需求理论从本质看，以自我为中心。

（4）马斯洛需求理论在界定实现需求的标准和满足程度时，并没有明确标准，标准和程度都是模糊的。

六、新公共服务理论

（一）新公共服务理论的提出

新公共服务理论是美国公共管理学家罗伯特·丹哈特提出的，理论根源还是要在政府和市场之间做出理性选择，转变政府在公共服务管理和供给过程中的职能，引入市场的力量，向公民放权，让具有公共服务资格的社会组织完成公共服务，以此来降低管理成本、提高运行效率。

新公共服务理论的内涵有以下几个方面：

一是明确界定公共服务的对象是公民，这是政府的职责，政策出发点是维护公民的基本权益，提供满足公民基本生存需要的产品，这样的产品是公平享有，不应有差别。

二是新公共服务理论明确了政府的公信力，只有提高公民对政府的信任度，才有更多公民支持和消费政府提供的公共服务产品。

三是政府在社区提供公共产品时，在土地规划、项目筹建、公民需求调查等领域具有主动性和引导性，使得公共项目能够有效开展。

（二）新公共服务理论对于养老服务的实践指导意义

新公共服务理论的提出，对于医养结合养老服务的提供和设计，具有重要的指导意义。

一是医养结合养老服务是公共产品，政府的主导责任至关重要。

在医养结合养老服务领域，康复和护理服务供给不足是最大短板。老年人在生活照护、康复服务、护理服务、临终关怀服务等方面普遍存在供给不足问题，难以满足老年人的服务需求，政府应该在"十四五"规划中落实责任，顶层设计，加快出台长期护理保险制度，对于已经出台的政策需要严格落实，充分体现养老服务的政府主导责任。

二是加大医养结合服务供给，强化养老资源优化配置。

医养结合制度是符合中国国情的养老服务模式，为应对我国人口快速老龄化的挑战，需要不断创新和改革，探索适合国情的养老服务模式。医养结合政策从以人为本理念出发，以老年人养老和医疗两大基本需求为出发点，作为公共服务产品，需要破除制约医养结合制度效率的体制障碍，才能做到有效供给。目前要加快老年人医疗保险制度改革，尽快实现老人异地医疗保险报销，补齐老年康复、护理的服务缺口，将有条件的医院转型为老年康复护理中心，使其承担老人出院后疾病恢复期的专业服务。医疗资源高度集中在特大城市，而社区和农村医疗资源严重短缺，制约了医养结合政策的推广实施，要加快培育养老服务专业化人才队伍，提升养老服务质量。

七、非政府组织理论

（一）非政府组织理论的提出

20世纪70年代，世界经历了石油危机，维持美国等资本主义国家快速发展的凯恩斯政府宏观调控的手段遇到"政府失灵"和"市场失灵"的两难选择，西方国家政府努力寻找"滞胀"的根源，以解决政府过度干预产生的社会问题，在社会经济发展的诸多领域，出现了独立于政府的非政府组织，并在公共事务发挥越来越大的作用，尤其是在经济、社会、民生保障、环境保护领域，也包括养老服务领域。非政府组织成为连接政府和利益诉求者的纽带和桥梁，很多公共服务由政府委托非政府组织完成，其承担了一些社会经济和文化领域的公共事务，降低了政府的监管成本，也提高了公共产品的供给，实现了服务资源的有效配置。

非政府组织开展的各种公益社会服务，不以营利为目的，社会大众更愿意购买由非政府组织提供的产品和服务。非政府组织具有较好的灵活性和快速适应市场变化的调整能力，能够提供多样化的服务产品，可以满足需求者个性化的服务，与政府的宏观调控形成互补关系，当非政府组织在提供公共服务时遇到自身难以解决的问题和资源短缺时，需要政府进一步给予资源支持，以提高服务质量。

（二）非政府组织理论对于医养结合制度的实践价值

在养老服务领域，激励非政府组织参与，是转变政府职能、提高养老服务制度效率的重要举措，也是培育养老服务多元化供给市场、满足老人享有多层次服务需求的必要之举。我国的非政府组织发展尚且不完善。

一是非政府组织参与可避免在养老服务领域出现"契约失灵"。如果养老服务市场完全市场化，老年人对服务产品的认知和消费细节会存在信息不对称，可能会侵害老年服务消费权益，政府在养老服务市场中扮演着服务提供者和监管者的双重角色，最终可能让参与服务的老年人利益受损。比如某款老年专用保健产品推向市场，老年消费者与保健品生产者之间存在信息不对称，如果由社区非政府组织向社区老人提供指导和咨询，老年人基于非政府组织的非营利性和公益性，容易信任非政府组织，也更容易购买非政府组织提供的产品和服务，可以避免企业或营利组织与消费者之间产生"契约失灵"、损害老年人消费权益。

二是在养老服务供给方面，政府应该发挥主导作用，尤其关注残疾老人、低保老人、高龄老人等部分弱势老人的养老服务，同时，政府也要鼓励社会资本和力量参与养老服务，非政府组织就是社会化的养老服务供给主体，通过市场机制，满足老年人多样化、多层次的养老服务需求，提高全社会养老服务水平。

八、全面小康理论

（一）全面小康理论的提出

全面小康理论的提出，经历了我国几代领导人的艰辛探索和不懈努力。1979年12月，邓小平在会见日本首相大平正芳时使用"小康"来描述中国式的现代化，提出到20世纪末国民生产总值达到人均1000美元，首次量化了"小康"的具体目标。

2000年10月，党的十五届五中全会提出全面建设小康社会目标。2002年11月，党的十六大报告在深刻分析党和国家面临的新形势新任务的基础上，确定了全面建设小康社会的奋斗目标，提出要在2020年实现第一个百年目标，建成惠及全体国民的小康社会，明显的特征是经济发展、民主健全、科技进步、社会和谐。2015年10月，党的十八届五中全会首次提出"创新、协调、绿色、开放、共享"的新发展理念，以保障实现全面建成小康社会的目标。2017年10月，党的十九大报告指出，从现在到2020年，是全面建成小康社会决胜期，报告中提出我国社会基本矛盾已转变为人民美好生活需要和不平衡不充分的发展之间的矛盾。要解决好全体老年人养老的后顾之忧，就必须对老年医疗资源进行均衡配置。无论是城镇社区老人还是农村老人，必须有公平的老年保障制度，针对老年人目前面临的医疗保险异地结算、老年人看病难、残障老人康复护理、长期在医院卧床难以有专门康复服务等问题，政府应以全面小康、全民健康的理念为出发点，加快补齐制度短板。

（二）全面小康理论对于养老服务的实践价值

全民健康是国家富强和民族复兴的重要标志，也是中华民族实现伟大复兴的重要目标，2016年10月《"健康中国2030"规划纲要》提出要完善国民健康体系的政策,为人民群众提供全方位和全生命周期的健康服务。2019年年末,我国60周岁以上老年人占比达18.1%,总数达到2.54亿人,是世界上老年人口最多的国家,老年健康是实现全面健康的前提和保证。因此全面小康理论对于养老服务具有重要意义。

一是高度关注老年人身心健康,健全老年健康保障体系。

实施健康中国战略,老年人的健康管理是关键和重点。基层社区要关注辖区老年人健康管理,建立老年人健康档案,定期组织老年人常规体检,优化健康服务,完善细化家庭医生签约服务,社区要完善老年健康基层设施,将老年活动中心、老年心理疏导、老年健康咨询、老年康复护理等服务和规划制度化,老年餐桌服务是专为高龄、残障老人提供送餐或定制餐饮的服务,受到很多老年人的欢迎,对于失能和残疾老年人的家庭护理床位服务,要落实家庭医生转诊制度,保障老人在家享有专业的医疗健康服务。

二是完善社会医疗保险制度,解决老年人看病难的问题。

医疗资源分布不均衡,三甲医院和最好的医生、最先进的医疗设备都集中在大城市,而偏远乡村和社区的医疗资源不足,医生、护士流动性大,基础设施落后,老年人身体不适时要到大医院挂号排队,B超、核磁等检查结果需要等好久才能出来,医药费用的报销还不能完全异地跨地区结算,这些都制约了老年人看病,同时也给家庭带来很大的负担。因此,要加快社会医疗保险改革,努力让老人看病方便、快捷、高效,增强社区的基层卫生服务能力,配比全科医生,全面取消以药养医,健全药品供应保障制度,减轻老年人的医疗负担。

三是建设无障碍居家环境,减少老人意外伤害风险。

老年人身体协调性变差,很容易摔倒受伤,有的难以康复,造成终身残疾。家庭和社区的居住环境，并没有安全防护设施，比如卫生间没有安装扶手，地板没有防滑设施，家里灯光设计没有充分考虑老人视力下降的问题。意外摔倒是造成老年人身体伤害的主要根源之一，社区的出行台阶、走廊，超市的门槛、地板，都要考虑防止老年人摔伤造成身体伤害。

以"全面小康"为理论指导，医养结合养老服务模式的出发点是全面提升老年人的健康质量。要建立老年人身体健康评估标准，并分类设计养老服务需求，在满足老人基本生活照护的前提下，将重心放在健康预防和保健上。在社区平台上，逐渐提高医疗水平和护理专业性，强调老人对家庭和人文关怀的需求，增强老人归属感，完善社区医疗转诊制度，发挥智慧远程治疗的功能，落实家庭签约医生责任，提升社区医养结合服务能力，提高"医养结合"在社区层面的再认知、实践操作，完善相关配套设施。

第四章　我国养老服务政策梳理及理念变迁

党的十九大报告提出了"积极应对人口老龄化，构建养老、孝老、敬老政策体系和社会环境，推进医养结合，加快老龄事业和产业发展"的战略任务。我国人口老龄化的快速发展，迫切需要构建老年服务保障制度，推进"医养结合"政策落实。我国各地区也在积极探索适合本地特色的养老服务模式，将养老服务的医疗、康复、照护等内容构建作为当前的重要任务。我国养老服务的理念和政策经历了快速变迁，并不断体现出人性化、科学化和可持续发展的良好态势。

21世纪前后，我国60周岁及以上人口占总人口比重超过10%，进入联合国界定的老龄化社会。近几年，我国政府高度重视人口老龄化问题及应对措施，研判老龄化对社会经济产生的深远影响，各级政府不断推出系列方针政策，应对人口老龄化挑战，在探索养老服务方面取得显著成效，初步形成"以居家为基础、社区为依托、机构为补充、医养相结合的具有中国特色的养老服务体系"。老年人的获得感和幸福感进一步增强，本书梳理了养老服务政策及政策出台的意义，对养老服务理念发展进行评价，并通过我国不断变迁的养老服务理念，探析我国养老服务制度未来的趋向。

第一节　1999—2020年养老服务政策梳理

计划经济时期，我国企业承担了退休职工的养老服务管理职能，退休老人主要在家庭养老，农村老人也主要由家庭和村委会承担养老服务。21世纪前后，我国进入老龄化社会，农村劳动力转移到城市，出现了农村"留守老人"新群体。随着城市居住条件的改善和异地就业便利化，城市老人与子女分户居住或者不在同一城市，出现了"空巢老人"群体，并且空巢化比例日益增长。目前，我国首批独生子女已经进入退休年龄，"失独家庭"（独生子女先于父母亲去世）的数量也在急剧增加。人口老龄化伴随着高龄化，高龄老年人的医疗和照护需求增加，而家庭呈现出小型化和多样化特征，家庭养老服务的功能在不断减弱，在老年人自身养老储备不多、退休人员收入偏低的情况下，老龄人口剧增将对社会经济产生巨大的影响，政府和社会必须全力应对老龄化的挑战，从经济保障、服务保障和精神保障等方面做好制度的顶层设计。

我国中央政府及老龄相关部门积极出台了一系列政策措施，本书梳理老年服务相关政策，探析我国养老服务政策与制度变迁，重点梳理2013年至今国务院及各部委颁布实施的养老服务相关文件。

一、历年全国两会政府工作报告中关于老龄工作的部署及政策评价

（一）历年全国两会政府工作报告中关于老龄工作的部署和安排

（1）1999年朱镕基总理：重视人口老龄化趋势，认真做好老龄人口的工作。

（2）2000年朱镕基总理：积极推进养老保险社会化管理和服务。逐步

做到退休人员与企业事业单位相脱离，尽快实现养老金社会化发放，积极开展退休人员由社区管理服务的试点。加强社区对老年人的管理，强化社区服务功能。同时，注意做好社会保障体制转换过程中的老年人管理工作衔接。

（3）2003年温家宝总理：维护妇女、儿童合法权益，进一步做好老龄工作。

（4）2005年温家宝总理：做好老龄人口的工作。

（5）2006年温家宝总理：重视做好老龄工作。

（6）2007年温家宝总理：发展老龄事业，积极应对人口老龄化。

（7）2008年温家宝总理：重视发展老龄事业。

（8）2009年温家宝总理：出台养老保险关系转移接续办法，2009年、2010年两年继续提高企业退休人员基本养老金，人均每年增长10%左右，继续加强老龄工作。

（9）2010年温家宝总理：企业退休人员基本养老金2010年再提高10%。加强应对人口老龄化战略研究，加快建立健全养老社会服务体系，让老年人安享晚年生活。这是总理政府工作报告中首次提到社会养老服务体系建设的问题。

（10）2011年温家宝总理：城镇职工基本养老保险实现省级统筹，实施养老保险关系跨省转移接续办法，连续7年提高企业退休人员基本养老金水平，年均增长10%，新型农村社会养老保险试点覆盖24%的市县，努力让全体人民老有所养、病有所医、住有所居。积极推进机关和事业单位养老保险制度改革，加快建立健全老年人社会服务体系，加强公益性养老服务设施建设。

（11）2012年温家宝总理：积极发展老龄事业，加快建设社会养老服务体系，努力让城乡老年人都老有所养、幸福安享晚年。

（12）2013年温家宝总理：要加大对社会养老服务体系和儿童福利机构建设的支持力度。

（13）2014年李克强总理：建立统一的城乡居民基本养老保险制度，完善职工养老保险的衔接制度，改革机关事业单位养老保险制度，鼓励发展企业年金、职业年金和商业保险，发展老龄事业。

（14）2015年李克强总理：企业退休人员基本养老金标准提高10%，推进城镇职工基础养老金全国统筹，对困境儿童、高龄和失能老人、重度和贫困残疾人等特困群体，健全福利保障制度和服务体系。鼓励社会力量兴办养老设施，发展社区和居家养老，为农村留守儿童、妇女、老人提供关爱服务。

（15）2016年李克强总理：继续提高退休人员基本养老金标准。制定划转部分国有资本充实社保基金办法。开展养老服务业综合改革试点，推进多种形式的医养结合。加强对农村留守儿童和妇女、老人的关爱服务，切实保障妇女、儿童、残疾人权益。

（16）2017年李克强总理：继续提高退休人员基本养老金，确保按时足额发放，切实保障妇女、儿童、老人、残疾人的合法权益。

（17）2018年李克强总理：社会养老保险覆盖9亿多人，基本医疗保险覆盖13.5亿人，织就了世界上最大的社会保障网。人均预期寿命达到76.7岁，积极应对人口老龄化，发展居家、社区和互助式养老，推进医养结合，提高养老院服务质量，营造尊重妇女、关爱儿童、尊敬老人、爱护残疾人的良好风尚。

（18）2019年李克强总理：大力发展养老特别是社区养老服务业，对在社区提供日间照料、康复护理、助餐助行等服务的机构给予税费减免、资金支持、水电气热价格优惠等扶持，新建居住区应配套建设社区养老服务设施，改革完善医养结合政策，扩大长期护理保险制度试点范围。

（19）2020年李克强总理：加大基本民生保障力度。上调退休人员基本养老金，提高城乡居民基础养老金最低标准。全国近3亿人领取养老金，必须确保养老金按时足额发放。

（二）历年全国两会政府工作报告中关于老龄工作部署的政策评价

2000年前后，我国60岁以上人口占总人口比重超过10%，进入人口老龄化社会，从历年全国两会期间总理政府工作报告对老龄工作的部署内容来看，从朱镕基总理"重视老龄人口工作"（1999年）到李克强总理"积极应对人口老龄化，发展居家、社区和互助式养老，推进医养结合，提高养老院服务质量，营造尊敬老人的良好风尚"（2018年）的表述，彰显了政府对应对人口老龄化养老服务政策导向的明确，突出了家庭和社区养老服务的基础功能，以"医养结合"政策为重点，倡导全社会继承发扬爱老敬老的传统风尚。

二、从历年党的全国代表大会报告中梳理老年政策及评价

（一）党的全国代表大会报告中老年政策梳理

（1）1997年9月中国共产党第十五次全国代表大会报告（江泽民）：控制人口增长，提高人口素质，重视人口老龄化问题。

（2）2002年11月中国共产党第十六次全国代表大会报告（江泽民）：各地要根据实际情况合理确定社会保障的标准和水平。发展城乡社会救济和社会福利事业。有条件的地方，探索建立农村养老、医疗保险和最低生活保障制度。

（3）2007年10月中国共产党第十七次全国代表大会报告（胡锦涛）：完

善社会管理，促进社会公平正义，努力使全体人民学有所教、劳有所得、病有所医、老有所养、住有所居，推动建设和谐社会。加快完善社会保障体系，加强老龄工作。

（4）2012年11月中国共产党第十八次全国代表大会报告（胡锦涛）：在学有所教、劳有所得、病有所医、老有所养、住有所居上持续取得新进展，努力让人民过上更好生活，积极应对人口老龄化，大力发展老龄服务事业和产业。

（5）2017年10月中国共产党第十九次全国代表大会报告（习近平）：健全农村留守儿童和妇女、老年人关爱服务体系，积极应对人口老龄化，构建养老、孝老、敬老政策体系和社会环境，推进医养结合，加快老龄事业和产业发展。

（二）党的历次全国代表大会报告中的老年政策评价

中国共产党的历届全国代表大会，是集中体现中国共产党对国家未来社会经济发展方向引领的重要会议，大会报告是未来国家发展的战略方针的总纲领。梳理历次中国共产党全国代表大会报告中对老龄工作的总体部署，可以看到，党对人口老龄化的认识及应对人口老龄化的对策日渐清晰，从1997年党的十五大报告开始预见性地提出"重视人口老龄化问题"，到2007年党的十七大报告提出应对人口老龄化"老有所养"的根本目标，再到2015年老龄委提出"六有"目标，体现了党对老龄工作的高度重视和老龄工作目标的明确方向。2017年党的十九大报告提出推进"医养结合"，加快老龄事业和产业发展，进一步明确了老龄工作的总体目标和指导方针，将老龄产业作为养老事业发展的方向，发挥家庭和社区功能，运用"医养结合"的创新模式，积极应对人口老龄化挑战。

三、全国人大常委会及国务院关于老年服务的政策及评价

全国人大常委会及国务院密集出台了关于养老方面的文件及管理规定，具体梳理和评价如表4-1所示。

四、全国老龄委办公室关于老年服务的政策及评价

全国老龄委办公室出台关于养老服务方面的文件及管理规定，具体梳理和评价如表4-2所示。

五、民政部关于老年服务的政策及评价

民政部出台关于养老服务方面的文件及管理规定，具体梳理和评价如表4-3所示。

六、国家卫计委关于老年服务的政策及评价

国家卫计委出台的关于养老服务方面的文件及管理规定，具体梳理和评价如表4-4所示。

七、国家发展改革委关于老年服务的政策及评价

国家发展改革委出台的关于养老服务方面的文件及管理规定，具体梳理和评价如表4-5所示。

八、老龄相关部门关于老年服务的政策及评价

国家老龄相关部门出台的关于养老服务方面的文件及管理规定，具体梳理和评价如表4-6所示。

表4-1 全国人大常委会及国务院颁布的老年服务的相关制度文件

文件名称	文号及颁布时间	主要内容	文件颁布意义及简要评析
国务院办公厅关于印发社会养老服务体系建设规划（2011—2015年）的通知	国办发〔2011〕60号（2011年12月16日）	我国人口快速老龄化，加强社会养老服务体系建设的任务十分繁重，提出建设应以居家为基础、社区为依托、机构为支撑，着眼于老年人实际需求的服务体系，对居家养老、社区养老和机构养老功能进行准确定位，提出原则、任务和目标	是我国第一部养老服务的五年规划文件，政府积极应对人口老龄化，细化老年人的服务需求，建立与老年人经济水平适应的老年服务项目，实现"老有所养"的战略目标。首次提出发挥家庭养老功能，提供专业化上门服务，增强社区养老服务功能，规划思路具有里程碑意义
中华人民共和国老年人权益保障法	2013年7月1日执行	新修订的《中华人民共和国老年人权益保障法》，内容由原6章50条发展到9章85条。新增条款多数属于社会服务、社会优待和宜居环境等方面的内容，如老年人尊严保护、财产处分权、参与社会权、保障老年人健康、老年大学开放、老人再教育等权益保护	文件增加了社会优待、宜居环境建设对老年人权益内容也发生很大变化。时代发生变化，老年人权益保障内容也发生保障。银色经济存在巨大消费潜力。依法确认了老年人基本的权利，确定了亲人对老年人精神上的关心。规定了农历九月初九的老年节。增加了老年人维护权利的保障内容
国务院关于建立全科医生制度的指导意见	国发〔2011〕23号（2011年7月1日）	构建全科医生制度的重要性和必要性；全科医生培养制度；全科医生执业方式；相关保障激励机制；措施等	全科医生培养具有重要意义，增强老人医疗的便利性，提升社区基层医疗能力，对家庭医生签约做好人才保障储备，对养老结合具有实践价值
国务院关于加快发展养老服务业的若干意见	国发〔2013〕35号（2013年9月6日）	第一次提出养老服务体系内容和路径。老年人的服务需求具有多元化和不断变化过程，养老服务成为解决老年人后顾之忧的重要举措；遵循坚持保障基本、注重统筹发展、满足养老服务多样化、多层次需求的原则	这是一部具有里程碑意义的文件，首次提出了我国养老服务体系建设目标和任务。文件对我国养老服务发展趋势进行明确判断，提出养老服务发展及政府的责任，发挥家庭养老、社区养老、机构养老共同责任主体作用，为养老服务发展提供总体原则和长远规划，文件具有很强的实践指导性

续表

文件名称	文号及颁布时间	主要内容	文件颁布意义及简要评析
国务院《关于促进健康服务业发展的若干意见》	国发〔2013〕40号（2013年9月28日）	①人民群众对健康需求日益迫切、多层次、多元化；②坚持以人为本原则；③配置医疗服务资源，促进医疗机构和养老机构结合发展；④发展社区健康服务，拓展健康保险领域；⑤发展传统中医养生保健服务；⑥明确健康服务发展的主体责任	文件提出健康服务业发展的重要性，提出具体规划和发展目标，在医养结合养老服务中，将老人健康质量提升作为出发点，强化失能老人健康管理，尤其是护理和康复服务，增加老年专科医院，为老年医疗开降快捷通道
国务院办公厅转发卫生计生委等部门《关于推进医疗卫生与养老服务相结合指导意见的通知》	国办发〔2015〕84号（2015年11月18日）	①推进医疗服务与养老服务融合发展的重要性；②医养结合基本原则和发展目标；③重点任务；④保障措施；⑤组织实施；⑥提出建立医疗机构与养老机构合作的途径和机制，医疗机构增设医疗服务，医疗卫生服务延伸到社区和家庭；⑦养老机构增设医疗服务，医疗卫生服务延伸到社区和家庭；⑧社会资本和组织参与医养结合机构，政策鼓励医疗机构与养老机构服务融合发展	这是国务院首次下发"医养结合"文件，探索养老服务有了创新模式和纲领性指导原则。医养结合规划纳入老年保障体制建设社会发展规划，采用试点先行的谨慎型路径，要尽快制定医养结合操作指导意见，颁布服务标准和规范，充分利用智慧养老服务工具，大力培育全科医生专业人才，开发中医等特色服务产品，文件对"医养结合"发展提出框架思路
中共中央、国务院印发《"健康中国2030"规划纲要》	2016年10月25日	推进健康中国建设，坚持以人民为中心的发展思想，坚持维护和保障人民健康，规划提出大幅提高健康水平，显著改善健康条件，把健康摆在优先发展的战略地位，坚持政府主导，发挥市场机制作用，坚持"共建共享"原则，完善全民健身公共服务体系；实施慢性病综合防控战略；提供优质高效的医疗服务；发挥中医药独特优势	纲要对健康中国建设提出长远规划以及全民健康的重要意义。健康管理是促进社会经济全面发展的必然要求，是国家建设的基础前提。推进健康中国建设，基本实现社会主义现代化的重要基础，健康管理规划是全面提升人民健康素质，积极参与全球健康治理，履行2030年可持续发展议程国际承诺的重大举措。健康管理是老年保障发展的基础的基础保障工作

· 105 ·

续表

文件名称	文号及颁布时间	主要内容	文件颁布意义及简要评析
国务院关于印发"十三五"卫生与健康规划的通知	国发〔2016〕77号（2016年12月27日）	"十三五"时期卫生健康取得的成就、"十三五"时期卫生健康面临的机遇和挑战。①把人民健康放在优先发展的战略地位，实现发展方式由以治病为中心向以健康为中心的转变，显著提高人民健康水平；②主要任务是加强重大疾病防治，推动爱国卫生运动与健康促进；③规划老年健康保障制度，提高社区卫生人员为居家养老机构提供上门服务的能力；④推动中医药在养老机构多方面融合发展；⑤加快健康产业发展，加强中医药与健康信息化建设；⑥加强智能化健康信息建设；⑦实现健康信息化建设	规划旨在推进健康中国建设，将卫生与健康事业发展摆在了经济社会发展全局的重要位置。落实健康责任制，激发多层次、多样化的健康需求，满足人民对小康生活方式的追求。随着生活环境与生活方式的快速变化，慢性病成为困扰健康的主要问题。传染病和寄生虫病等疾病威胁持续存在。影响人们健康的因素和风险在不断增加，如传染病、环境污染、食品安全等。生活节奏加快、不良的生活习惯和经常加班、熬夜、饮食不规律都会影响人们健康。卫生与健康领域要强化宣传，转变生活理念，创新服务模式和管理方式
国务院办公厅关于加快发展商业养老保险的若干意见	国办发〔2017〕59号（2017年6月29日）	提出总体要求，创新产品服务，促进健康服务发展，保险基金安全运行，配套政策的要求。①商业养老保险作为第三支柱，发挥锦上添花的作用；②商业养老保险提供多层次、个性化养老服务；③商业养老保险市场基金管理、产品开发、市场监管；④商业养老保险运行健康运行配套措施	文件对商业保险全面发展提出具体要求和思路，提出养老保险第三支柱体系，对于健全多层次养老服务多层次多样化发展，促进养老服务业多层次多样化发展，应对人口老龄化趋势具有重要意义。商业养老保险公司推出长期护理保险发展，实现保险公司专业养老服务。建立管理流程，实现保险公司专业养老服务。建立CCRC社区养老服务机构

续表

文件名称	文号及颁布时间	主要内容	文件颁布意义及简要评析
国务院办公厅关于全面放开养老服务市场提升养老服务质量的若干意见	国办发〔2016〕91号（2016年12月7日）	①养老服务市场化、产业化发展呈趋势；②家庭养老和社区养老资源整合，重点关注失能老人、农村留守老人群体；③增强养老护理康复服务；④养老服务机构小型化、连锁化、专业化发展；⑤开放养老服务市场，鼓励社会资源和社会组织参与养老服务；⑥制定养老服务标准，降低准入门槛；⑦破除制约养老服务的制度障碍	文件确定了全面放开养老服务市场，提升养老服务质量的具体政策落实时间表，建立医疗卫生机构设置审批绿色通道，支持养老机构开办老年病院、康复医院等医疗卫生机构，将符合条件的养老机构内设医疗卫生机构按规定纳入城乡基本医疗保险定点范围。老年病医生到养老院或社区卫生服务结合运行质量具有重要意义
国务院办公厅关于印发老年教育发展规划（2016—2020年）的通知	国办发〔2016〕74号（2016年10月5日）	老年教育发展规划，是老年精神文化发展指导性文件。①开展老年文化教育，满足老人精神需求。②以坚持政府主导、提升老人生活质量为目标。③鼓励老年人积极参加老年大学等学习，为老人开设丰富多样的课程内容；④增加老年教育渠道、路径、资金支持、运行机制、队伍建设等内容	老年人多年任各自领域工作，有丰富的管理经验和专业技术，是社会全员的人力财富。①国家专门制定老年教育发展规划，彰显了对老龄实务的关注。②发展老龄教育具有重要实义；③提出了老年教育发展的组织实施、路径、政策、资金、运行机制等内容，具有很强的指导性。对于大力发展老龄服务事业和产业具有重要意义
国务院办公厅关于印发中国防治慢性病中长期规划（2017—2025年）的通知	国办发〔2017〕12号（2017年2月14日）	①人口老龄化进程不断加快，老年慢性疾病人数增加；②慢性疾病成为家庭经济负担；③慢性疾病管理和防护具有重要意义；④慢性疾病的管理管控高要多部门通力合作，统筹协调，加强教育，提升健康素质水平；⑤慢性健康管理管控要增强意识，降低高危人群慢性疾病发生；⑥通过检查早诊早治，实施政策，完善保障政策，实现全流程健康管理；切实减轻群众就医负担	文件为慢性疾病管理和预防提出规划方向，对老年健康防护产生积极影响。文件强化老年慢性疾病预防护尽详尽规划指引，开展老年人身体健康水平，改善老人生活环境预防工作，提高老人预防意识产生积极作用。控制危险因素，增强老年人健康支持环境，进行社会资源配置，营造健康支持环境；减轻老人健康支付负担，动健康服务业发展，减轻老人健康支付负担

续表

文件名称	文号及颁布时间	主要内容	文件颁布意义及简要评析
国务院办公厅关于制定和实施老年人照顾服务项目的意见	国办发〔2017〕52号（2017年6月16日）	①老人照顾服务项目，是精准服务老年人的管理创新；②从保护老年人权益和满足服务需求出发，整合老年服务资源，提高服务资源；③以服务项目为载体，创新老年服务方式，提高服务质量；④老年照顾项目要有科学评估、过程监管、满意度调查等管理流程；⑤侧重于满足残障老人、高龄失能老人、计划生育特殊家庭困难老年人群体的特殊需求；⑥建立特殊老人群体的精准补贴制度，发挥政府兜底责任；⑦发展居家养老服务，为居家养老开展文体娱乐、发展提供政策支持；⑧支持老年人开展文体娱乐、精神慰藉、互帮互助等活动；⑨加强组织领导，保障方案实施和落实	文件对老年照顾项目责任落实提出具体指导意见，具有现实意义：①落实敬老助老主体责任，落实公平正义社会保障理念，体现老年人共享社会经济成果的社会优越性；②照顾老年人项目体现社会优抚济困的价值观，是社会主义核心价值观的内在要求；③要实现全面建成小康社会，实现脱贫攻坚，对老年弱势群体的照顾服务，尤其是对残障、高龄、失能、孤寡老人的精准照顾，促进家庭和社会发展和谐发展的必要措施。④通过老年照顾项目落实，可以整合医养结合服务资源，拓展老年服务内容，提升老年服务质量和满意度，让老年人享受到对老年人特殊的照顾政策的实惠
国务院办公厅关于改革完善全科医生培养与使用激励机制的意见	国办发〔2018〕3号（2018年1月24日）	全科医生制度医养结合制实施的基础条件：①全科医生培养的重要意义；②全科医生培养的目标满足健康中国发展技术需求；③增强全科医生岗位吸引力，健全薪酬激励制度；④完善全科医生聘用管理制度，实现多点执业，创新人才管理方式。实现全科医生职业认同和荣誉感，由社会资本创办全科诊所	文件对全科医生培养和激励做出全面安排部署，现实意义有：①全科医生培养对于增强社区和医疗能力薄弱地区老人医疗能力提升的重要实意；②全科医生培养是对老年人医疗和家庭医生签约的重要举措；③全科转诊服务、网络远程服务的完善发展都产生积极作用。为医养结合发展提供了可靠的医学人才支撑

第四章 我国养老服务政策梳理及理念变迁

续表

文件名称	文号及颁布时间	主要内容	文件颁布意义及简要评析
国务院办公厅关于促进"互联网+医疗健康"发展的意见	国办发〔2018〕26号（2018年4月28日）	①文件对大力发展智慧医疗服务进行全面部署，推进分级诊疗，转诊医疗；②运用大数据和人工智能技术，推动构建有序的智慧远程就诊资格化，推动落实社区居民的电子健康档案在线查询和规范使用程序；③加强老年慢性病在线问诊、咨询和签约医生服务管理；④优化家庭医生签约远程服务；⑤推进"互联网+"人工智能医疗送药等应用服务	文件适应新时代需要，对"互联网+"医疗健康做出专门部署，实践意义在于：①利用智慧医疗技术，提高医疗效率，实现医疗资源共享；②利用"互联网+"医疗，鼓励医疗专家更方便开展多点职业，通过开展网络远程会诊，方便家庭多点医生服务；③"互联网+医疗健康"对于医疗康复护理有迫切需求的老年人来说，具有重要意义，极大缓解了老年人看病难的问题，拓展了现代信息技术在未来医疗领域的使用
新修订《中华人民共和国老年人权益保障法》	2018年12月29日	规定不再实施养老机构设立许可，依法做好登记和备案管理，加强养老机构事中事后监管，做好法规政策修改和宣传引导，切实维护广大老人群体的各项权益	随着时代快速发展，新时代的老人已经具备足够的消费能力，会制订退休养老规划，也具有很强的维权意识，老年人权益每时每刻都在增加新的内容，修订法律具有积极意义
国务院办公厅关于推进养老服务发展的意见	国办发〔2019〕5号（2019年4月16日）	①目标：我国人口快速老龄化，养老服务领域的体制机制障碍尚未破除，养老服务市场仍不健全，社会组织没有参与养老服务的积极性和政策支持，高龄、失能老年人长期照护服务尚未定型。②具体举措：一是深化放管服改革，建立养老服务综合监管制度，深化公办养老机构改革，解决养老机构防审评问题，减轻养老服务税收负担，支持养老服务投融资渠道，发展连锁化发展。二是拓宽养老服务融资渠道，落实外资举办养老服务的国民待遇。三是扩大养老服务人才培养，加大养老护理员职业技能等级认定和教育培训力度，推进养老服务业吸纳就业。四是扩大养老服务消费，包括建立健全长期照护服务体系，发展养老普惠金融	经历数年的探索，出台加快推进养老服务发展的文件具有实践意义：①对指导原则、指明方向，确定指导步伐、指导步骤，加快改革步伐；②确定了养老服务特定对象，比如社区康复护理中心，服务对象是失能老人，刚出院的康复期老人，部分临终关怀老人等；③找出目前养老服务发展遇到的问题，比如政策落实不到位，养老服务市场潜力没有充分发挥，社区医疗能力尚薄弱，落实养老基础设施不完善，医疗评估人才队伍短缺，养老服务质量不高，服务评估推尚不完善等

续表

文件名称	文号及颁布时间	主要内容	文件颁布意义及简要评析
国务院办公厅关于推进养老服务发展的意见	国办发〔2019〕5号（2019年4月16日）		文件价值及评价：不断优化养老服务供给结构，激励社会有效投资，医疗、康复、护理等老年急需求能得到有效满足，老年人的多层次个性化服务需求不断得到供给
中共中央、国务院印发《国家积极应对人口老龄化中长期规划》	2019年11月21日	积极应对人口老龄化的战略目标，制度基础持续巩固，财富储备日益充沛，人力资本不断提升，科技支撑更加有力，老年产品和服务丰富优质，社会环境宜居友好，经济社会发展始终与人口老龄化进程相适应。到2022年，我国积极应对人口老龄化的制度框架初步建立；到2035年，积极应对人口老龄化的制度安排更加科学有效；到21世纪中叶，与社会主义现代化强国相适应的应对人口老龄化制度安排成熟完备	文件对我国应对人口老龄化中长期发展提出全面规划，具有实践意义：①提出与撑我国社会经济中长期发展相适应的老龄工作发展规划，预防快速老龄化对社会经济的影响；②为庞大的养老服务群体设计服务产品和模式，重点增加高质量的为老服务和产品供给体系；③积极推进健康中国建设，建立和完善健康教育、预防保健、疾病诊治、康复护理、长期照护、安宁疗护的综合，连续的老年健康服务体系，多渠道、多领域扩大适老服务产品和服务供给，提升产品和服务质量

第四章　我国养老服务政策梳理及理念变迁

表4-2　全国老龄办养老服务相关文件

文件名称	文号及颁布时间	重点内容	文件颁布意义及简要评析
全国老龄办关于进一步加强老年人优待工作的意见	2013年12月31日	①满足老年人多项需求，完善老人优待项目并落实执行；②拓展老年人优待项目和范围，不断创新优待方式，提高水平，让老年人切实享有社会经济发展成果；③优待内容涉及老人生活的诸多方面，包括卫生保健、交通出行、商业服务、文化娱乐等；④制定落实细分划老年主管部门，项目实施过程监督，将政策责任细分到老年主管部门，切实保证优待政策公平待续贯彻落实	强化老年优待工作，保障老年人的合法权益，对于日益庞大的老年群体来说，具有维系社会公平正义、社会和谐发展，继承老敬老传统美德的意义，也是社会文明发展的标志。老年优待项目的内容，主要涉及跟老年人消费相关的诸多方面，尤其是医疗、健康、饮食、交通便利、精神文化娱乐等，优待内容采用消费补贴、老年优待券、老年便利服务窗口、老年免费（如北京老年公交卡）等，项目逐渐拓展。老年优待项目无分彰显了老年人的生存权和基本权益得到尊重和优先的理念
全国老龄办国家发展改革委等关于推进老年宜居环境建设的指导意见	全国老龄办发〔2016〕73号（2016年10月9日）	老年宜居环境建设，要综合考虑老年人平安出行、防止意外，改善老年生活环境。①树立老年宜居新理念，构建老年人便利、舒适的生活环境；②要求老年人出行、看病治疗、日常生活便利化，提高安全性；③全社会形成尊重老人、优待老人、老人优先的社会风尚；④老年人家中要有防滑、防碰伤的预防设施，比如地板防滑，灯光亮度好，门阶卫生有扶手，社区设计无障碍通道，合阶、门槛建筑建设计要考虑老人身体条件；⑤要求各级政府加强政策落实和支持	文件专门为老年人宜居环境建设提出指导规划方案，对于提升老年人生活质量具有重要意义。目前老年人在家没有安全的居住和出行环境，在社区也没有宜居的建筑设计、社区自己出行的通道、楼梯、合阶、超市门槛、轮椅建筑等便利设施。文件的出台对于改善老年人生活环境，提升老年人生活居住、出行、就医、幸福感、获得感等参与社会公平正义理念，增强老年人基本权益；尊重老年人合理，也是树立社会公平正义理念，提升老年人生活质量的制度进步的标志

· 111 ·

续表

文件名称	文号及颁布时间	重点内容	文件颁布意义及简要评析
全国老龄办 民政部 财政部 中国保监会关于开展老年人意外伤害保险工作的指导意见	全国老龄办发〔2016〕32号	老年人很容易遭受意外伤害，给老人身心和家庭都造成伤害和损失。①商业保险公司开展老年人意外伤害保险业务，是将老年人意外伤害风险转嫁给保险公司的有益政策；②老年人意外伤害是指老人遭受非疾病、突发、非本意外因造成的身体伤害或死亡，是老年人面临的重大风险；③老年人意外伤害保险由政府提供保费补贴，商业保险公司承保，遵循政府主导、市场运行的原则；④老年人意外伤害保险以保险合同形式明确了保险公司、被保险人的责任和义务	文件以规避老年人意外伤害风险为目标，对意外伤害保险做出详细指导意见，为保护老年人身心健康，老年人在遭遇意外伤害风险后通过保险得到经济损失的补偿，可以避免家庭经济陷入危机。老年人意外伤害保险是指通过医疗损失风险转嫁方式，将老年人遭遇意外事故产生的医疗损失风险由保险公司承保，对于老年人未来说具有普意意义和重大经济保险的功能。老年人意外伤害保险是养老服务与金融保险工具结合，用保险"人人为我、我为人人"的互助方式保障老年人的安全和健康

表4-3 民政部颁布的关于养老服务相关文件及评价

文件名称	文号及颁布时间	主要内容	文件颁布意义及简要评析
民政部关于鼓励和引导民间资本进入养老服务领域的实施意见	民发〔2012〕129号（2012年7月24日）	①激励民间资本和社会组织参与养老服务构建；②民间资本参与养老机构投资或参与建设养老服务基础设施；③以银行信贷利率优惠或增加补贴、减免税收等政策激励民间资本参与养老服务；④出台政策支持民间资本参与组织养老服务和养老产业发展；⑤加强对民间资本参与养老服务的规范化监管和指导	养老服务产业发展，不仅要依靠政府投资，还要激励社会资本和社会组织参与，才能体现社会化的养老服务制度的多层次，满足个性化需求。因此，出台政策鼓励和引导民间资本进入养老服务领域，可以解决困扰民间资本参与养老服务发展资金难题。鼓励民间资本参与投资养老服务产业，有利于养老服务投资主体的多元化发展，缓解供需矛盾，满足老人个性化服务产品和多层次服务，对于加快推进养老服务体系建设具有重要意义

续表

文件名称	文号及颁布时间	主要内容	文件颁布意义及简要评析
民政部、国家开发银行关于贯彻落实《支持社会养老服务体系建设合作协议》共同推进社会养老服务体系建设的意见	民发〔2012〕209号（2012年11月6日）	金融银行业的支持，可以使养老服务产业化发展免除资金的困扰，具有重要现实意义：①银行为养老服务发展提供稳定的资金支持，缓解养老服务前期投资多、资金紧张局面；②养老服务机构建设投资同期长。③国家开发银行为养老服务机构提供贷款优惠利率，减轻养老机构负担；④民政部门对银行贷款使用过程开展监管；⑤完善开发性金融支持社会养老服务体系建设的保障措施	国家开发银行的政策性资金支持，可以发挥金融对养老服务机构的输血功能，对养老机构的前期运营和正常经营产生积极影响，老年保障是政府是养老服务职责，文件对国家开发银行支持社会养老服务体系建设出全面部署。构建与社会经济发展水平相适应的养老服务体系，因为养老服务机构前期投资周期长，资金需求量较大，机构投资者压力较大，银行的信贷资金支持将发挥重要作用。金融机构对养老服务机构加大融资支持，对于推动养老服务具有重要意义
民政部颁布养老机构管理办法	民政部令第49号（2013年7月1日）	养老机构是我国养老服务体系的重要组成部分，规范养老机构运营，加强养老机构管理。①政府对养老机构运作实行资质审核制度，对养老机构的管理人员、资金、场地、环境进行合规评估；②政府公办养老机构服务内容优先保障孤寡、高龄、残障老人；③养老机构服务内容包括为老人基本生活照顾、康复护理、文化娱乐、卫生、服务标准和规范的工作流程；④养老机构为老人提供安全环境、具备消防；⑤负有监督检查和法律责任	机构养老是我国养老服务体系的组成部分，分别从养老机构的设立、服务内容、内部管理、监督检查及法律责任等方面作了详尽规定，是养老机构规范性运行具有重要意义。文件规范养老机构管理，加强养老服务行业专业化服务，吸引对机构养老服务有需求的老人参与专业化的养老服务，树立养老机构的老人社会化服务信誉，寻求专业化完成的失能残障老人社会化服务，并提供家庭难以完成的失能残障老人社会化服务

·113·

续表

文件名称	文号及颁布时间	主要内容	文件颁布意义及简要评析
民政部关于建立养老服务协作与对口支援机制的意见	民发〔2013〕207号（2013年12月13日）	①找准对口支援帮扶的突破点，如农村欠发达地区医疗设施和医护人员短缺，主要包括养老服务技术交流、人员合作等方面；②对口支援服务的内容等方面；③以对口支援的方式在城乡之间、跨地区之间建立养老服务协作与对口支援机制；④开展人员培训、加强互助合作、分享管理经验、提供技术指导、加强设备支持，并提出保障措施	由于城乡和地区间发展存在差异，养老服务在不同地区发展受社会经济制约，通过对口帮扶支援的方式，减少差距，取长补短，是中国特色有益的发展模式，具有积极意义：减少城乡之间养老服务发展差距，以对口支援协作机制建立养老服务业整体发展差距，以对口支援协作机制建立养老服务业整体发展协作与对口支援机制，提升养老服务业互助帮扶，建立协作与对口支援机制，发展养老服务业整体发展水平，解决养老服务资源分布不均衡、发展不充分的问题，实现优势互补，共同发展，提升养老服务整体发展，弥补养老服务短板
民政部办公厅、发展改革委办公厅关于开展养老服务业综合改革试点工作的通知	民办发〔2013〕23号（2013年12月27日）	①遵循试点先行，总结经验，通行全国的改革路径；②突出解决养老服务体系中机构养老、居家养老、社区养老服务存在的问题和发展障碍；③侧重养老服务发展规划，解决人口老龄期的养老服务难题；④通过改革试点，增加养老服务供给，加强养老服务人才培养，找准制约养老服务发展的短板	文件通过养老服务综合改革试点，突破难点，找准定位，发现问题和难点，最终为养老服务发展和制定型提供参考方案，遵循试点先行的改革路径，建设成功能完善的养老服务体系，通过试点经验打造医养结合经典案例，实施可持续、可复制的政策措施和创新成果，形成一批竞争力强的医养服务机构和产业集群，为全国养老服务的健康发展提供示范经验

续表

文件名称	文号及颁布时间	主要内容	文件颁布意义及简要评析
民政部关于推进养老服务评估工作的指导意见	民发〔2013〕127号（2013年7月30日）	①关于养老服务质量，需要经过专业的评估标准和机制，制定全国统一的评估标准，重视质量，重标准，科学评估是养老服务发展的基础；③制定科学的评估方案、评估流程、评估专家团队要有代表性，吸收社会各界力量；④评估结果要向社会公开，并利用评估结果奖励组织参与养老服务事业、享有政策优先，激励社会资金和组织参与养老服务事业、社会参与；⑤评估遵循权益优先、平等自愿、政府指导、社会参与、客观公正、科学规范的基本原则；⑥探索建立科学组织模式、探索完善评估指标体系、建立养老评估监督机制	推进养老服务评估机制，对于提高养老服务水平、挖掘问题具有重要意义。科学评估，是保障老年人养老服务权益的重要举措，也是提升养老服务质量的有效策略；目前养老服务整体理念不清晰，尤其是针对孤寡、失能、高龄、失独等老年人服务需求难以满足；机构养老发展出现"圈地运动"，但是养老地产中层出不穷，但是支付不了高品的服务需求难以满足，老年人的中层收入养老机构床位空闲，导致私立养老机构床位空闲，而养老院费用，导致私立养老机构一床难求。因此，养老服务市场需要政府养老机构，合理配置养老服务资源，充分调动和发挥社会力量参与，全面提升养老机构服务质量和运行效率
民政部 保监会 全国老龄办关于推进养老机构责任保险工作的指导意见	民发〔2014〕47号（2014年2月28日）	①认识推进养老机构责任保险工作的重要意义；②工作要求：采取有效措施引导各方参与，养老机构责任保险具有公益性，严格按照法定规程操作，统筹谋划协调推进；③责任保险是养老机构投保责任险管理的有效工具；④要激励养老机构投保责任险，并由保监会提供合同保障措施	养老机构为老年人提供专业化的服务，但是老年人是特殊的高风险群体，很容易遭遇疾病和意外伤害，养老机构责任保险具有重要的风险管理功能，鼓励养老机构投保责任保险，鼓励保险公司承保责任保险，对于推进养老机构责任工作、化解养老机构责任风险具有重要意义

续表

文件名称	文号及颁布时间	主要内容	文件颁布意义及简要评析
民政部等关于加强养老服务标准化工作的指导意见	民发〔2014〕17号（2014年1月26日）	①加强养老服务标准化建设，对于规范养老服务发展，开展服务质量评估，具有重要作用；②科学的养老服务标准，会促使养老机构提升服务水平，健全市场规范，促进养老服务业标准化、规范化发展；③养老服务标准化制定的总目标是提升整体水平和综合竞争力，促进养老服务业科学发展；④要制定养老服务标准，强化监督实施，规范养老服务市场科学发展	养老服务标准化制定，对于评估养老服务质量，评估老年人享有长期护理保险的等级，都具有重要意义。①尽管养老服务需求增长快速，但是缺乏服务标准和评估标准，制约了养老服务的规范发展。因此，养老服务标准具有相关价值；②制定养老服务行业标准和市场规范有利于加强行业管理的准则和依据；③养老服务标准的制定，是关系到养老服务发展的科学性、持续性的战略工程
民政部、国土资源部、财政部、住房城乡建设部关于推进城镇乡养老服务设施建设工作的通知	民发〔2014〕116号（2014年5月28日）	①弥补城镇养老服务设施建设短板，认识其对养老服务发展的重要意义；②新建社区规划养老服务基础设施，包括土地、建筑等；③明确政府养老服务实施规划、建设管理的责任；④出台政策激励社会资金和社会组织参与城镇养老服务基础设施建设；⑤发挥金融信贷对城镇养老服务基础设施建设融资的作用，提供资金支持；⑥加强监管，提高效率，整合资源，发挥效益	城镇养老服务设施是事关服务质量和项目的基础条件，文件专门部署了养老服务基础设施建设和规划，具有重要意义。养老服务基础设施，是为老人提供包括基本生活照料、疾病诊治、康复护理、文化娱乐等服务的条件，社区开展的日托服务、老年餐桌、护理床位、急救服务设施，包括居家和社区养老服务设施，各类养老机构服务设施是养老服务业发展的瓶颈因素。需落实文件精神尽快规划建设

第四章 我国养老服务政策梳理及理念变迁

续表

文件名称	文号及颁布时间	主要内容	文件颁布意义及简要评析
民政部关于开展养老服务和社区养老服务信息惠民工程试点工作的通知	民函〔2014〕325号（2014年10月30日）	①社区养老服务信息化建设，是发展智慧养老、利用现代化信息技术的必然要求，要求政府主导，社会广泛参与，创新发展，实现资源整合；②信息化建设要求将诸多信息进行共享，家计等信息共享，保障养老服务信息化；③社区养老、医疗、民政，要将诸多信息进行共享；④社区养老信息化建设可以助力满足居家和社区老年服务需求，将社区老年志愿服务和老年人生活照料、健康咨询、疾病治疗、康复护理、临终关怀等逐项纳入信息系统；⑤创新养老服务和社区服务信息应用的管理机制和政策环境，建立养老服务信息共享机构应用的信息网络；深化社区服务信息示范服务应用	通过大数据和"互联网+"信息技术在养老服务机构和社区养老服务系统领域的广泛应用，实现养老服务和社区服务的智能化管理，释放信息消费潜力。信息化系统助力智慧养老项目向科学、便捷、高效的服务方向迈进，在目前养老服务人力短缺、专业化程度不高的现实条件下，智慧养老将发挥更大优势，具有巨大发展潜力。实现社区医疗服务信息化，可以让远程会诊成为现实，让专家足不出户地为老年人开展健康咨询服务、实施远程在线诊断，信息化实现了养老服务管理高效快捷、老年人通过智能手环、健康监护等信息传到社区服务中心，会把健康信息传到社区服务中心和"一键通"紧急求助系统等个人信息终端功能发挥作用
民政部、国家开发银行关于开发性金融支持社会养老服务体系建设的实施意见	民发〔2015〕78号（2015年4月14日）	①国家开发银行出台金融政策支持养老服务发展，解决养老资金短缺的难题，吸引民间资本参与养老服务产业；②养老服务机构对银行信贷资金的支持要求专项专款、提高效率；③项目资金重点扶持养老服务中急需薄弱的项目，包括机构养老基础设施、社区养老医疗康复床位建设，护理人员培育、家庭宜居环境改善等方面；④资金使用过程监管，加强资金使用过程监管的具体流程，加强资金使用过程监管；⑤明确银行与养老服务机构之间针对服务资金约定权益和责任	养老服务前期投资本金额度大，投资周期长，制约了社会化养老服务发展。国家开发银行出台金融支持政策，输入信贷资金，对于激励养老机构发展产生积极作用。项目通过民政部门的严格监管，吸引民间资本投入，项目资金参与养老服务开启了通道；金融资金被用于增加老年人需要的服务项目，比如老年餐桌、照护中心，康复护理中心等，提高养老服务的水平和质量，优化老年居住环境。通过培训专业人才，增加护理和康复服务，普惠更多老人。文件规定强化资金使用过程监管，确保金融对养老服务的支持落实

·117·

续表

文件名称	文号及颁布时间	主要内容	文件颁布意义及简要评析
民政部、财政部关于中央财政支持开展居家和社区养老服务改革试点工作的通知	（2016年7月13日）	①遵循试点先行的改革路径，在财政加大力支持下，开展居家养老和社区养老服务综合改革试点；②综合改革试点的选择，应突出重点，具有代表性，改革方案要具有前瞻性和能解决关键问题；③综合改革试点要寻找准养老服务实施过程中存在的问题及制度障碍，通过试点改革找准推动解决问题的思路；④试点过程中要明确养老服务模式的政府、社会组织、社区、家庭等的责任以及资金等；⑤对养老服务的模式开展顶层设计，挖掘居家和社区养老服务的规律，加强养老服务的供给侧结构性改革，增加基础设施建设；⑥利用互联网技术和智慧养老技术应用进行推广，探索大数据在养老服务信息化建设方面的作用；⑦加快养老服务专业人员培训，尤其增加老年护理和康复人员的培训考核，提升养老服务人员的专业技能	开展养老服务业综合改革试点，是遵循谨慎改革的原则，试点先行，总结经验，落实养老服务体系建设的精神。中央以财政专项的形式支持我国养老服务综合改革试点，是历史上首次体现了政府购买服务。对于养老服务综合改革试点，文件提出了政府购买服务，公建民营、民办公助或者股权股份合作等探索方式，引导和激励社会力量参与养老服务管理和运行，培育养老服务的典型模式和品牌，打造适合中国特色的养老服务模式。探索"医养结合"的新模式，重点支持老年医疗的绿色通道，老年康复和护理服务的发展，加强社区和居家养老的医疗服务设施建设，使老年人在家和社区能够获得方便、快捷，适宜的医疗卫生服务

续表

文件名称	文号及颁布时间	主要内容	文件颁布意义及简要评析
民政部关于支持整合改造闲置社会资源发展养老服务的通知	民发〔2016〕179号（2016年10月9日）	养老服务资源总体短缺，改造老旧小区闲置的资源用作养老服务设施，增加养老服务供给。① 老旧小区改造过程中，将闲置厂房建筑用作养老服务中心，实现资源再利用，能补充养老服务设施；② 整合改造小区老旧养老服务的场地项目可供应，提高老年人养老服务的便利性和服务可及性；③ 小区闲置资源再利用，着重补充养老服务中的短板，老年护理服务中心、老年心理咨询、老年餐桌、老龄康复中心、老年文化活动中心等基本需求设施；④ 相关部门组织好闲置场地改造项目，统筹资源，重点发展养老服务	老旧小区养老服务的短板是基础设施不足、场地狭小，民政部专门出台闲置场地的社会资源政策，对于整合资源、发展养老服务，具有现实意义。养老服务需求快速增加，健康护理咨询、心理咨询服务、老年餐桌娱乐场所，尤其是老年精神文化娱乐服务，有了场地保证，就容易吸引社会力量参与养老服务，不断拓展养老服务的新项目，增加养老服务设施。社区居家养老设施利用房等养老服务机构，通过资源整合，开发社区服务，满足社区服务供给，提高老年人就近就便获得养老服务的可及性，对于服务体系目标体系基础设施建设，提供基础设施的物质保障，确保养老服务产业快速发展，具有重要意义
民政部 卫生计生委关于做好医养结合机构审批登记工作的通知	民发〔2016〕52号（2016年4月8日）	医养结合的行政许可，支持医养结合机构行政许可工作，简化审批环节，让更多养老机构知晓政策，做好宣传告知工作。① 对医养结合的行政许可，是减少审批环节、简化养老机构良性运营的必然策略。② 医养结合机构行政许可给予必要指导，需要申请办理很多手续，需要民政部门的专门机构前期筹建，提升养老机构的转型养老护理；③ 增加医疗机构的专门机构增加医疗服务内容，尤其是失能护理和康复服务	申请医养结合机构的程序保存复杂，需要到多家机构办理相关手续，造成很多养老机构长期难以得到营业许可，颁布行政许可文件，对于规范医养结合具有重要意义。医养结合医疗机构有关行政许可的事项，依据、条件、数量、程序、期限以及需要提交的全部材料的目录和申请书示范文本等资料；为医疗和养老服务提供详尽指导意见，符合行政许可范围及规范使用有利于医养结合制度发展提供有利的政策支持和保障

续表

文件名称	文号及颁布时间	主要内容	文件颁布意义及简要评析
民政部、国家发展改革委、公安部、财政部、国土资源部、环境保护部、住房城乡建设部、卫生计生委、中国人民银行、工商总局、食品药品监管总局、银监会、全国老龄办关于加快推进养老服务业放管服改革的通知	民政〔2017〕25号（2017年1月23日）	①养老服务业放管服改革是激发养老机构积极性、提高机构发展效率、优化资源配置的目标；②调动社会力量和组织参与到养老服务行业中，需要大力提高管理效率，简化审批手续，实现政策衔接高效；③简化养老服务项目审批报建手续；④养老主管部门智慧申请、自我革命、提高开工效率，加强监督，加强宣传，让放管服改革惠及全部养老机构，提升养老服务行业的整体质量	老年保障和服务受多部门主管，养老服务业的放管服改革对于提高运营效率具有非常意义。传统上多头多部门管理养老服务，形成了"多龙治水"的管理局面，申请医养结合机构和养老机构，多个部门审批、互相重复申报，导致管理效率低下，制约了社会力量参与。简化养老服务审批，采用备案制度，是破除制约养老服务发展障碍的关键举措，可以激发市场活力，对于推进社会力量发展养老服务具有重要意义

续表

文件名称	文号及颁布时间	主要内容	文件颁布意义及简要评析
民政部关于进一步扩大养老服务供给促进养老服务消费的实施意见	2019年9月24日	①增加养老服务供给，扩大机构养老服务的覆盖面，增强养老服务质量；②重点关注弱势老人群体的服务能力，对于高龄、残障、失能、空巢、留守老人等群体，并提供登记在册，逐项检测评估社区上门服务或者社区层面针对的护理服务；③对老人社区和家庭进行适老化环境改造，实现老人宜居、减少意外、方便快捷；④强化养老服务人才培养，建设高素质、专业化养老服务人才队伍；⑤充分发挥商业养老保险作用，建立保险、福利和救助三者相互衔接的长期护理制度	老年服务需求日益增加，而无论是养老服务还是医疗服务，总体供给不足。因此，扩大养老服务供给侧，对于促进服务消费具有重要意义。尽管在政策推动下，养老服务试点不断创新模式，但我国养老服务供给不足，政府出台的一系列政策落实不够。养老结合的实质效果并没有体现，需要多部门协同发力，扩大养老服务消费潜力的渠道。在社区层面，需要有社区管理机构建立养老服务练习会议制度、协调养老、医疗、社会保障、志愿者等合作，民政部发挥养老服务统筹协调作用，完善养老服务的供给机制，集中解决老年服务消费中面临的障碍和问题
民政部关于在防控疫情期间加强特殊困难老年人关爱服务的通知	民办发〔2020〕7号（2020年3月6日）	老年人自身免疫系统低下，常有基础疾病，难以抵抗新冠病毒，对特殊困难老人给予疫情期间特殊关爱，体现了人民至上主义理念，尊老爱幼的社会主义大家庭温暖。①疫情期间对社区和农村特困老人、孤寡老人、高龄独居老人、身体残障老人进行摸底排查，逐个联系，集中照料；②落实责任，检查疫情情况，每位老人都有指定医护人员跟踪排查，轮流值班的原则，到特困老人身边关注老人身体情况，进行心理安慰，有针对性地开展关爱服务项目	老年人极易受病毒感染，该项政策出台具有很强的针对性和现实意义。新冠肺炎疫情期间，对孤寡老人、独居老人、残障老人、高龄老人、空巢老人等特殊群体老人给予特殊关爱，加强对这些老人的生活关爱和疫情监测，减少他们感染的机会，必要时及时给予治疗和救治。要协调推动乡镇政府（街道办事处）落实属地责任，确保辖区内特殊困难老年人走访探视，生活照料，帮扶服务工作落实到位。要发挥村（居）委会的协管职责，深入特殊困难老年人家庭，具体开展关爱服务工作。这些举措积极大关爱了特殊老人群体，体现了社会主义公平正义共享的核心价值观

· 121 ·

表4-4 国家卫计委颁布的老年服务的相关制度文件

文件名称	文号及颁布时间	主要内容	文件颁布意义及简要评析
国家卫生计生委办公厅关于印发《养老机构医务室基本标准（试行）》和《养老机构护理站基本标准（试行）》的通知	国卫办医发〔2014〕57号（2014年10月31日）	文件对养老机构医务室基本标准进行规定：①医护人员；②医务室建筑；③医疗设备。文件对养老机构护理站基本标准的模板进行规定：①医护执业资格人员配比；②护理站的基础设施，建筑要求标准；③需要护理设备标准	养老机构增加医疗能力，是医养结合的主要方向，老年人在养老机构居住生活，需要慢性疾病长期管理，对血压、血糖进行跟踪监测，有些失能老人需要医学专业服务，这些都需要机构提供护理和慢性疾病管理的服务，文件对养老机构医务室和护理站基本标准建设进行明确规定，有利于提高养老机构的医疗服务及健康管理水平
国家卫生计生委办公厅、民政部办公厅关于印发医养结合重点任务分工方案的通知	国卫办家庭函〔2016〕353号（2016年4月7日）	①针对医疗卫生机构，医养结合的主要任务包括：为老年就医开通医疗绿色通道，提供急诊急救、巡诊、转诊、健康咨询、预约就诊等服务，医养结合主要任务包括：为老人健康维护提供指导，为老人餐饮营养搭配提供指导，监督老人日常服药，老人慢性疾病管理服务，为老人有疾病需求签约医院协助救治等；③社区层面的医养结合，重点任务包括：社区为老人建立健康档案，定期组织社区老人体检，为社区老人提供健康咨询服务	文件对医养结合的主体任务进行明确界定，对于医养结合的全面发展具有重要意义。文件对医养结合相关部门的职责，防止了"多龙治水"产生的管理漏洞和低效率，对卫生、民政、人社、中医药等部门的职责进行明确界定。目前，社区医疗卫生服务还很薄弱，社区医护人员的福利待遇，职称评审等方面还缺乏激励政策，人员流动性大，其职业认同感和荣誉感不强，也制约了社区卫生服务人员上门为居家老人进行健康管理治疗可反性，难以落实医养结合政策

续表

文件名称	文号及颁布时间	主要内容	文件颁布意义及简要评析
国家卫生计生委办公厅关于印发《养老机构医务室基本标准（试行）》和《养老机构护理站基本标准（试行）》的通知	国卫办医发〔2014〕57号（2014年10月31日）	卫生机构设立护理康复床位，上门为社区老人提供健康服务；组织家庭医生签约服务；在社区基层，推动医疗卫生服务和养老服务相结合，推动老人分级转诊服务，建立健康档案，落实家庭医生签约服务，做好老人健康管理，落实预防为先等老年健康管理	整合医疗卫生资源和养老机构资源，要着力增加老年专科门诊专科医院、临终关怀机构数量，增加老年康复医院、护理院，临终关怀机构数量，在资源较为丰富、有闲置空间的医院增设老年病科或健康养老康复护理病区，落实政府购买健康养老服务政策，逐步扩大购买服务范围，做好监督检查，确保公平、使得各类经营主体平等参与。这些都是突破性的规定，对于"医养结合"制度科学良性发展具有积极意义
国家卫生计生委办公厅民政部办公厅关于遴选国家级医养结合试点单位的通知	国卫办家庭发〔2016〕511号（2016年5月17日）	①遵循试点先行的改革路径惯例，遴选医养结合试点，探索中国特色的养老服务制度；②通过试点探索，侧重挖掘医养结合存在的问题，界定责任主体，如医养结合管理机制、运行内容、人员培训、资金融资、效果评估等方面，落实医养结合试点任务；③遴选医养结合试点单位，要求：制定试点项目评估机制；制定试点结合保障措施，组织实施计划	在前期各地不断探索医养结合、创新医养结合内容的基础上，遴选国家级医养结合试点，给予针对性政策扶持，选择试点先行的改革路径，进一步推动医养结合工作，创新发展模式，营造良好的政策环境，完善体制机制，创新医养结合模式，开展医养结合工作试点，促进试点地区先行先试，积极探索，率先构建起覆盖城乡、规模适宜、功能合理、综合连续的"医养结合"服务网络

续表

文件名称	文号及颁布时间	主要内容	文件颁布意义及简要评析
国家卫生计生委、国务院医改办关于做实做好2017年家庭医生签约服务工作的通知	国卫基层函〔2017〕164号（2017年5月2日）	①家庭医生签约服务，是针对医养结合实施过程中医疗资源短缺、医护人员难以保证到基层社区坐诊的现实问题提出的改革举措；②制度的目标是家庭医生签约服务人群覆盖率能够达到30%以上，老年人等重点人群签约服务覆盖率达到60%；③家庭医生签约服务的主要内容，包括为服务老人建立电子健康档案，接受预约就诊，协助绿色就医通道，对老人开展健康咨询，跟踪老人慢性疾病管理，细化老人疾病健康管理等方面；④家庭医生签约服务需要团队力量，为家庭提供签定服务，致励老年专科医生参与社区团队服务来社区，为家庭提供签定服务；⑤政府落实和强化家庭医生签约服务激励制度，将医生服务家庭的工作考核计入奖励工作量，与年度评优和职称评审资格挂钩，多项措施鼓励医生参与家庭签约服务；⑥落实和完善家庭医生签约的优惠措施，强化签约服务信息化支撑，强化督导与监测评价	家庭医生签约服务，能够为老年人等家庭特殊群体提供健康评估、康复指导、家庭病床服务、家庭护理、远程健康监测以及特定和特殊疾病健康管理等服务，满足老年人等居民多样化的健康服务需求。家庭医生与居家老人建立稳定医患服务关系后，可以开具使配处方，延长配药量，减少老人到医疗机构的次数。各家医院的医疗信息实现共享，比如检查身体基本情况的影像、心电图、化验结果，等待结果取阅，可以避免重复检查，提高了医疗效率，提升了基层辅助老人经济负担，方便老人在家门口看病，避免了去三甲医院看病的奔波和医保挂号难的困境。家庭医生所在的医疗机构要对家庭签约服务给予时间保证，并在奖金职称评审方面给予鼓励支持。家庭医生通过互联网技术远程审诊断、在线咨询、预约转诊，实现更快捷的医疗服务

续表

文件名称	文号及颁布时间	主要内容	文件颁布意义及简要评析
国家卫生计生委办公厅关于养老机构内部设置医疗机构取消行政审批实行备案管理的通知	国卫办医发〔2017〕38号（2017年11月8日）	① 养老机构内部设立医疗服务，行政审批环节需要简化手续；② 养老机构内置医疗服务，主要满足入住老人的医疗服务需求，对于提升老年人生活质量，预防老人疾病，具有重要意义；③ 在养老机构增加相应资质的医疗机构，卫生室（室）、医务室、护理站等达到基本标准和资质要求，应该从审批制改为备案制，提高了运行效率；⑤ 主管部门对养老机构医疗服务能力加强过程监控，进行事前事中核查，加强老人医疗健康管理	文件将养老机构内部设立医疗机构由审核制改为备案制，简化了程序，缩短了流程，提高了效率，具有现实意义。医养结合的短板是供给不足，尤其是老年人医疗、康复、护理服务，专业人才短缺，医护基础设施不足的问题，老年人看病、康复护理的可及性和便捷性都难以得到满足，迫切需要加大改革力度，从行政管理体制入手，从放开约束医养结合入手。养老机构申请增加医疗服务时，要简化申请程序，取消行政审批，实行备案管理制度，强化过程监管和效果评价
国家卫生计生委关于印发"十三五"健康老龄化规划重点任务分工的通知	国卫家庭函〔2017〕1082号（2017年11月2日）	① "十三五"健康老龄化规划，明确任务分工，齐力做好养老保障，应对人口老龄化挑战；② 老龄化规划任务分工，遵循健康老龄、积极老龄的理念，宣传老年人重点预防的健康老龄，创建老年健康优先救治原则；③ 文件对老年健康教育、老年疾病预防、老年心理健康和老年康复和老年护理等方面参与加强老年人主体进行明确的任务分工和运行责任，增设康复医院	在健康老龄化规划中，明确各参与主体管理落实责任，明确老龄化工作涉及主管部门和服务。健康老龄管理工作涉及的关键因素复杂，老年健康管理与医疗机构融合密切，影响因素多，通过建立老年医疗，建立老年健康电子档案，为老年人提供健康咨询服务，健康老龄化规划突出了重点，抓住了核心

· 125 ·

续表

文件名称	文号及颁布时间	主要内容	文件颁布意义及简要评析
国家卫生计生委关于印发康复医疗中心、护理中心基本标准和管理规范（试行）的通知	国卫医发〔2017〕51号（2017年10月30日）	①养老服务制度创新医养结合模式的核心是医，增强康复医疗和护理中心服务能力是增强医养结合制度的核心；②社区康复医疗中心主要服务医院出院的老人，或者失能长期需要康复护理的老人；③社区护理中心为老人提供上门护理服务	社区层面提供康复医疗服务，临床护理服务，抓住了医养结合制度的核心和关键，巡诊方式上门方式可以采用家庭病床，社区可以为老人提供服务，增强居家社区康复医疗和护理中心服务标准和规范，对于推行康复医疗和护理中心服务标准和规范，促进分级诊疗、医养结合具有重要作用
国家卫生健康委员会职能配置、内设机构和人员编制规定	（2018年7月30日）	①国家卫生健康委员会职责：综合制定老年健康管理政策措施，协调医养结合不同部门建立联席会议，监督政策落实；②内设老龄健康司：老龄健康司落实医养结合标准、政策和规范，监督医养结合政策落实，对老年健康服务体系建设做好顶层设计，指导老龄具体工作	国家健康委员会内设老龄健康司，与民政部的老龄工作有了明确分工衔接，使医养结合制度两个主管部门"互相协调，共同推进，结束了"多头管理"和"多龙治水"的乱局，使得医养结合制度任管理体制上向前迈了一大步。制度成败的关键是管理体制，医养结合的改革一定能得到社会认可，衔接通畅，责任明确，分工清晰，取得理想的改革试点效果

· 126 ·

续表

文件名称	文号及颁布时间	主要内容	文件颁布意义及简要评析
卫健委关于深入推进医养结合发展的若干意见	国卫老龄发〔2019〕60号（2019年10月25日）	①近几年，各地不断创新医养结合养老服务模式，形成地方特色。②医养结合发展还需要解决一些共存的问题，如发展理念、医疗机构和养老机构互相构设，而应该是服务机制的融合。③提出医养结合发展的多项重点深化的医养签约合作：合理规划设置社区、养老机构医养结合模式；利用互联网信息系统服务医养结合；加快放管服改革，简化审批登记手续，鼓励社会力量举办医养结合机构等	医养结合制度在探索中创新发展，必须正视存在的问题，尤其是理念和认知偏差。文件提出了具体改革措施，对于制度推进人正切具有现实意义。当前医养结合制度存在诸多障碍，医养衔接的质量和实质效果还有待提高，政策落实需要进一步深化。鼓励养老机构与周边的医疗卫生机构开展多种形式的签约合作，建立双向转诊机制，探索医疗卫生和养老服务资源调整，将符合条件的医养结合机构中的医疗机构按规定纳入城乡居民基本医疗保险定点范围
国家卫生健康委关于印发医养结合机构服务指南（试行）的通知	国卫办老龄发〔2020〕24号（2020年1月1日）	①医养结合机构服务原则、机构定位、基本要求、服务内容和服务流程，人员配置、设施配置对具体进行要求；②基本要求包括对医养结合机构环境、人员配置、设施配置、药品配置；③服务内容包括：康复、护理、医疗、中医、心理精神、失智老人等服务指南；④流程和要求具体包括：老年人入院评估、护理需求评估、老人自理能力评估、中医评估等	卫健委制定的指导手册和操作书，是规范机构运行的指导规范内容，对于规范服务内容、提高服务质量具有重要意义。文件对医养结合机构做出了明确的布置和要求，明确了机构设置、人员配置、设备要求、药品配置、环境设置的标准，对医养结合的流程和要求做出具体部署

续表

文件名称	文号及颁布时间	主要内容	文件颁布意义及简要评析
国家卫生健康委员会关于全面推进社区医院建设工作的通知	国卫基层发〔2020〕12号（2020年7月13日）	①社区医院是社区层面医养结合的平台，增强社区医院建设，是医养结合制度有效开展的基础；②社区医院以人民健康为中心，服务基层，尤其是老年人；③增强社区医院的老年康复、护理、安宁服务能力；④社区医院能宣传树立预防为主的健康管理理念，并组织实施健康管理；⑤重点提高社区医院的医疗服务能力	社区是养老服务制度医养结合体系的平台和纽带，未来要继续发挥传统家庭养老服务延伸功能，社区能为家庭养老提供专业化的养老照料和健康护理服务。强化社区医疗护理能力，通过组建医联体，将社区医疗与三大医院资源链接，更加方便老人在社区就医，增加社区护理功能，是解决医养结合难点的突破口，进一步发挥社区养老服务结合体系的平台功能

表4-5 国家发展改革委关于老年服务的政策及评价

文件名称	文号及颁布时间	主要内容	文件颁布意义及简要评析
国家发展改革委、国家卫生计生委关于组织开展面向养老机构的远程医疗政策试点工作的通知	发改高技〔2014〕1358号（2014年6月16日）	①远程医疗试点工作的主要目标：制定远程医疗的规范和操作指南，对远程医疗责任认定、收费标准、服务标准、激励机制等作详细规定，对医护人员对转诊机制制定远程医疗法制、运行机制、服务标准作详尽规范。②试点工作内容：文件规定了养老机构与医疗机构实施双向转诊相结合，远程医疗需要合作的具体内容，研究制定远程医疗服务价格和服务项目价格，纳入医保的具体操作办法；将远程医疗费用纳入医保的具体操作办法和流程。③试点要求：建立远程医养结合服务的协调机制，协调试点工作重大事项，完善面向远程医疗机构联合编制试点服务体系；要求养老机构和医疗机构联合编制试点工作方案	实施远程医疗，是结合互联网技术和人工智能，通过视频技术对患者面对面交流，通过医疗数据对患者进行诊断的新型医疗技术。推广远程医疗技术，为医养结合的实施提供了更快捷便利高效的技术支持，是贯彻落实国发〔2013〕35号文件的具体要求和通知精神，加快推进面向养老机构的远程医疗服务试点的要求。文件对远程医疗试点进行了详细的规划和论证，体现了改革政策的谨慎性和可持续性，老年健康主管的三大部门对试点方案进行了充分论证，对各自负责的领域开展试点方案实施，如养老机构开展远程医疗服务，需要相关的配套政策，养老机构满足远程医疗服务的配套设施和实施方案，如养老机构实施远程医疗的后期服务和评估等

续表

文件名称	文号及颁布时间	主要内容	文件颁布意义及简要评析
国家发展改革委等关于加快推进健康与养老服务工程建设的通知	发改投资〔2014〕2091号（2014年9月12日）	①健康与养老服务工程建设，对于增强养老服务基础设施能力，为实施医养结合服务打牢基础保障，具有重要意义；②推进健康与养老服务工程建设达成的目标和遵守的基本原则；③落实健康与养老服务工程建设方案，组织强有力的队伍落实计划和实施；④制定具体建设工程的政策措施	实施健康与养老服务工程建设，开拓养老服务产业的重大举措，是实施养老服务供给侧改革，落实政府激励养老服务政策，激励支持工程建设，具有重要意义。工程实施目标社会资本和社会组织参与养老服务，组织社会资本和社会组织参与健康与养老服务需求，提升全民健康素质，对于全面建成小康社会具有重要意义
国家发展改革委民政部关于规范养老机构服务收费管理促进养老服务业健康发展的指导意见	发改价格〔2015〕129号（2015年1月19日）	①养老服务价格机制既要考虑老年人收入水平，也要考虑养老机构的经营能力和运行成本；②养老机构要根据入住老人的健康情况形成针对性的收费机制，收入、公平、公正的收费标准；③要公开、透明规范实施养老服务机构收费行为；④切实落实收费和价格减免政策；⑤推进养老服务收费的相关配套政策措施	目前我国老年人的收入水平存在较大差距，区域之间均不同的社会保险制度存在较大差距。因此，要规范养老服务收费管理，树立养老机构社会信誉，建立科学养老价格形成机制，科学合理调动社会资本和社会组织参与养老服务的积极性，增加养老服务供给，促进养老服务市场健康快速发展
国家发展改革委办公厅关于印发《养老产业专项债券发行指引》的通知	发改办财金〔2015〕817号（2015年4月7日）	①养老服务专项债券发行，是弥补政府资金，增加养老服务资金支持和供给，为老人提供生活照料和康复护理的项目，发行专项债券的目标是增加养老服务改革重点项目的资金需求；②对于专项用于养老产业的债券发行审核程序，提高审核效率，按照"加快和简化审核类"债券发行的企业，可申请发行专项债券，并对其发放专项债券现行审核政策；③发放养老专项债券；④要对养老产业项目的债券品种开展科学的方案设计和回报测算；⑤为提高养老服务债券信誉，支持发行专项债券的养老机构出让或租赁建设用地使用权	养老机构筹建前期投资额较大，投资周期长，回报率较低，有政府专项债券的资金支持，养老服务资金短缺的情况会得到很大缓解，对于养老服务市场健康发展具有积极意义。文件对养老产业专项债券发行提出指导意见。专项债券投资养老服务建设，可以包括多个领域，比如养老改造和养老信息化、养老专业人才培训，适老化改造和老年宜居环境建设、养老机构基础设施建设、老年教育项目等。发行专项养老服务和养老专项债券，对于解决养老服务和产品供给不足，市场发育不健全、城乡区域发展不平衡等问题具有重要意义

续表

文件名称	文号及颁布时间	主要内容	文件颁布意义及简要评析
国家发展改革委办公厅、民政部办公厅、全国老龄办综合办公室关于进一步做好养老服务业发展有关工作的通知	发改办社会〔2015〕992号（2015年4月22日）	①督促落实养老服务业发展政策；②切实加大养老服务体系投入力度；③做好"十三五"养老服务体系规划；④推进养老服务业综合改革试点，对试点运行过程进行跟踪监督；⑤扎实推进健康与养老服务业创新发展；⑥积极推动养老服务业投融资建设；⑦探索建立多元化投融资环境建设；⑧维护养老服务业多元化的配套环境建设，全社会重视养老服务建设和发展	为进一步落实好中央有关的要求和部门出台的配套政策，加强对实施情况的监督检查，要认真跟踪检查，及时总结重要政策形势，分析产业发展创新，规模以上企业发展，养老与相关产业融合等方面的进度和经验，分析存在的问题并提出下一步工作建议和计划，具有重要事务与政策推动和整合作用。确保养老服务体系建设思路的可操作性，针对性和创新性，针对养老服务存在的问题给予精准推施政策和规划
国家发展改革委关于印发《城企联动普惠养老专项行动实施方案（试行）》的通知	发改社会〔2019〕333号（2019年2月25日）	国家通过中央预算内投资，支持和引导城市政府系统规划建设养老服务体系。政府通过提供土地、规划、融资、财税、医养结合、人才等全方位的政策支持，企业提供普惠性养老服务，向社会公开、接受监督。城市政府内容和企业双方签订合作协议，约定普惠性服务内容及随CPI等因素动态调整价格机制，扩大养老服务有效供给，满足社会多层次、多样化养老服务需求，增强老年人的获得感、幸福感和安全感	加强城市养老院建设，持续扩大普惠养老服务有效供给，充分发挥中央预算内投资示范带动作用和地方政府引导作用，进一步激发社会资本和社会组织参与养老服务业积极性，推动养老产业高质量健康发展。方案实施的目标是到2022年，针对养老服务发展形成支持社会资本和社会组织发展普惠型养老服务的有效合作模式，城市每千名老年人养老床位数达到40张，护理型床位占比超过60%，医疗养老机构和养老机构实现深度融合

续表

文件名称	文号及颁布时间	主要内容	文件颁布意义及简要评析
关于加强老年护理工作的通知	国卫办医发〔2019〕22号（2019年12月20日）	卫生健康行政部门（含中医药主管部门，下同）要做好老年护理服务医疗资源的规划、布局；推动医疗资源丰富地区的部分一级、二级医院转型为护理院、康复医院；城市三级医院是老年护理病区的主要供给者，为急危重症和疑难复杂疾病的老年患者提供专科护理服务；社区基层医疗卫生服务中心增加护理床位和护理病区，对居家失能失智的老人护理服务提供专业化服务	社会进入长寿发展新时代，而目前养老服务、康复护理服务成为老年人最迫切的需求。该文件是提高老年人健康水平的重大决策部署，增加老年护理服务供给，逐步满足老年患者多样化、差异化的护理服务需求，科学制订老年护理服务体系规划，统筹整合老年护理资源，建立覆盖老年人群疾病急性期、慢性期、康复期、长期照护期、生命终末期的老年护理服务体系，差异层次、差异化的老年护理服务模式，可以弥补新多层次、护理服务短板
关于印发基层医疗卫生机构在新冠肺炎疫情防控期间为老年人、慢性病患者提供医疗卫生服务指南（试行）的通知	国卫基层家医便函〔2020〕2号（2020年2月25日）	提出老年人规范诊疗服务；优化老人健康管理服务；新冠肺炎疫情期间，要提高老年患者提高身体抵抗力，慢性病患者，居家营养，居家环境选择及广播体操，八段锦或太极拳等运动；加强其健康条件及心理疏导，引导其树立既要高度重视，又不过分恐慌的防控观念，提高老年人的自我防范意识	文件针对老人免疫力低下，容易遭遇新冠肺炎疫情感染的情况，专门通知基层社区等基层医疗卫生机构应加强对老年人、慢性病患者的疫情防控宣传教育工作，提高其健康意识，指导病患者了解掌握新冠肺炎有关防护信息，做好个人防护，并尽量避免外出。慢性病患者有关基层医疗卫生机构应感染疑似新冠肺炎症特别提醒老年人，立即报告有关单位并做好隔离控制，及时转送就医

表4-6 老龄相关部门关于老年服务的政策及评价

文件名称	文号及颁布时间	主要内容	文件颁布意义及简要评析
财政部、民政部《关于印发〈中央专项彩票公益金支持农村幸福院项目管理办法〉的通知》	财综〔2013〕56号（2013年4月28日）	总则、资金使用范围与标准、项目申报、公告报告、监督管理、附则等。①省级民政部门应当建立项目资金支出绩效评价制度，对项目资金使用、项目建设及使用等情况进行综合考评；②通知还对彩票公益金完成项目机构实施明确的奖励计划，设计项目资金标准为每个项目补助3万元，以发挥激励作用	安排彩票公益金支持农村养老服务项目，重点用于农村幸福院基础设施建设修缮、老年宜居环境建设、老年机构、老年餐桌、文化娱乐等照料服务基础建设，具体包括农村老年人的日间照料服务中心、托老所、老年餐桌、老年人文体活动中心等，对农村孤寡老人养老照护具有重要意义。财政部安排中央专项彩票公益金，增加养老服务设施建设，增加养老服务的医养结合能力，具有重要意义。
教育部、民政部、国家发展改革委、财政部、人力资源社会保障部、国家卫生计生委、中央文明办、共青团中央、全国老龄办《关于加快推进养老服务业人才培养的意见》	教职成〔2014〕5号（2014年6月10日）	①总体思路：养老服务专业人才培养事关养老服务产业化全局，必须建立高校和社会两条培养路径，全面提高养老服务专业化水平，适应养老服务业发展需求。②工作目标：满足养老服务人才基本需求，人才结构合理、专业程度高，总量充足的养老服务人才队伍。③任务措施：高校要设立养老服务相关专业、加快教学课程方案制订，培养养老服务专业及培育人才，侧重培养培训在岗人员，提高其技能。培养从事养老事业的职业认同感和责任感。④组织保障：政府养老服务人才培养拓宽投入渠道、健全监督机制，加强宣传和舆论引导	医养结合的养老服务产业发展快速，但医护人才短缺是一直困扰持续发展的根源，多部门联合推出养老服务专业人才的通知，高校可以从理论深度条件具有针对性的培训路径，明确路径、有的放矢，文件提出了高校培养和继续教育两条具有针对性的培训路径，明确路径、有的放矢。文件提出了高校培养和继续教育两条具有针对性的培训路径，明确路径、有的放矢。统培养养老服务高级人才和管理人才；而养老服务在岗人员继续教育，则是提高行业从业人员整体素质，留住人才，减少流动性的具体措施。养老服务人才队伍建设，还要重视传统尽孝文化培训，只有人人爱老敬老，才能做好本职工作，增强社会责任感，激发服务人员从事养老服务的热情和职业认同感，这样才能坚守初心，坚持服务老年人

续表

文件名称	文号及颁布时间	主要内容	文件颁布意义及简要评析
中国保监会关于开展老年人住房反向抵押养老保险试点的指导意见	保监发〔2014〕53号（2014年6月17日）	①开展试点的重要意义：有利于健全我国社会养老保障体系、拓宽养老保障资金渠道、保险业进一步参与养老服务业发展的基本原则：公平守信，审慎经营，大胆创新；②开展试点创新；③试点资格申请与审核：试点保险公司申报的有关材料；④试点产品管理：房屋产权抵押给保险公司的有关规定进行处理，试点产品分为参与型反向抵押养老保险产品和非参与型反向抵押养老保险产品；⑤试点要求：关于试点业务宣传、销售人员管理、销售过程管理	加快金融保险服务老年人的创新和改革步伐，促进养老金融市场稳步发展，其中借鉴国外住房反向抵押养老保险经验，并开始试点，这是解决老年养老资金的大胆改革和举措。开展老年人住房反向抵押养老保险试点，即拥有房屋完全产权的老年人，将其房产抵押给保险公司，继续拥有房屋占有、使用、收益和经抵押权人同意的处置权，鼓励保险业积极参与养老服务业发展。探索完善我国养老保障体系，缓解老年人资金渠道困境，住房是老人一生积累的财富，需要慎重对待，确保安全健康，避免家庭矛盾，侵害老人权益
商务部关于推动养老服务产业发展的指导意见	商服贸函〔2014〕899号（2014年11月14日）	①工作目标：推动养老服务产业多元化发展，政府、市场、家庭和老人都是养老服务产业主体；②工作任务：建立养老服务体系，发展居家养老，社区养老和机构养老，医养结合，推动满足老人基本需求的生活照护、疾病医疗、康复护理等服务便利性、高效性、特色化发展；③工作重点：培育龙头企业，丰富服务内容，创新服务模式，强化服务质量；④工作要求：加强组织领导，制订规划和方案，配套相关政策，开展绩效评估	商务部门在养老服务发展中有着义不容辞的责任，要在健全家政服务体系建设的基础上，加快推动居家养老、社区养老和集中养老的发展，探索以市场化发展方式发展养老服务产业的新途径、新模式。重点发展智慧养老，结合互联网新技术，大数据和人工智能，建立信息化养老系统。发挥社会力量的主体作用，扩大养老服务产业规模，推动养老服务产业化发展，发挥中医养生对老年人健康防护的作用，对于启动新时代长寿银色经济的养老服务新模式具有重要意义

续表

文件名称	文号及颁布时间	主要内容	文件颁布意义及简要评析
住房和城乡建设部、民政部、财政部、残疾人联合会、全国老龄工作委员会办公室关于加强老年人家庭及居住区公共设施无障碍改造工作的通知	建标〔2014〕100号（2014年7月8日）	①老年家庭及社区无障碍设施建设对于老年人生活质量提升具有重要意义；②实施家庭和社区无障碍改造，要求政府做好规划，建立为老宜居环境整治改造的专项资金，明确责任，实施市场化操作，确保有质质施工、工程质量优良，得到老年人认可；③关于老年家庭及居住区社区宜居环境改善，要制定改建工程标准，实现规范化建设；④开展老年人家庭及居住区公共设施无障碍改造情况及结果的监督检查；⑤加强老年人家庭及居住区公共设施无障碍改造工作协调和宣传	确保老年人居住安全，减少意外摔伤等事故，是政府的责任。目前家庭的设计和社区的出行并没有无障碍的设计和社区的出行并没有的需要，因此分充患老人的身体情况和未来老龄化的需要，老年宜居环境建设具有必要性。为老年人提供安全、便利有无障碍设施，是改善老年人居家养老的重要举措，也是完善社会养老服务体系的重要工作，要促进老年人家庭和居住区公共设施无障碍改造，无障碍环境改善，加快恃老年人家庭无障碍设施改造，推动坡道、电梯等与老年人日常生活密切相关的公共设施改造
住房城乡建设部、国土资源部、民政部、全国老龄工作委员会办公室关于加强养老服务设施规划建设工作的通知	建标〔2014〕23号（2014年1月28日）	①做好养老服务设施规划建设工作，增加养老服务供给，强化对此项工作重要性的认识；②加强养老服务设施建设规划，提高科学性和前瞻性；③严格执行养老服务设施建设标准；④强化养老服务设施规划建设监管；⑤建立养老服务设施规划建设审查和建设检查；⑥做好养老服务设施规划建设工作协作机制；⑦做好养老服务设施规划建设宣传工作	养老服务设施建设是加快发展养老服务业的重要基础和保障，对于促进经济社会科学发展，落实《中华人民共和国老年人权益保障法》，实现老有所养、老有所医、老有所教、老有所为、老有所乐"六个老有"的工作目标具有重要意义。结合老年人口规模、养老服务需求，明确养老服务有关内容纳入城市、镇总体规划建设规划，并将养老服务有关内容纳入城市、镇总体规划，加强区域养老服务设施统筹协调，推进城乡养老服务一体化

续表

文件名称	文号及颁布时间	主要内容	文件颁布意义及简要评析
财政部、国家发展改革委、民政部、全国老龄工作委员会办公室关于做好政府购买养老服务工作的通知	财社〔2014〕105号（2014年8月26日）	①把握政府购买养老服务的基本原则：坚持需求导向，注重创新机制，坚持政府引导，培育市场主体；②明确政府购买养老服务的工作目标：基本建立比较完善的政府购买养老服务制度，细化购买服务流程和监督；③积极有序地开展政府购买养老服务工作：明确购买主体，界定承接主体，确定购买内容，规范服务标准，提供资金保障，健全监管机制；④落实政府购买养老服务的工作责任，对购买服务的资金、项目、责任做到精细管理	文件规定将政府购买服务与满足老年人基本养老服务需求相结合，重点安排与老年人生活照料、康复护理等密切相关的项目，对于购买服务对象明确界定，保障弱势老人得到基本照料、社区孤寡老人、残障老人优先得到关爱，农村留守老人得到社会化服务，逐步拓展政府购买养老服务的领域和范围。通过高效合理的养老服务资源配置机制和供给机制，使养老服务的社会氛围更加浓厚，养老服务水平和质量显著提高，推动建成功能完善、规模适度、覆盖城乡的养老服务体系
教育部办公厅、民政部办公厅、国家卫生计生委办公厅关于遴选全国职业院校养老服务类示范专业点的通知	教职成厅函〔2014〕50号（2015年1月13日）	①总体要求：推动职业院校养老服务类专业改革创新，加快推进养老服务业发展需求，紧密围绕养老服务业发展需求，校企合作、学生综合素质高、深受养老服务相关企业欢迎；③遴选专业和推荐推荐额；④工作程序与要求	通过开展职业院校养老服务类专业示范点遴选和建设工作，促进职业院校养老服务类专业发展需求，深化专业课程改革，强化师资队伍和实训基地建设，规范教学管理，创新人才培养模式，充分发挥示范引领作用，全面带动相关职业院校养老服务类专业点建设，使养老服务人才短缺的瓶颈得到有效解决

续表

文件名称	文号及颁布时间	主要内容	文件颁布意义及简要评析
教育部办公厅民政部办公厅国家卫生计生委办公厅关于公布首批全国职业院校养老服务类示范专业点名单的通知	教职成厅函〔2016〕31号（2016年6月15日）	根据《教育部办公厅民政部办公厅国家卫生计生委办公厅关于遴选全国职业院校养老服务类示范专业点的通知》（教职成厅函〔2014〕50号）要求，在各地申报推荐的基础上，经专家评议，教育部、民政部、国家卫生计生委共同确定北京社会管理职业学院的老年服务与管理专业等65个专业点为首批全国职业院校养老服务类示范专业点	促进职业院校围绕本地区养老服务业发展需求，深化师资队伍建设和实训基地建设，强化专业课程改革，规范教学管理，创新人才培养模式，充分发挥示范引领作用，全面带动相关职业院校养老服务类专业点建设
中国人民银行 银监会 证监会 保监会 民政部关于金融支持养老服务业加快发展的指导意见	银发〔2016〕65号（2016年3月21日）	①充分认识做好养老领域金融服务的重要意义；②总体要求：指导思想、基本原则、发展目标；③大力完善促进居民养老和养老服务业发展的多层次金融组织体系：不断设计创新型金融产品和金融工具支持养老服务业发展，完善支持养老服务业产品、养老服务衍生产品，激励金融机构开发新型养老服务金融产品；④金融中介市场服务，开创适合养老服务业特点的信贷产品和服务；⑤开发和拓宽有利于养老服务业发展的多元化融资渠道和资金运行；⑥推动完善养老保险体系建设，优化保障资金使用；⑦着力提高居民养老领域的金融服务能力和水平；⑧做好金融业支持养老服务业发展的组织和政策落实	金融业是国民经济的"血液"，养老服务产业化发展，离不开金融业的"输血"功能，补充养老服务的资金缺口，为着力解决养老服务发展的基础设施不足、专业人才培训、老年宜居环境改造等都需要资金投入，需要金融行业的信贷政策支持。金融组织、产品和养老服务领域金融服务创新、加大对养老服务业发展的金融支持力度，改进养老服务领域金融产品，改善社会养老金融业自身转型升级的内在要求。在金融市场化、国际化和多元化趋势下，金融机构传统金融业务和发展模式面临挑战，金融业进入转型升级的重要发展阶段

第二节　我国养老服务的理念变迁及制度趋向

新中国成立以来，政府不断推行养老保险制度改革，关注老年群体。进入老龄化社会以来，养老服务制度建设步伐明显加快，养老服务制度建设历程大致经历了孕育期、探索发展期、体系建设期及"医养结合"期四个阶段[①]。

一、养老服务孕育期：1951—1978 年

1951年我国颁布《劳动保险条例》，"工人群众从来最感痛苦的生、老、病、死、伤、残等困难，得到初步的解决"[②]。当时的新中国一穷二白、百废待兴，百姓生活基本保障是新政府的头等大事，而对老年人的照顾，则基本由家庭完成。农村五保户和孤寡老人由福利院统一照管。城市退休老人的基本生活，依靠老人所在单位提供，医疗也是由单位的医务室和职工医院负责。后来，农村建立了人民公社和合作社，农民分得土地，有了生存的基本保障，政府创办敬老院或者福利院，集中安置城市孤寡老人或无家可归的流浪人员，后来建立了城市养老院，接受城市"三无"老人。农村建立敬老院，专门安置孤寡、残疾的老人，为农村五保户老人提供生老病葬服务，充分体现了社会福利的性质，在经济困难时期，政府重点帮扶孤寡老人，照护弱势群体，充分体现了政府责任，为后来的社会保障制度、中国特色的养老服务制度体系建设奠定了基础。

---

① 董红亚.中国政府养老服务发展历程及经验启示[J].人口与发展，2010，6（5）：83—87.
② 资料来源：http://www.law-lib.com/law/law_view1.asp?id=686.

二、养老服务探索发展期：1978—2000年

1978年，党的十一届三中全会将经济建设作为工作的重心，政府开始拨乱反正，探索与经济体制改革相适应的社会保障制度，不断探索企事业单位的养老和医疗保险制度。在城镇，开始探索社会化养老服务，改革原有的完全由政府包揽的福利养老方式，由社会资本办理养老机构，社区养老服务也开始出现，老年人退休后，养老服务的管理由单位转移到老人居住的社区管理，组建民政部，成为养老服务的主管部门。

1984年11月，全国城市社会福利事业单位整顿经验交流会召开，首次提出了"社会福利社会办"的理念，将原来由政府包办的社会福利，转变为由国家、单位和个人分担责任，政府仍然承担孤寡老人的兜底责任，但更多老人的养老服务转为社会负责。1998年，民政部选定13个城市进行社会福利社会化试点，推行养老服务机构社会化资金和组织参与。同期，出台关于规范引导养老服务系列政策法律，如《关于加快实现社会福利社会化的意见》《社会福利机构管理暂行办法》《老年人社会福利机构基本规范》《老年人建筑设计规范》《农村敬老院管理暂行办法》等一系列规范办法，提出将老年人服务从单纯的生活保障转变为关注老人医疗、健康、生活环境、文体娱乐等诸多方面，开启了养老服务社会化改革的新篇章。

三、养老服务体系化建设期：2000—2015年

2000年，我国60周岁及以上老年人口达到10.46%，进入联合国界定的人口老龄化社会，并且呈现出老年人口基数大、增速快的明显特征。中国进入了人口老龄化社会，养老服务的制度构建具有必要性和紧迫性。2000

年8月，国家老龄委和民政部发布应对老龄化的养老服务制度建设，提出社区居家养老的新模式，制定政策支持养老机构社会化发展，社会资本和组织开始不断探索养老服务模式，在家庭养老逐渐弱化的现实条件下，营利性机构养老开始受到社会资本的关注，呈现出多主体投资局面，为社会提供多层次养老服务，养老服务的机制逐渐趋向市场化，政府对失能、贫困、残障、高龄老人等弱势群体给予特殊的照护和政府购买养老服务。确保政府兜底责任落实，实现社会的公平正义，让每位老年人享受到社会经济发展的成果。

政府不断推动养老服务体系建设，探索提出建设"以居家养老为基础，社区服务为依托，机构养老为补充"的中国特色养老服务体系，如表4-7所示。

表4-7 养老服务体系建设大事记

时间	颁布文件或事件	政策意义及评价
2000年3月	国务院办公厅转发了民政部等11部门《关于加快实现社会福利社会化的意见》。文件指出社会福利社会化改革的目标、原则、路径及要求，提出老年人管理从单位向社区转变的指导意见	支持社区卫生服务机构开展老年医疗、预防、保健、康复、健康教育等工作，鼓励并扶持社会力量兴办以老年人、残疾人、孤儿为服务对象的非营利性医疗机构，提出了推进以养老、助残为重点的社会福利社会化的指导思想
2005年11月	民政部出台了《关于支持社会力量兴办社会福利机构的意见》	鼓励和扶持企事业单位、社会团体和个人等社会力量投资兴办养老机构
2006年2月	国务院办公厅转发了全国老龄办和民政部等部门《关于加快发展养老服务业的意见》	要求按照政策引导、政府扶持、社会兴办、市场推动的原则，逐步建立和完善以居家养老为基础、社区服务为依托、机构养老为补充的服务体系，提出了加快养老服务业的六项重点意见
2008年1月	全国老龄办、民政部出台了《关于全面推进居家养老服务工作的意见》	提出在全国城市社区基本建立起多种形式、广泛覆盖的居家养老服务网络

续表

时间	颁布文件或事件	政策意义及评价
2008年3月	民政部制定并颁布了《社会福利机构管理暂行办法》	对社会福利机构的规划、设立、日常运营和服务做出了明确的规定。我国各地立足实际,突出政府的宏观指导和政策扶持原则,制定和完善了许多具体化、可操作性强的政策、法规和标准,使我国的社会养老服务体系建设初步走上了有章可循的轨道
2010年11月	民政部在江苏无锡召开了全国社会养老服务推进会	落实党的十七届五中全会关于"注重发挥家庭和社区功能,优先发展社会养老服务,培育壮大老龄服务事业和产业"的精神,提出"优先发展社会养老服务"的要求
2011年5月	国务院办公厅《关于印发社会养老服务体系建设规划(2011—2015年)》的通知	提出建设以居家为基础、社区为依托、机构为支撑,着眼于老年人的实际需求的服务体系,对居家养老、社区养老和机构养老功能准确定位,提出原则、任务和目标
2013年7月	《中华人民共和国老年人权益保障法》修改	规定每年农历九月初九为老年节,以国家法定节日的形式为老年人过节,彰显了政府对老年群体权益保障的重现

四、"医养结合"期：2015年至今

2015年11月,国务院办公厅转发卫生计生委等部门《关于推进医疗卫生与养老服务相结合指导意见的通知》,正式提出构建"医养结合"的养老服务模式,是养老服务制度趋向理性、科学、人性化的重要标志。

养老和医疗服务是老人最基本的需求,长期以来,我国养老和医疗隶属于不同的主管部门,涉及老年人相关的业务分割到更多主管部门,除了民政、卫生部门,还有人力资源和社会保障部、老龄工作委员会、发改委等部门,呈现出"多龙治水"的管理局面,提出"医养结合"的指导意

见，将解决长期困扰老年人看病和服务分离的困境，这一改革开启了养老服务制度的创新，探索更加人性化的服务模式。2016年7月中共中央、国务院印发《"健康中国2030"规划纲要》，将全面健康作为国家战略，老年人健康管理成为国家健康战略的核心，有利于"医养结合"老年服务制度更快更有效地发展。2017年11月，国家卫计委等部门联合发布《关于印发"十三五"健康老龄化规划重点任务分工的通知》，倡导大力发展"医养结合"服务：建立健全医疗卫生机构与养老机构合作机制，鼓励多种形式的签约服务、协议合作。2018年4月国务院办公厅发布《关于促进"互联网+医疗健康"发展的意见》，将互联网信息与养老服务构建联系起来，以互联网信息化助力养老服务。一系列文件措施得力、保障、全面，将老年人的医疗、照护、康复、护理等需求纳入老年保障制度体系中。2019年4月，《国务院办公厅关于推进养老服务发展的意见》发布，对"医养结合"养老服务进行全面规划。2019年12月，印发《关于加强老年护理服务工作的通知》，强化护理服务，培养护理人才。

我国养老服务制度建设历程简要评述：纵观我国养老服务制度的建设历程，是从补缺型向普惠型逐渐演进的过程，制度的覆盖面从最初的农村"五保户"、城市"三无"老人等特殊群体，转向覆盖城乡的所有老年人群体，随着人口老龄化的加剧，养老服务的责任由家庭走向社会。政府在承担主导责任的基础上，号召更多的社会力量介入老年服务，社会化养老服务已经是不可扭转的趋势。但我国养老服务制度还处于探索阶段，存在老年服务专业人才缺乏、基础设施建设滞后、管理机制不健全、供需矛盾突出、城乡差别大等问题，只有在发展中逐步解决这些问题，才能真正实现党的十九大提出的"推进医养结合，加快老龄事业和产业发展"的目标。

第五章 "医养康护"一体化老年服务现状问题实证调查研究

第一节 研究问题的设计及调查

一、调查问卷设计

笔者通过阅读医养结合的文献，基于养老服务政策，设计了调查问卷，主要内容包括以下方面：

一是被调查者（年满60周岁）基本信息：年龄、性别、婚姻、子女数、居住情况、自理能力、收入情况、所在城市级别、对老年政策关注程度、对自己老年生活满意程度等，将其作为分析老年医疗和照护服务需求及其他服务要素的基础变量。

二是养老服务的现状及认知情况：关于养老服务承担责任的认知；身体不适首选的就诊地点；对我国养老服务面临的问题的认知；针对养老方式的选择调查；所在社区养老服务的项目内容；对退休养老生活状态的理想期盼；所在社区养老服务设施和场所；关注老年人退休生活的主要方面；对所在社区养老服务情况总体满意度情况；社区医疗和康复服务的需求；社区养老服务存在哪些困难；为老年人疾病和护理服务，社区卫生服务中心哪些方面需要改进；社区增强老人看病、护理、康复服务，对老年人的益处有哪些；目前社区医疗服务和养老服务结合，障碍和问题有哪些。

二、调查过程及问卷统计分析

问卷调查开始于2019年6月，按照研究计划，以北京、上海、广州、成都、石家庄等城市社区为调查样本，采用随机抽样方法，从社区老年服务供给和需求两个方面，设计了两套问卷：第一套问卷针对服务供给方面，进行"医养护"一体化社区老年服务运行现状及问题调查；第二套问卷针对服务需求方面，进行社区老年人"医养护"服务需求情况调查。以定居城市社区的老年人为调查对象，采用多阶段分层随机抽样的方法，每个城市随机抽取社区调查点，每个社区随机调查10位年龄在60周岁及以上的当地户籍老人，经过问卷统计，发放问卷600份，共有577份有效问卷。调查时一般在居委会工作人员的帮助下随机抽取社区调查老人名单，或者采用拦截式访问调查法开展问卷调查（新冠肺炎疫情突然暴发，调查计划受到一些影响）。

（一）被调查者基本情况统计

1. 被调查者的年龄分布

被调查者的年龄分布情况如图5-1所示。

图5-1 被调查者的年龄分布情况

数据显示，被调查者根据年龄分为三组，其中60~69岁的被调查者有314人，占比为54%；70~79岁的被调查者有173人，占比为30%；80岁及以上被调查者有90人，占比为16%。

2. 被调查者的性别

被调查者的性别情况如图5-2所示。

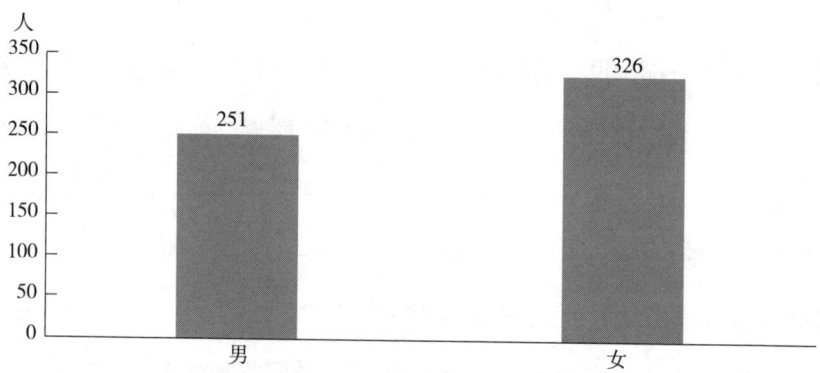

图5-2 被调查者性别情况

从性别看，被调查者中男性有251人，女性有326人，分别占调查总数的44%和56%，女性多于男性。

3. 被调查者的婚姻状况

被调查者的婚姻状况如图5-3所示。

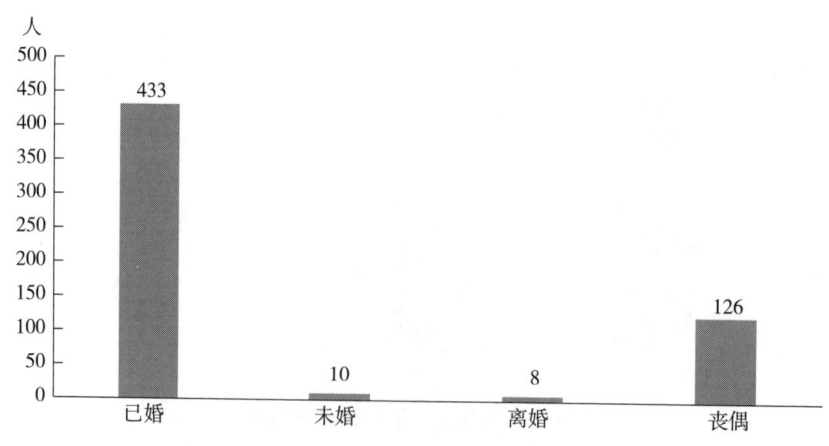

图5-3 被调查者婚姻情况

被调查者中，已婚433人，占比为75%；未婚10人，占比为1.7%；离婚8人，占比为1.4%；丧偶126人，占比为21.9%。

4. 被调查者的子女数量情况

被调查者的子女数量情况如图5-4所示。

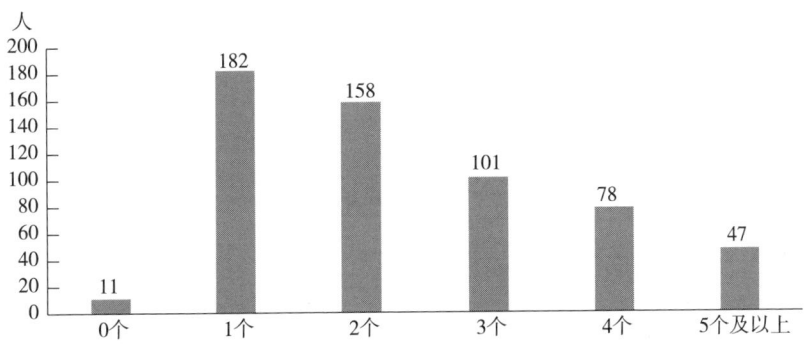

图5-4　被调查者的子女数量情况

数据显示，被调查者中有1个子女的有182人，占比为32%；被调查者中有2个子女的有158人，占比为27%；被调查者中有3个子女的有101人，占比为17.5%；被调查者中有4个子女的有78人，占比为13.5%；被调查者中有5个及以上子女的有47人，占比为8.1%；被调查者中有11人没有子女，占比为1.9%。

5. 被调查者的居住情况

被调查者的居住情况如图5-5所示。

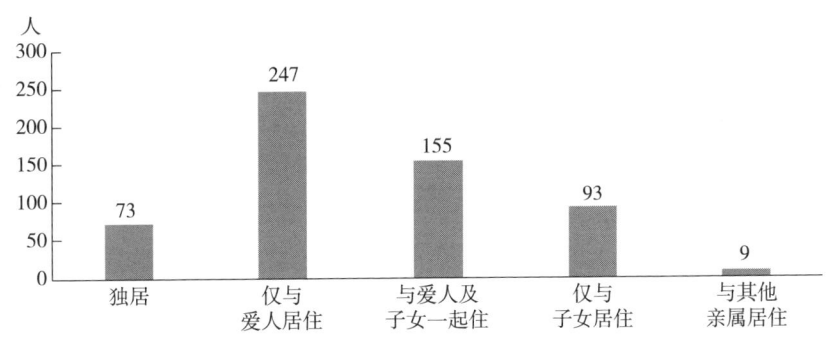

图5-5　被调查者居住情况

数据显示，被调查者中仅与爱人居住的有247人，占比为43%；与爱人和子女一起居住的有155人，占比为26.8%；仅与子女居住的有93人，占比为16%；独居的老人有73人，占比为12.6%；与其他亲属居住的有9人，占比为1.6%。

6. 被调查者生活自理情况

被调查者生活自理情况如图5-6所示。

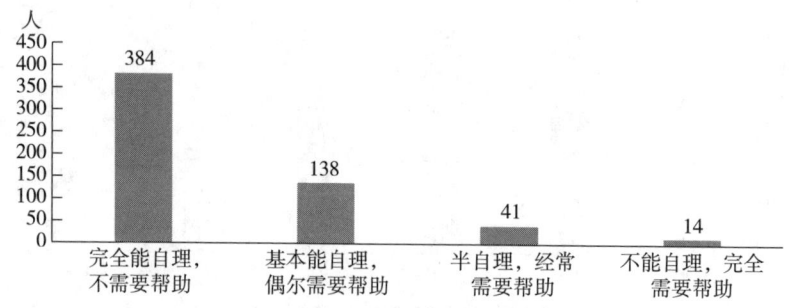

图5-6 被调查者自理能力情况

数据显示，被调查者"完全能自理，不需要帮助"的有384人，占比为67%；"基本能自理，偶尔需要帮助"的有138人，占比为24%；"半自理，经常需要帮助"的有41人，占比为7%；"不能自理，完全需要帮助"的有14人，占比为2%。

7. 被调查者的收入情况

被调查者的收入情况如图5-7所示。

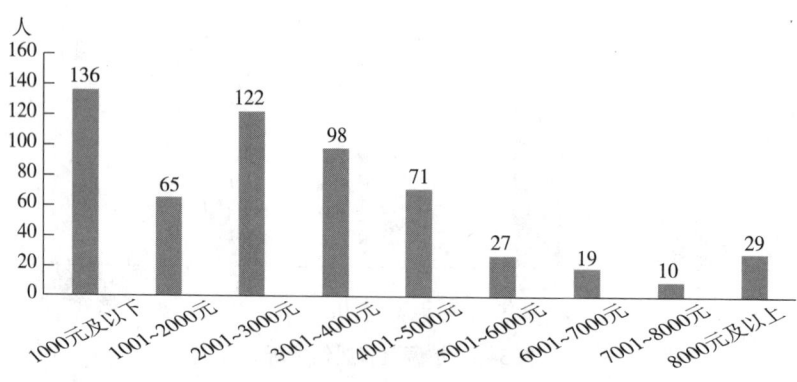

图5-7 被调查者收入情况

数据显示，每月收入在1000元及以下的被调查者136人，占比为24%；每月收入在1001~2000元的被调查者65人，占比为11%；每月收入在2001~3000元的被调查者122人，占比为21%；每月收入在3001~4000元的被调查者98人，占比为17%；每月收入在4001~5000元的被调查者71人，占比为12%；每月收入在5001~6000元的被调查者27人，占比为4.7%；每月收入在6001~7000元的被调查者19人，占比为3.3%；每月收入在7001~8000元的被调查者10人，占比为2%；每月收入在8000元及以上的被调查者29人，占比为5%。

8. 被调查者户籍所在地情况

被调查者户籍所在地情况如图5-8所示。

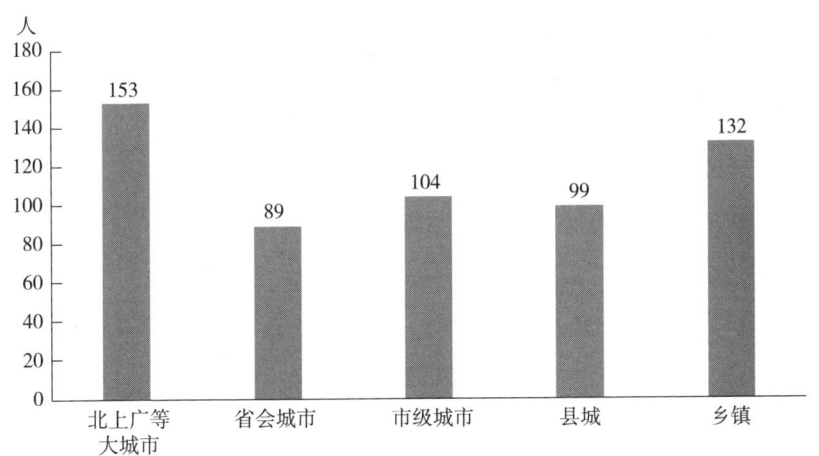

图5-8　被调查者所在城市级别

数据显示，户籍在北上广等大城市的被调查者153人，占比为27%；户籍在省会城市的被调查者89人，占比为15%；户籍在地市级城市的被调查者104人，占比为18%；户籍在县城的被调查者99人，占比为17%；户籍在乡镇的被调查者132人，占比为23%。

9. 被调查者是否关注老年政策

被调查者关注老年政策情况如图5-9所示。

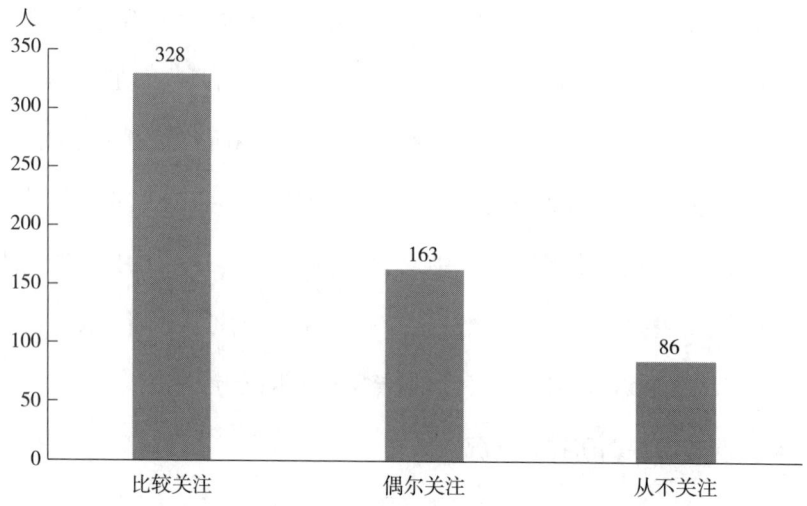

图5-9 被调查者是否关注老年政策

调查数据显示，被调查者比较关注老年政策的有328人，占比为57%；偶尔关注的有163人，占比为28%；从不关注的有86人，占比为15%。超过50%的被调查者比较关注老年相关政策。

10. 被调查者对退休生活的满意程度

被调查者对退休生活的满意程度如图5-10所示。

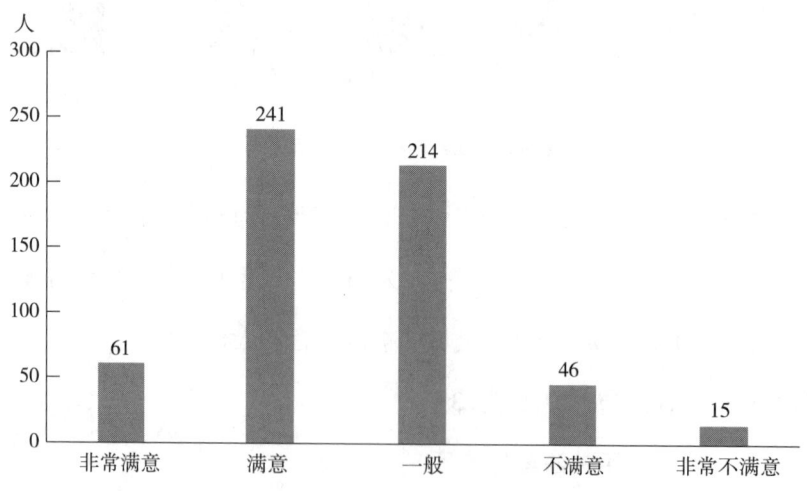

图5-10 被调查者对退休生活的满意度

数据显示，被调查者对退休生活非常满意的有61人，占比为10.5%；对退休生活满意的有241人，占比为42%；对退休生活感到一般的有214人，占比为37%；对退休生活不满意和非常不满意的有61人，占比为10.5%。总体来看，对退休生活达到满意以上人数的302人，占比为52%。

（二）被调查者对养老服务需求情况

1. 被调查者的养老服务依靠对象

关于养老服务应该依靠谁的调查统计如图5-11所示。

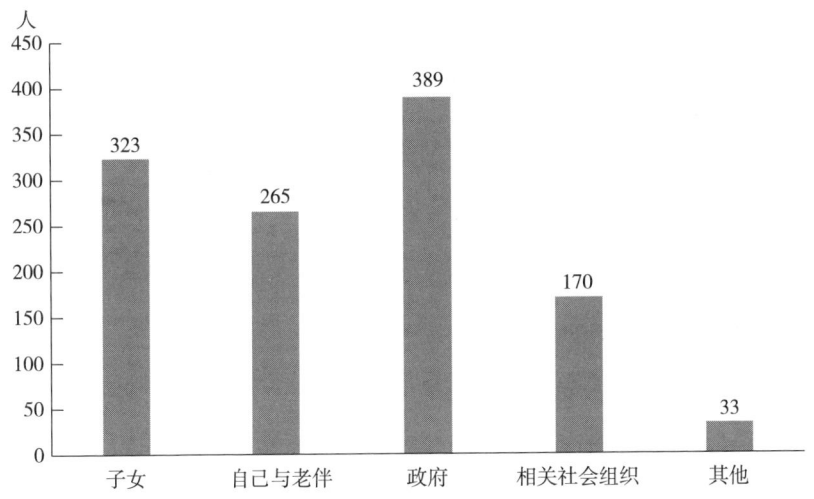

图5-11 关于养老服务应该依靠谁的调查统计

数据显示，关于养老服务应该依靠谁的调查，选择政府的被调查者最多，有389人，占比为33%；其次是选择依靠子女养老的有323人，占比为27%；选择自己与老伴养老的有265人，占比为22%；选择相关社会组织的有170人，占比为14%。从总体上看，老年人对政府有比较高的期望，传统的家庭子女养老方式还是老人们期望的方式，要通过政策法律支持家庭养老。

2. 被调查者看病首选的医疗机构

被调查者看病首选的医疗机构统计如图5-12所示。

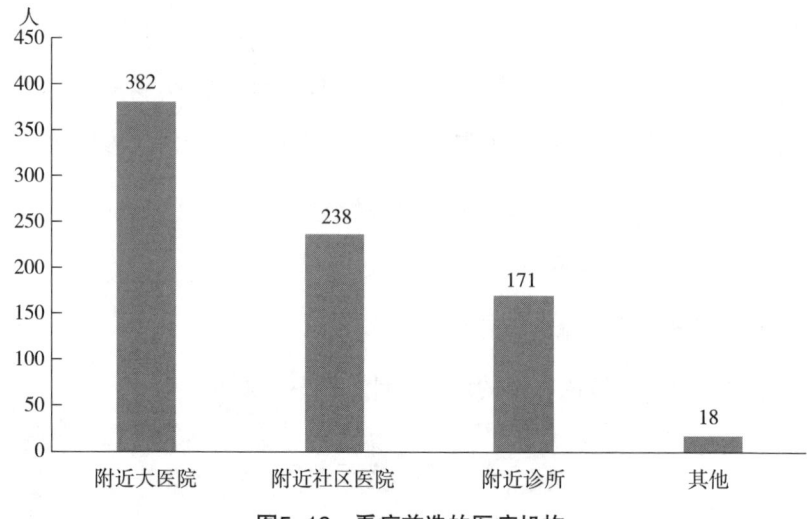

图5-12 看病首选的医疗机构

数据显示,被调查者生病时首选的医疗机构是附近大医院的有382人,占比为47%;选择附近社区医院的有238人,占比为29%;选择附近诊所的有171人,占比为21%;选择其他医疗机构的18人,占比为3%。目前来看,"就近看病"的目标还没有实现。

3. 被调查者认为养老服务存在的问题

被调查者认为养老服务存在的问题如图5-13所示。

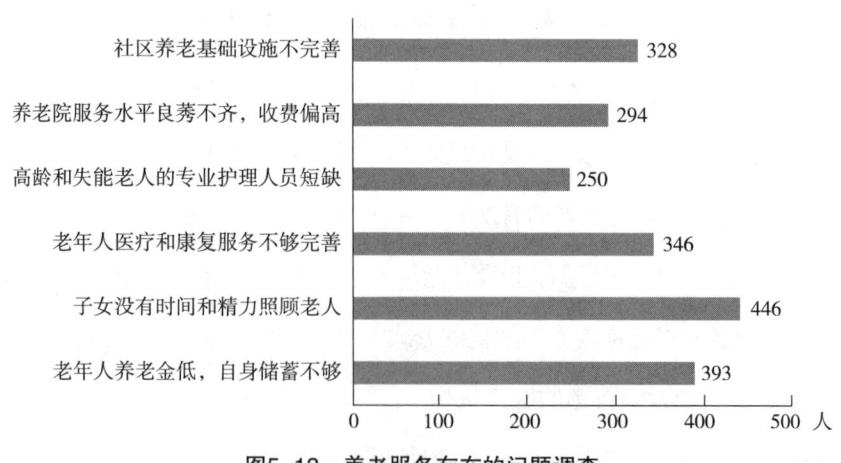

图5-13 养老服务存在的问题调查

数据显示，被调查者认为我国养老服务目前存在的问题中，选择"子女没有时间和精力照顾老人"的有446人，占比为22%；选择"老年人养老金低，自身储蓄不够"的有393人，占比为19%；选择"老年人医疗和康复服务不够完善"的有346人，占比为17%；选择"社区养老基础设施不完善"的有328人，占比为16%；选择"养老院服务水平良莠不齐，收费偏高"的有294人，占比为14%；选择"高龄和失能老人的专业护理人员短缺"的有250人，占比为12%。目前来看，老年人精神需求尚难满足。

4. 被调查者有意愿选择的养老服务方式

被调查者有意愿选择的养老服务方式如图5-14所示。

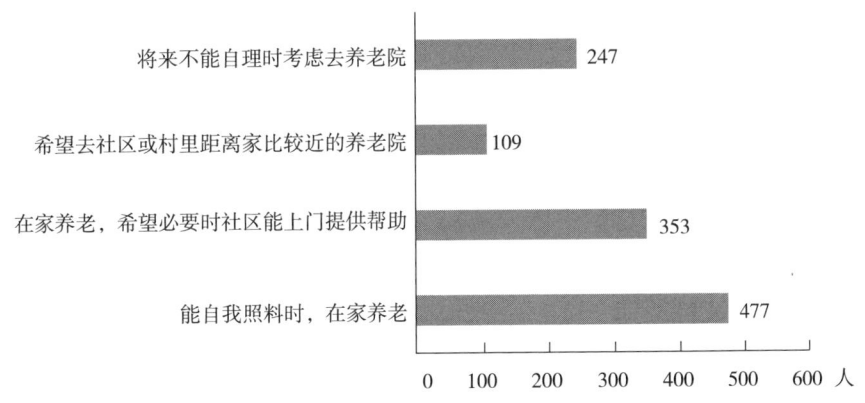

图5-14 被调查者有意愿选择的养老服务方式

数据显示，老年人选择"能自我照料时，在家养老"的有477人，占比为40%；选择"在家养老，希望必要时社区能上门提供帮助"的有353人，占比为30%；选择"将来不能自理时考虑去养老院"的有247人，占比为21%；选择"希望去社区或村里距离家比较近的养老院"的有109人，占比为9%。目前来看，在家养老是老人们最理想的养老方式。

5. 被调查者的社区老年服务需求

被调查者社区老年服务需求调查统计如图5-15所示。

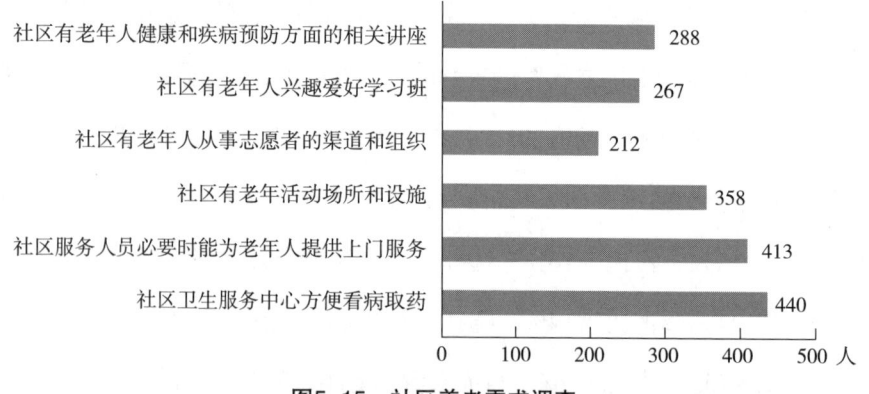

图5-15 社区养老需求调查

数据显示，老年人对社区养老服务需求，选择项目最高是"社区卫生服务中心方便看病取药"，有440人，占比为22%；其次是选择"社区服务人员必要时能为老年人提供上门服务"的有413人，占比为21%；选择"社区有老年活动场所和设施"的有358人，占比为18%；选择"社区有老年人健康和疾病预防方面的相关讲座"的有288人，占比为15%；选择"社区有老年人兴趣爱好学习班"的有267人，占比为13%；选择"社区有老年人从事志愿者的渠道和组织"的有212人，占比为11%。

6. 被调查者理想的退休生活状态

被调查者理想的退休生活状态调查统计如图5-16所示。

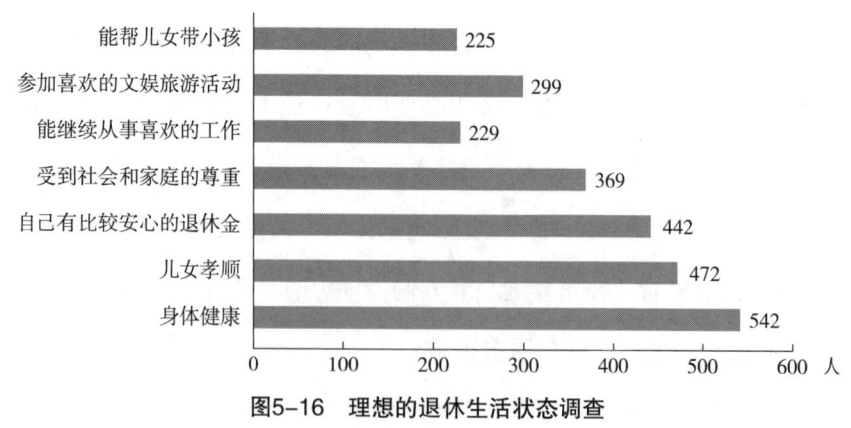

图5-16 理想的退休生活状态调查

数据显示，被调查者最理想的退休生活状态是"身体健康"，有542人，占比为21%；选择"儿女孝顺"的有472人，占比为18.3%；选择"自己有比较安心的退休金"的有442人，占比为17.2%；选择"受到社会和家庭的尊重"的有369人，占比为14.3%；选择"能继续从事喜欢的工作"的有229人，占比为8.9%；选择"参加喜欢的文娱旅游活动"的有299人，占比为11.6%；选择"能帮儿女带小孩"的有225人，占比为8.7%。老人最期望过健康的退休生活。

7. 被调查者所在社区老年服务设施和场所

被调查者所在社区老年服务设施情况如图5-17所示。

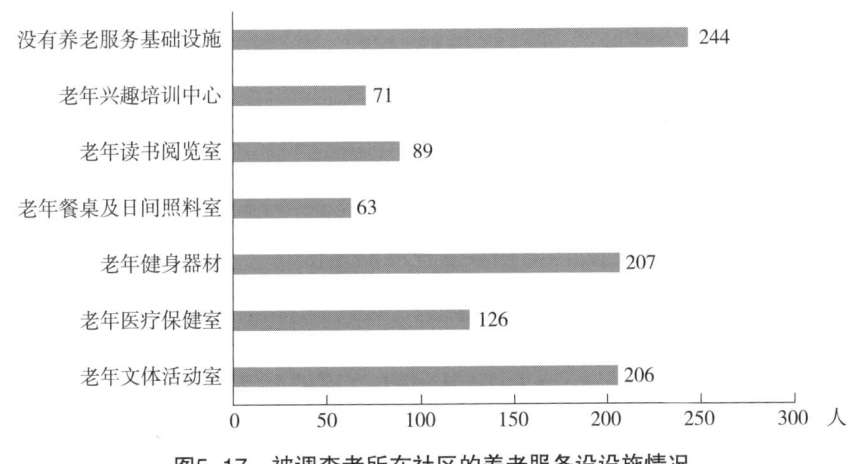

图5-17　被调查者所在社区的养老服务设设施情况

数据显示，被调查者所在社区"没有养老服务基础设施"选择项目最高，有244人，占比为24%；选择"有老年健身器材"的有207人，占比为21%；选择"老年文体活动室"的有206人，占比为20%；选择"老年读书阅览室"的有89人，占比为8.8%；选择"老年兴趣培训中心"的有71人，占比为7.1%；选择"老年餐桌及日间照料室"的有63人，占比为6.3%。整体来看，社区老年服务设施不完善。

8. 被调查者关注老年人退休生活的主要方面

被调查者关注老年人退休生活的主要方面如图5-18所示。

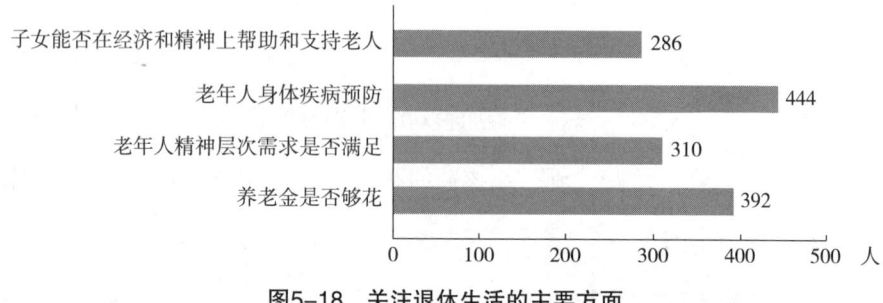

图5-18 关注退休生活的主要方面

数据显示，被调查者对自己退休生活关注度最高的方面是"老年人身体疾病预防"，有444人，占比为31%；选择"养老金是否够花"的有392人，占比为27%；选择"老年人精神层次需求是否满足"的有310人，占比为22%；选择"子女能否在经济和精神上帮助和支持老人"的有286人，占比为20%。

9. 被调查者对所在社区看病难易程度的评价

被调查者对所在社区看病的难易程度评价如表5-1所示。

表5-1 所在社区看病难易程度总体评分

题目/选项	难（1分）	2分	3分	4分	易（5分）
在社区看病的难易程度	204（32%）	181（28%）	141（22%）	86（14%）	25（4%）

被调查者对社区看病难易程度的评价中，选择社区看病难最高（1分）的被调查者有204人，占比为32%，选择社区看病容易（5分）的被调查者仅有25人，占比为4%。可见，目前社区基层的医疗能力亟待提高。

10. 被调查者对所在社区卫生服务的专业性程度评价

被调查者对所在社区卫生服务专业性程度的评价如表5-2所示。

第五章 "医养康护"一体化老年服务现状问题实证调查研究

表5-2 所在社区卫生服务专业性总体评分

题目/选项	低（1分）	2分	3分	4分	高（5分）
社区卫生服务专业性	302（33%）	292（32%）	174（19%）	96（11%）	38（4.2%）

被调查者对社区卫生服务中心专业性评价中，选择社区卫生服务中心专业性低（1分）的被调查者有302人，占比为33%，选择社区卫生服务中心专业性高（5分）的被调查者仅有38人，占比为4.2%。可见，目前社区基层的医疗专业化水平亟待改善。

（三）被调查者对医养结合制度构建的期望情况

1. 社区医养结合的理想渠道

社区医养结合理想渠道如图5-19所示。

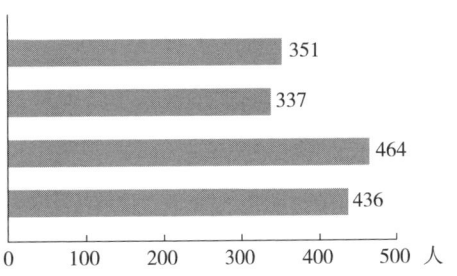

图5-19 社区医养结合理想渠道调查

调查数据显示，选择"老年人居住地附近的医院建立老年病专区，为老人看病急救增加绿色通道"的有464人，占比为30%；选择"社区卫生服务中心增加老年疾病的治疗、康复及护理服务"的有436人，占比为27%；选择"社区建立养老护理院，增加医疗及康复护理服务"的有351人，占比为22%；选择"邀请签约家庭医生不定期服务老人"的有337人，占比为21%。可见，方便老人就近得到医疗服务是老年人期望最高的服务方式。

2. 社区更好服务老年人医疗和护理的制约因素

社区更好服务老年人医疗和护理的制约因素如图5-20所示。

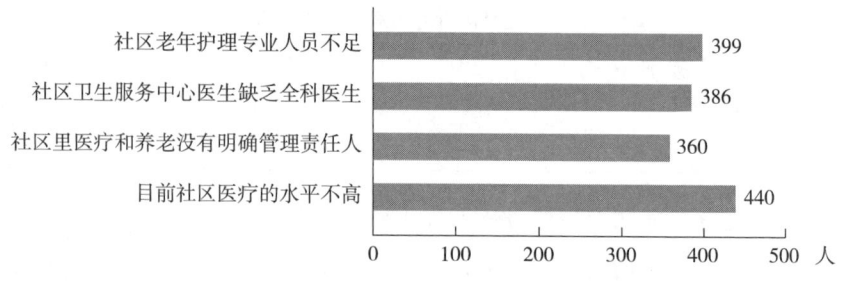

图5-20 社区更好服务老年人医养方面的制约因素

数据显示，被调查者选择"目前社区医疗的水平不高"项的人数最多，有440人，占比为28%；选择"社区老年护理专业人员不足"的有399人，占比为25%；选择"社区卫生服务中心医生缺乏全科医生"的有386人，占比为24%；选择"社区里医疗和养老没有明确管理责任人"的有360人，占比为23%。可见，目前社区医疗服务水平是决定社区医养结合的重要因素。

3. 关于医养结合政府的责任

关于医养结合政府的责任调查统计如图5-21所示。

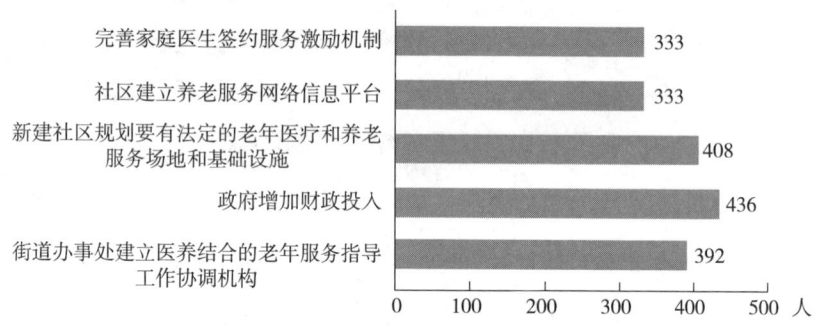

图5-21 医养结合政府的责任调查

数据显示，认为发展医养结合首要的是"政府增加财政投入"的有436人，占比为23%；选择"新建社区规划要有法定的老年医疗和养老服务场地和基础设施"的有408人，占比为21%；选择"街道办事处建立医养结合的老年服务指导工作协调机构"的有392人，占比为20%；选择"社区建立养老服务网络信息平台"的有333人,占比为18%;选择"完善家庭医生签约服务激励机制"的有333人,占比为18%。因此,政府的责任包括财政投入、医养结合基金设施建设、构建家庭医生签约服务等方面。

4. 医养结合制度对老年人的益处

医养结合对老年人的益处如图5-22所示。

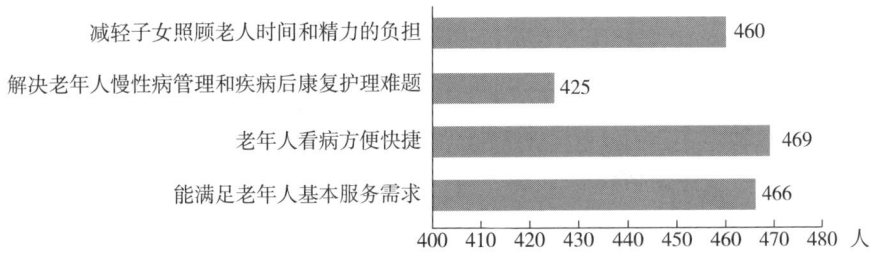

图5-22 医养结合对老年人的益处

数据显示,如果构建了医养结合制度,被调查者选择"老年人看病方便快捷"的有469人,占比约26%;选择"能满足老年人基本服务需求"的有466人,占比约26%;选择"减轻子女照顾老人时间和精力的负担"的有460人,占比为25%;选择"解决老年人慢性病管理和疾病后康复护理难题"的有425人,占比为23%。可见,医养结合能满足老人医疗和养老服务的基本需求。

从调查社区养老服务需求与供给的差距中,可以归纳社区养老服务"医养护"一体化存在的问题,如表5-3所示。

表5-3 社区养老服务需求与供给差距

需求层次	需求情况	供给情况
日常生活照料服务需求	社区上门服务需求迫切	社区服务能力有限,尚不能做到及时、完全的上门服务
	居家养老服务是老年人首选的养老方式	家庭社会支持政策不完善
	空巢独居老人对老年餐桌服务需求高于其他需求	社区老年餐桌服务尚未普及每一个社区

续表

需求层次	需求情况	供给情况
社区医疗服务需求	患病治疗、定期体检、健康保健的需求占比最高	社区卫生服务中心服务能力有限，不能完全提供需求项目
	对社区全科医生服务需求较高，老年人需要占比为49%，接近一半	仅有33.25%的被调查者社区有全科医生，社区全科医生培养机制不健全，人才缺乏，从业激励机制不完善，流动性较大
	社区护理服务需求迫切，不能自理老人、空巢独居老人、高龄老人需求相对占比高于其他老人	社区护理院亟待建设，社区护理服务制度不完善，缺乏专业服务人员

（四）医养结合回归模型分析

笔者以收回的577份有效问卷为实验数据，运用有序多元Logistic模型研究样本中养老理念（Ide）、养老服务需求（Dem）、医疗水平（Mel）和资产配置（Asal）对养老服务满意度（Satis）的影响，得到不同因子的回归系数和回归模型，SPSS系统默认各分类变量的最高值为参照组，回归结果如表5-4所示。其中，OR值是指自变量不同取值水平的优势比值，可用来判断自变量不同取值水平对因变量的影响程度。若OR大于1，表明分子上的变量对因变量的影响大于分母上的变量，且该值表示其对因变量的影响是分母变量对因变量影响的倍数。因变量为不满意、一般和满意的三水平变量，可得到以下两个回归模型。

回归模型1：$logit(P_{satis=不满意}) = logit \dfrac{P|satis=不满意}{1-(P|satis=不满意)} = -0.678 + 0.472 \times (Ide=1) + 2.090 \times (Dem=1) + 1.390 \times (Dem=2) + 1.431 \times (Mel=1) + 1.526 \times (Mel=2) + 0.714 \times (Mel=3) + 1.138 \times (Mel=4) + (-0.678) \times (Asal=1) + (-0.587) \times (Asal=2) + 0.060 \times (Asal=3) + 0.025 \times (Asal=4)$

回归模型2：$logit(P_{satis=不满意/一般}) = logit \dfrac{P|satis=不满意 + P|satis=一般}{P|satis=满意} = -3.016 +$

$0.472 \times (Ide=1) + 2.090 \times (Dem=1) + 1.390 \times (Dem=2) + 1.431 \times (Mel=1) + 1.526 \times (Mel=2) + 0.714 \times (Mel=3) + 1.138 \times (Mel=4) + (-0.678) \times (Asal=1) + (-0.587) \times (Asal=2) + 0.060 \times (Asal=3) + 0.025 \times (Asal=4)$

表5-4 有序Logistic模型回归结果

	各取值水平变量含义	各变量取值	β	标准误	Wald	p值	OR值
养老服务满意度（退休生活满意度）		不满意	0.678	0.594	1.302	0.254	
		一般	3.016	0.612	24.268	0.000	
养老理念（是否关注老年保障政策）	前沿	关注政策	0.472	0.236	3.990	0.046**	1.603
	落后	不关注政策	参照组				
养老服务需求（生活自理情况）	小	能自理	2.090	0.533	15.397	0.000***	8.085
	中	半自理	1.390	0.604	5.294	0.021**	4.015
	大	不能自理	参照组				
医疗水平（长期居住的地方）	高	北上广深一线城市	1.431	0.250	32.867	0.000***	4.183
	较高	省会城市	1.526	0.292	27.206	0.000***	4.60
	中等	市级城市	0.714	0.263	7.396	0.007***	2.042
	低	县城	1.138	0.268	17.995	0.000***	3.121
	较低	乡镇	参照组				
资源配置（社区养老服务看病难易程度）	低	社区看病很难	-0.678	0.249	7.417	0.006***	0.508
	较低	社区看病难	-0.587	0.288	4.151	0.042**	0.556
	中	社区看病难度一般	0.060	0.257	0.055	0.815	1.062
	较高	社区看病容易	0.025	0.291	0.007	0.932	1.025
	高	社区看病很容易	参照组				

注：*** 表示该变量在1%水平上显著，** 表示该变量在5%水平下显著。

1. 模型的检验

（1）平行性检验

满足平行性是有序Logistic回归的前提条件，即自变量各取值水平对因变量的影响在各个回归方程中相同,因此需要进行平行性检验。平行性检验的原假设为模型满足平行性,一般地,如果p值大于0.05,则不拒绝原假设,模型满足平行性;反之,模型平行性的前提条件不存在,应调整模型。检验结果如表5-5所示,$p=0.535$,远大于0.05,说明各回归方程相互平行,通过平行性检验,可以运用有序Logistic回归模型。

(2)模型整体显著性检验

似然比检验用于分析有序Logistic回归模型的整体有效性,原假设是模型的回归系数,全为0,因此若整体显著性p值小于0.05,则拒绝原假设,说明至少有一个系数不同时为0,模型整体显著。由表5-5的检验结果可知,p值为0.00,模型整体有效。

表5-5 有序Logit回归模型检验结果

	对数似然值	卡方	df	显著性
平行性检验	299.492	9.950	11	0.535
似然比检验	309.442	95.598	11	0.000

(3)回归系数显著性检验

回归系数估计值、标准误、Wald值和p值输出结果如表5-4所示。各取值水平下的养老理念、养老服务需求和医疗水平的偏回归系数p值均小于5%,在5%的显著水平下显著,资产配置在5个不同取值下,仅取值为1和2显著,根据保留出现此种情况自变量的建议,可加入资产配置这一分类变量。

2. 研究结果分析

养老理念的偏回归系数为0.472,表明养老理念和满意度呈正相关关系,老年人越关注养老保障政策,越能获得更为科学的养老理念,越能够规划好老年生活,对自身养老生活满意度也更高。根据OR值,关注养老政策的老年人获得满意的养老服务可能性是不关注政策的老年人获得满意的养老服务的1.603倍。调查研究发现，医疗消费领域理念存在重大偏差，缺少宣传引导，从不关注老年政策的人数占比为14.9%，诸多老人并不认同家庭医生签约服务。社会大众的就医习惯也制约着社区医养结合发展，无论大小疾病都到三级医院诊断治疗，对社区医疗服务能力缺乏信任感，这也是认识理念出现偏差的原因。

养老服务需求对满意度有显著的正向影响，能自理老年人获得满意的养老服务的概率是不能自理老年人的8.085倍，自理能力较弱的老年人对养老服务满意度低，说明还未解决失能、患病等老人养老难问题。养老服务的需求多元而供给不足。比如，北京市社区的专业化护理康复服务大多缺乏，经济欠发达的城市及农村地区老年康复护理服务基本空白，急需建立老年康复中心，为需要病后康复的老年人提供专业化的服务。

医疗水平对养老服务的满意度具有正向效应，长期居住在省会城市、北上广深等一线城市、县城、市级城市和乡镇的老年人对养老服务的满意度逐级下降，反映出医疗水平的差距可能导致满意度不同。其中，北上广深等大城市老年人的养老服务满意度低于省会城市，市级城市低于县城，主要原因可能是养老服务满意度不仅受医疗水平的影响，其他大城市由于"看病难"问题也会产生较差的体验感。经调查访谈发现，社区医疗服务机构老年病专用药品不足，除了能进行打针、输液基本的治疗以外，一些常规检查都难以实现。因各地医疗水平差距大，老年人身体出现不适时，基本首选去大医院，排队挂号、检查、取药等需要等待很长时间，老年人看病仍不方便，个人负担因病住院的医疗费用较重。

社区资源配置和养老服务满意度有正相关关系，未进行合理资源配置会使得养老服务满意度降低，而优化资源配置会提升养老服务满意度。经实地调查发现，目前养老服务存在社区养老服务基层设施不完善，中小城市专业护理人员和全科型医疗专业技术人才严重短缺，区域、城乡差距大等系列问题，医疗资源未得到有效分配、高效利用，容易造成资源闲置甚至浪费。

因此，为保障老年人权益和发展养老服务业、提升老年群体的养老服务体验感，应加强引导宣传当代养老理念，如医养护相结合的理念，着力解决供需矛盾，发挥家庭养老功能，多措并举提升医疗水平，平衡医疗资源，除此之外，还需要有完善的养老服务政策相配套。

第二节　问卷调查结论

从调查社区养老服务需求与供给的差距中，可以归纳社区养老服务"医养护"一体化存在的问题，主要有以下几个方面。

一、社区养老服务供给不足

社区养老服务基层设施不完善，老年活动中心场地缺乏统一规划管理，社区健身器材大都损坏，无专人管理维修；老年餐桌服务未能可持续，有的指定附近的餐馆代为老人做午餐，并没有专门适合老年人胃口的饭菜提供，社区没有专门为老年人服务的社工人员，对辖区长期居住的老年人也缺乏长期跟踪服务，尤其对高龄老人、残疾老人和独居老人的专人上门服务不够。

二、社区医疗服务供给不足

社区卫生服务人员态度不好，老年病专用药品不足，除了能进行打针、输液基本的治疗以外，一些常规检查都难以实现。社区医生流动性大、人员变动频繁，有些老年病医生明确说不能诊断，访谈中发现很多老年人基本没有听说过全科医生的说法。老年人身体出现不适情况时，基本首选去附近的大医院，排队挂号、检查、取药等需要等待很长时间，老年人看病仍不方便，因病住院医疗费用个人负担相对收入还是比较重。访谈中还发现，有的老人因为没有子女陪伴或考虑经济的原因，不愿意去医院检查，因此耽误了最佳治疗时机。

三、社区老年人康复护理服务基本缺失

老年病人如果长期住院康复理疗，将会挤占病床位，造成其他人看病难的问题，因此，老年人康复理疗应该在社区护理院。但调查显示，社区专业化的护理康复服务基本缺失，北京市尚且如此，经济欠发达的城市及农村地区老年康复护理服务更是基本空白，急需建立老年康复中心，使患病老人得到专业化的康复服务。

四、对"医养结合"的理念认识不到位

多年来，我国医疗机构领域重医疗、轻预防，重医治、轻康复。家庭医生责任制度设计的出发点就是为家庭健康设立顾问，并不是等疾病缠身了才找家庭医生，健康防护和健康咨询比检查、化疗、手术对老年人更有意义。但是医疗消费领域理念存在重大偏差，缺少宣传引导，诸多老年人并不认同家庭医生签约服务。另外，社会大众的就医习惯也制约着社区医养结合的发展，无论大小疾病都宁愿到三级医院诊断治疗，对社区医疗服务能力缺乏信任感，这也是认识理念出现偏差的原因。

五、医护人员缺乏，成为医养结合实施的短板

全科医生家庭签约服务是"医养结合"的制度创新，但是目前我国医学高等教育专业设置越来越细化，使得全科型医疗专业技术人才短缺。而社区医疗服务及家庭医疗康复服务需要全科医生，二者对立冲突，造成了家庭签约医生制度难以有效推行。专业护理人员严重短缺也成为制约我国养老服务业发展的瓶颈。护理人员供需矛盾突出，目前全国取得老年护理资格证的人员不足10万人，护理队伍整体上存在年龄偏大、学历偏低、工作强度大、人员流动快、待遇偏低、社会对该职业认同度不高等问题。加之养老机构的护理人员在薪酬水平、职称晋升、职业发展等方面与医疗机构的护理人员存在较大差别，使得本来就稀缺的高校护理专业毕业生不愿意到养老机构就业，造成专业化、高素质的护理人才更加短缺，成为制约"医养结合"老年服务制度发展的重要因素。

第六章 我国"医养结合"典型模式解析

第一节 国家医养结合试点政策及单位

一、第一批"医养结合"试点单位及政策

为推广医养结合政策,国家先后推出两批"医养结合"试点单位,不断总结经验,使得"医养结合"政策不断朝科学化、普适化迈进。

2016年6月,为加快推进"医养结合"服务模式改革,遵循试点先行的改革路径,国家卫生计生委办公厅和民政部办公厅联合下发了《关于遴选国家级"医养结合"试点单位的通知》,经各省(区、市)卫生计生部门和民政部门推荐,确定北京市东城区等50个市(区)作为第一批国家级"医养结合"试点单位,目标是通过典型试点经验,充分利用政府优惠税收和金融信贷支持,增加补贴,对"医养结合"的实施现状及问题进行探索和系统梳理,为以后推行政策和决策提供参考。国家级"医养结合"试点单位(第一批)名单如下:

(1)北京市:东城区、海淀区。

(2)河北省:石家庄市、邯郸市。

(3)山西省:太原市、大同市。

（4）内蒙古自治区：呼和浩特市、鄂尔多斯市。

（5）辽宁省：沈阳市、大连市。

（6）黑龙江省：哈尔滨市、齐齐哈尔市。

（7）上海市：徐汇区、普陀区。

（8）江苏省：苏州市、南通市。

（9）浙江省：杭州市、嘉兴市。

（10）安徽省：池州市、芜湖市。

（11）福建省：厦门市、三明市。

（12）江西省：南昌市、赣州市。

（13）山东省：青岛市、烟台市。

（14）河南省：郑州市、洛阳市。

（15）湖北省：咸宁市、随州市。

（16）湖南省：长沙市、湘潭市。

（17）广东省：东莞市、江门市。

（18）广西壮族自治区：南宁市、贺州市。

（19）重庆市：九龙坡区、垫江县。

（20）四川省：雅安市、攀枝花市。

（21）贵州省：贵阳市、铜仁市。

（22）陕西省：安康市、铜川市。

（23）甘肃省：兰州市、庆阳市。

（24）青海省：西宁市、海东市。

（25）新疆维吾尔自治区：乌鲁木齐市、克拉玛依市。

试点单位落实政府"医养结合"任务，找准问题，以目标为导向，通过试点着力破除制约"医养结合"制度实施的障碍和短板，对"医养结合"资源通过优化配置，弥补社区和农村医疗设施不足、医护人员短缺的缺口，加快建设护理和康复服务体系，需要落实主管部门责任，通过部门协作、资金保障、专业技术人员保障等机制，积累"医养结合"的机制实施良好试点经验。

二、第二批"医养结合"试点单位及政策

2016年11月，卫计委在第一批"医养结合"试点单位和经验基础上，发布了《关于确定第二批国家级"医养结合"试点单位的通知》，确定了北京市朝阳区等40个市（区）作为第二批国家级"医养结合"试点单位，要求各试点单位要结合实际，统筹各方资源，全面落实"医养结合"工作重点任务；要在各省级卫生计生和民政部门的指导下，制订年度工作计划，建立部门协作、经费保障和人员保障机制，加强管理，确保试点取得积极进展，收到良好社会效果。各省（区、市）要积极探索地方"医养结合"的不同模式，并积极协调解决存在的困难和问题。主管部门将会同相关部门适时组织督导调研，并对试点单位运行效果和医养政策执行过程进行评估检查，探索"医养结合"更科学的模式。国家级"医养结合"试点单位（第二批）名单如下：

（1）北京市：朝阳区。

（2）天津市：南开区、津南区、北辰区。

（3）河北省：邢台市、保定市。

（4）山西省：吕梁市。

（5）内蒙古自治区：乌海市。

（6）辽宁省：辽阳市。

（7）吉林省：长春市、公主岭市、梅河口市。

（8）黑龙江省：伊春市。

（9）上海市：松江区。

（10）江苏省：南京市。

（11）浙江省：温州市。

（12）安徽省：合肥市。

（13）福建省：漳州市。

（14）江西省：抚州市。

（15）山东省：威海市。

（16）河南省：濮阳市。

（17）湖南省：岳阳市。

（18）广东省：广州市、深圳市。

（19）广西壮族自治区：百色市。

（20）海南省：海口市、三亚市、儋州市。

（21）重庆市：沙坪坝区。

（22）四川省：德阳市、广元市。

（23）贵州省：遵义市。

（24）云南省：昆明市、曲靖市、西双版纳州。

（25）陕西省：西安市。

（26）甘肃省：陇南市。

（27）青海省：海南州。

（28）宁夏回族自治区：银川市。

（29）新疆维吾尔自治区：巴音郭楞蒙古自治州。

第二节 医养结合的模式及典型案例

一、我国"医养结合"模式探索

2016年10月，国务院印发《"健康中国2030"规划纲要》，将健康老龄化纳入国家战略，确保老人享有优先就医权益和享有经济社会发展的成果，健康安享晚年；党的十九大报告中明确提出积极应对人口老龄化、推进"医养结合"，加快老龄事业和产业发展的战略要求，为我国养老服务发展的理念和总体目标指明了方向；2018年3月，全国"两会"后，国务院进行机构改革，新组建了卫生健康委员会，将国家老龄委主管部门由民政部调整到卫生健康委员会管理，实现了老年人医疗和养老主管部门的实质性统一，这是一次具有里程碑意义的养老管理机构改革；2018年9月，卫生健康委员会改变机构编制，增设"老龄健康司"新主管部门，负责组织拟订并协调落实应对人口老龄化的政策，拟订"医养结合"的标准和规范，建立完善老年健康服务体系，承担全国老龄工作委员会的具体工作，终结了"医养结合""多龙治水"的多部门管理局面。"医养结合"不仅涉及健康、医疗、医药等行业，而且与环境、教育、文化、人事、农业、财政等领域紧密相关，需要国家统一规划，尽快构建完善的法律法规体系。

医疗和护理成为老年养老服务的两大瓶颈。尽管我国不断深化医疗保险改革，采取了一系列行之有效的措施，如实施异地报销医疗费制度；建立全科医生制度，增强基层医疗能力；取消医院药品加成；实施家庭医生签约服务等措施。但由于我国医疗资源城乡分布不均衡的基本现状，老年人在社区和偏远农村看病的可及性、便利性在短期内仍难以实现，医疗资源的城乡均等化目标还需要经过艰苦的努力才能实现。由于社会工作节奏加快、单位业绩考核要求不断强化，众多独生子女承受着较重的工作压力，无力照护老年人，家庭照顾能力弱化，而社会化老年照护无论从专业性还是可及性都还很薄弱。

2015年11月，国务院办公厅转发卫生计生委等九部门《关于推进医疗卫生与养老服务相结合指导意见》的通知，开始探索将老年人医疗服务资源和养老照护资源相结合配置模式，对于开启"医养结合"新模式具有里程碑意义，"医养结合"成为养老服务未来发展的主要模式。"十三五"国家老龄事业发展和养老体系建设规划[①]明确提出建立"医养相结合"的养老服务体系的战略要求，建设目标是我国养老服务供给能力大幅提高、质量明显改善、结构更加合理，多层次、多样化的养老服务更加方便可及，政府运营的养老床位数占当地养老床位总数的比例不超过50%，护理型床位占当地养老床位总数的比例不低于30%，65岁以上老年人健康管理率达到70%。

从政府层面看，政府着力解决老年人医疗和康复护理的服务难题，加大养老服务社会化供给侧改革力度，健全老年工作机制，开拓老年养老服务与医疗服务的融合通道，解决城乡及区域老年事业发展不均衡与老年人基本服务需求的矛盾，应对人口老龄化挑战，创新"医养结合"发展模式，形成全生命周期大健康管理的制度体系，为实现老有所养的目标提供制度保障。

从家庭及老年人自身层面看，构建"医养相结合"的养老服务体系，需要在继续发扬我国传统家庭养老模式基础上，将老年人健康养老作为基本目标，以老年人在熟悉的环境里养老为出发点，进一步发挥社区及家庭老年服务的平台功能，尤其是缓解独生子女家庭养老照护的压力，让老年人享受颐养天年的退休生活，不断增强老年人参与感、获得感和幸福感。

《国民经济和社会发展第十三个五年规划纲要》第六十五章明确提出，

---

① 资料来源：http://www.gov.cn/zhengce/content/2017-03/06/content_5173930.htm。

"医养结合"是养老和医疗两方面资源的延伸结合,可为老人提供持续性、长期性、协调性和整体性结合的整合照顾服务。"医养结合"要树立正确理念,理解"医养结合"是医疗资源与养老资源融合、实现养老资源的充分利用和优化配置。在"医养结合"实施过程中,要准确理解医和养的内涵。"医"包括与老人健康相关的服务,具体包括对老人疾病医疗服务、健康咨询服务、失能护理服务、大病康复服务和临终关怀服务等;"养"是为老人提供基本生活照顾的服务,包括精神心理服务、文化娱乐活动日常生活照顾服务。"医养结合"模式集中了康、养、医、护等老人基本需求,将老年人健康医疗服务放在首要位置,将养老机构和医院的功能相结合,将生活照料和康复关怀融为一体。研究"医养结合"服务的模式,需要明晰其涵盖的内容和元素,包括服务对象、服务主体、服务人员、服务内容、服务方式及服务标准,具体如图6-1所示。

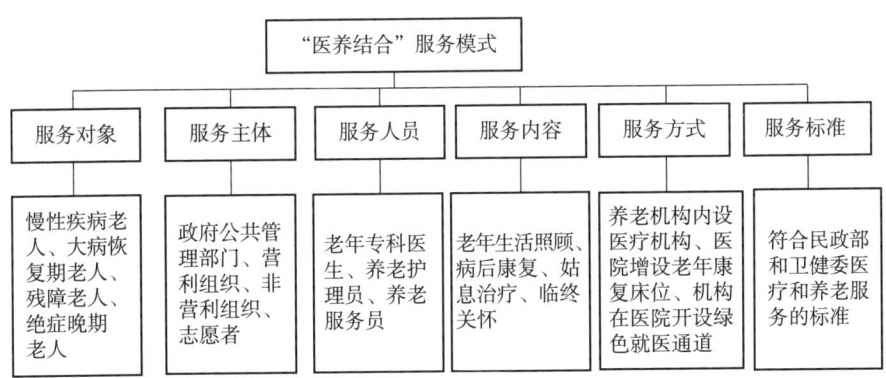

图6-1 "医养结合"养老服务模式

二、我国"医养结合"模式类型

具体来看,我国"医养结合"试点创新模式主要有以下几种:原有医疗卫生机构增设养老床位;原有养老机构开展医疗服务;医疗机构与养老机构建立协议与合作关系;"医养结合"进社区与家庭。这些模式是我国推进"医养结合"工作的主要方向,为应对老龄化高峰提供了解决路径。

服务主体模式是指从"医养结合"服务的提供方入手的服务模式,也是我国经常采用的模式,主要包括在养老机构内置医疗机构、在医疗机构内置养老机构和联动型"医养结合"养老模式三种。

(一)在养老机构内置医疗机构

在养老机构内置医疗机构是指在养老院、敬老院、老年公寓等养老机构里增加医疗机构,如老年诊所、门诊部、卫生室等。

民政部统计数据显示,截至2020年6月,全国共有各类养老机构4.23万个,养老床位429.1万张,收住老年人214.6万人,已经成为养老服务体系重要组成部分[①]。养老机构的医疗能力和健康管理能力直接决定着养老服务的水平和质量。因此,养老机构内增设医疗机构,尤其满足了常年患病、失能、高龄老人的医疗和康复迫切需求。采用增设老年护理床位、老年病房、康复病区,或者门诊、医疗室等多种形式,根据财力适当增加老年专属体检化验设备,让老人少去医院、少跑路,申请医疗报销点,方便老人医疗费用结算,通过互联网技术,与大医院签约网络问诊咨询服务,这样更加方便,可以节省时间成本,也能固定医患关系,提高养老机构的医疗服务水平。

从养老机构入住老人医疗服务的内容看,通过"医养结合"服务,医疗专家对入住养老院老人进行身体健康全面管理,定期为老人提供身体检查和健康咨询服务,对老人的慢病用药给予指导和及时调整,对高龄、失能老人的疾病治疗及时协助,提供急救和治疗措施,针对住院康复护理的

---

① 资料来源:http://finance.eastmoney.com/a/202007291574334858.html。

老人给出相应的护理意见，让老人在养老机构享有比较完善的医疗康复服务，这是"医养结合"制度的根本目标。对于部分规模较小的养老机构，也可以在符合医务室和护理站基本条件的基础上，申请医疗资质，为入住老人提供相应的医疗护理服务。

（二）在医疗机构内置养老机构

在医疗机构内置养老机构是指在综合医院、中小型医院或社区卫生服务中心，设立护理中心或康复床位等具备医疗专业养老功能的机构。

该模式主要针对长期患病、生活无法自理的老人，形式大致分为三种。

（1）医疗机构增加养老服务。一些城市的二级医院，医疗资源有闲置、就医人数少，可转型为老年专科医院，充分利用原有的医疗设备资源和人员，提高老年医护水平，提高护理和康复能力，增加老人护理康复床位，以维系医院的可持续经营。

（2）具备老年医疗能力的医院，可利用闲置床位增加老年护理病区或康复病区，或者转型为老年专科医院、老年健康服务和护理中心，推出护理和康复疾病服务，这是增加"医养结合"供给的有效渠道。

（3）将有闲置床位、资源空闲的医疗机构转变为康复医院或护理院，专门为老人提供护理康复服务。这将减少老人在医院的长期"押床"现象，可为患病老人提供专业性、长期性的护理服务。

医疗机构增设养老护理或康复功能服务，对于"医养结合"制度发展和质量提升具有重要意义。在医疗机构拓展或增加护理或康复服务功能，拓展"医养结合"服务内容，是提升"医养结合"模式的关键举措，具体路径包括：一是在社区卫生服务的基础上，增加老年护理和老年康复服务，让居家的失能或半失能老人在社区能就近享有护理服务；二是社区卫生服务人员上门为居家老人提供健康服务,如常规血压、血糖监测,用药指导调理,或者其他护理服务;三是有医疗资质和老年专业人才的大型医院增设老年护理病区和老年康复病区,老人从治疗病床可以直接转院到护理病床或康复病床,避免长期押占病床位,同时也能得到较好的护理服务;四是附近的养老机构与医疗机构建立绿色通道合作,将急病老人及时送到医院就诊,医疗机构医护人员定期到养老机构开展巡诊服务,为老人提供健康预防咨询及用药和治疗建议,并跟踪服务。

中医具备养生的重要功能,是我国特色的传统治疗疾病的方式,设立中医特色的养老机构,为老人提供针灸、牵引、推拿等中医康复的治疗服务,不仅能降低医疗成本,还能让老人通过中医调理,改变原有生活饮食习惯,养成良好的保健习惯。社区为辖区老人提供定期健康体检服务,建立电子健康档案,部分社区护理中心设立"无陪护全程托护病房",为失能、失智老人提供全天候的专业护理服务,以减轻家人负担。社区专业人员定期对老人身体各项指标进行测量,对老人的身体健康状况进行评估,形成健康维护体系。医疗机构开设老年病专科,以收治失能老人为主,主要运用心理调节和精神慰藉的方式,尽可能地减轻高龄或失能老人家庭照护的负担,也减轻家人的心理负担。

(三)联动型"医养结合"养老模式

联动型"医养结合"养老模式是指医养联合体,相互独立的养老机构和医疗机构通过签订合作协议,互相协作,通过绿色通道将需要急救的养老机构老人直接送达医疗机构,医疗机构定期派专业人员到养老机构提供医疗保健咨询服务,实现双向转诊,也可以通过智慧网络远程诊断咨询,共同承担老年人健康咨询服务。

医院与养老机构建立合作关系是"医养结合"比较普遍的合作模式。

养老机构选择附近的医院，通过合作协议约定双方权益，建立合作关系，具体内容包括专业的医护人员定期为养老机构老年人提供身体健康咨询服务，定期评估健康，为老年人讲解老年病预防相关知识；医院安排专业护士提供到养老机构指导康复护理服务；在协议中约定养老机构与医院之间建立绿色就医急救通道，如果有入住养老院的老人突发急病，可通过绿色通道预约门诊，快速转诊，及时救治，实施最有效的治疗和就诊。

社区是家庭养老的延伸，让居家老人在社区专业人员的照护下得到康复治疗，增强社区医疗卫生服务能力，尤其是建立社区护理中心或康复中心，对辖区老人开展健康管理和护理服务，是比较理想有效的"医养结合"服务模式。社区往往建有卫生服务中心或社区医务室，常年有全科医生坐诊，并配有专业的护士，可以为社区的居民提供基本疾病诊治和医疗护理服务。

社区居家养老的"医养结合"模式是由社区医院为居家养老的老年人提供上门服务，包括日常生活照顾、室内清洁、外出护送和寻医买药等，可以弥补家庭照顾的缺失。居家养老往往是身体状况良好老人的暂时性选择，但随着年岁越来越大，生活自理能力逐渐下降，同时家庭照护功能弱化，社区就成为家庭养老的有益补充，成为满足居家养老所需医疗服务的重要支撑。

全科医生服务家庭是实现社区居家养老"医养结合"的主要方法，由专业医生为居家养老和身体患有残疾的老人提供上门诊断，定期检测老人的身体状况，对于老人的病情做出合理诊断，提供康复建议等。例如，对于患有高血压、糖尿病和精神疾病等慢性病的老年人，采取定期上门巡访的方式，对老年人的身体健康状况进行评估，也可以根据老年人的具体需求，如需要长期护理，则可以与社区医院签订长期医护协议，针对个人的身体状况制订个性化、专业化的护理计划,由固定的医生和护士上门提供医疗护理服务。

第三节 我国"医养结合"典型模式

一、北京市社区养老服务驿站

北京市社区养老服务驿站,基于"互联网+医疗+居家养老"模式,突出老年服务的医疗和养老结合的基本功能,包括日间照料、助餐助浴、精神慰藉、文化娱乐,还突出了中医养生、医养结合的特色。北京市老龄办副主任蔡双表示,2016年北京市启动了养老服务驿站试点工作,养老服务驿站成为政府的基本公共服务内容之一,"十三五"规划目标基本做到了老年人较多的地方全覆盖。北京市社区养老服务驿站的特点如下:

一是构建四级居家养老服务管理体制,政府提供资金、人才等全方位支持。

第一级是北京市老龄委,侧重于制定北京市养老服务政策,突出顶层设计;第二级是各市区级,每区建立一个养老指导中心;第三级是街道办事处,北京市规划在全市街道办事处建成200个养老照料中心,突出老年人康复照料功能,减少老年人在医院康复造成的"押床"现象,集中财力增加老年人病后康复的服务,也减轻家庭的陪护压力;第四级是社区养老服务驿站,提供辖区老年人娱乐服务、健康档案、定期体检、健康咨询、老年餐桌等服务,为社区老人提供基本生活服务。

二是养老服务驿站实现市场化、专业化的连锁运营。

2016年年底,北京投入运营的150家养老服务驿站,其中连锁运营占比达到70.7%。这一比例到2018年还在不断增加。开设专业化的养老服务驿站，服务质量和标准都有很大提高，能更好地为老年人提供服务，养老驿站实现了政府公共服务全程购买、社会组织运营、第三方评估，提高了运行效率。

二、杭州市医养护签约服务模式

2014年9月，杭州市人民政府办公厅印发了《杭州市医养护一体化签约服务实施方案》，以社区卫生服务中心为平台（谢道涛、费敏浩等，2014），借助互联网智能系统，构建信息化的老年综合服务平台，实现医疗服务的纵向协助模式，社区居民与具备全科资质的优秀全科医生签约，为居民家庭提供形式多样、综合有效的健康服务（李长远、张举国，2017）。其主要特征如下：

一是政府主导推动"医养护一体化"签约服务。

为响应国家大健康发展战略，探索适宜本地健康老龄的应对策略，杭州市政府主力推动全科医生签约服务模式，先将慢性患病老人家庭作为试点，总结经验推行至全市所有家庭，家庭全科医生签约服务成为杭州市老年服务的主要特色。政府在政策支持、财政支撑、全科医生培训、家庭与全科医生签约医疗服务等方面发挥了主导作用。政府从社区全科医生签约服务的制度、规范、运行、绩效考核等多方面主导签约服务发展，这是制度取得成功的重要"法宝"。

二是注重医疗签约服务质量。

杭州社区"医养结合"的实现路径是稳步推进、讲求质量。首先，加大了宣传力度，针对老年人和家庭有慢性疾病医疗需求的居民，通过报纸、电视、网络及现场宣传，让居民知晓并接受家庭签约医疗服务，主动参与到这项改革中。其次是着力培养全科医生，通过集中规划、分批培训的形式，理论学习与岗位实习相结合，采用传帮带的模式，经过严格考核，加快培养全科医生。同时，建立互联网信息平台，采用签约医生网上视频咨询、预约医生到社区或家庭现场诊断、签约医生通过手机"汇工作"APP及时与服务居民进行交流等形式。政府对社区签约医生建立绩效考核制度，激励医生参与家庭签约服务。

三、青岛市实施"医养康护"相结合的长期护理保险

2012年7月，青岛市出台了《关于建立长期护理保险制度的意见（试行）》，将老年人的医疗、照护、康复、护理等服务实现了较好衔接，解除了老年人及家庭的后顾之忧。其制度特征有：

一是制度体现公平，覆盖全体老年人。

青岛市长期护理保险制度覆盖全市医保参保人员，所有参保职工待遇统一、一视同仁。主要理赔责任是因参保人年老、疾病、伤残等原因导致身体某些功能全部或部分丧失，生活不能自理，接受医疗机构治疗或借助机构长期护理照顾，因此产生的医疗护理费用由护理保险基金支付（李长远、张举国，2017）。护理的方式有三种，即"专护""老护"和"家护"，"专护"是指老年人入住二、三级医院接受医疗专业护理；"老护"是指在具有医疗资质的养老院接受长期医疗护理；"家护"是指老年人在家接受医疗护理。

二是筹集护理基金，实施公平、合理的理赔。

青岛市的长期护理保险基金多渠道筹集，从投保人本人基本医疗保险单位统筹账户和个人账户调整筹集。在长期护理保险试点期间，城镇职工护理保险基金按照个人账户记入一定比例从医保统筹金中划转，城镇居民护理保险基金，以上年度城镇居民人均可支配收入为基数，按0.2%的比例

划转。护理保险金的报销比例依据护理服务的等级设定，"老护"和"家护"医疗护理费，由护理保险基金报销96%，个人负担4%；"专护"医疗护理费报销90%，个人负担10%，体现了单位和个人都承担的原则。

四、"医养护一体化"的有益经验及借鉴

一是通过医疗和养老机构签约形式，整合医养资源。医疗机构和养老机构原来分属不同的行政主管部门，资源信息相互隔离，通过医养结合签约形式建立医养业务合作机制，比如杭州的家庭医生签约服务、北京的社区卫生中心和青岛的社区居民签约医疗服务，都在养老机构与综合医院之间建立了绿色通道转诊机制，实现了医疗与养老资源整合，取得了很好的社会效果。二是政府在政策推行过程中发挥了主导作用。政府通过制定颁布专项文件推行"医养结合"模式，并在政策、资金、人才、税收、养老用地等方面给予大力支持，用财政补贴的方式吸引激励民间资本加入养老服务行业中，建立养老护理人才培养的专项规划。三是发挥"互联网+"的信息平台优势，以社区为载体，以服务社区老年人健康为中心，将街道福利院、街道养老服务中心和附近的医院老年病绿色通道打通，在区政府老年服务联席领导协调下开展工作，实现老年人医疗、养老、康复和护理服务一体化。

（一）医养服务主体模式

1. 在养老机构内置医疗机构

案例1：北京顺义区第一福利院开设老年病院，设150张床位，为全区18家养老院的老人提供服务，老年病区主要是针对失能、失智老人的全天候护理服务，每个床位都有专门医生和护士轮流值班，熟知老人健康状况，治疗具有针对性，护士不仅给老人吃药、翻身、喂食，还给予心理疏

导和关怀，在老人生命的最后时间，还提供更多临终关怀的心理和精神服务。

案例2：北京朝阳区寸草春晖养老院始建于2011年，拥有100张床位，成立当初就在养老院内设立了医务室，为老人们提供基本的健康管理和护理服务。2015年11月，医务室正式获批成为医保定点单位，为提升医疗服务能力、方便老人及时报销药费，医保目录的常用药可以直接从医务室取，不需要老人去定点医院。

案例3：北京西城区广内善果养老照料中心主要为健康老人及失能、半失能老年人提供居住、餐饮、心理慰藉（全人照顾）、健康教育等方面的服务。饮食起居方面：中心内设有独立的康养区，从临床营养角度进行膳食搭配；情志方面：引进特色"园艺免疫疗法"；慢性病治疗方面：将中医与健康管理相结合，采用中医药非药物疗法、中医药全方位深度护理。中心内配备一名专职中医临床医师，可以解决常见医疗问题，通过与周边医疗机构合作，解决门诊、取药问题。

2. 在医疗机构内置养老机构

案例1：北京海淀区确定将中关村医院建设成为海淀区老年医院，推进羊坊店医院向康复医院转型。

案例2：东莞市东坑镇东坑医院设立了302张床位的护理院，为东坑镇和周边镇区失能老人服务。

案例3：北京长安中西医结合医院作为试点医院，在院内建立养老病区。

3. 联动型医养结合养老模式

案例1：广东佛山市29家养老机构与医疗卫生机构建立合作关系，能够以不同形式为入住老年人提供医疗卫生服务，养老机构已达到70%。

案例2：北京朝阳区五里桥街道综合为老服务中心与社区卫生服务中

心签约：不仅为入住老人提供代配药、日常健康咨询服务，辐射周边居民的全科医生咨询，还开设慢性病防治、饮食健康、中医保健、皮肤护理等专题讲座，加大老年人健康知识的普及。

（二）医养服务对象模式

医养服务对象模式是指从服务对象老年人需求入手的养老服务探索。

案例1：北京昌平区泰康保险公司建立的"泰康之家"燕园养老CCRC社区，专门设立了老年康复医院，开设符合老年人健康特点的专科诊室，形成闭环整合式医养服务模式，让入住老人实现老有所养、病有所医。

案例2：北京朝阳区双井恭和苑是按照养老设施设计建筑规范要求打造的社区，其投资方在院内建起了医疗中心，申办成为双井第二社区卫生服务中心。24小时有医务人员值班，提供健康管理、基本诊疗、代取药品、康复管理、专家坐诊、用药咨询、双向转诊、医疗急救等多项服务，真正做到健康有干预、慢病有管理、急病有措施、大病有通道，让老人享受最便捷、最专业的养老服务。

案例3：北京朝阳区孙河社区卫生服务中心以失能老人、大医院转出的需要康复护理的老人为服务对象，建立家庭病床；对辖区内养老院进行巡诊；在服务中心开设了医养结合病房，在病房中建立了舒缓区、临终关怀病床。

（三）医养服务内容模式

医养服务内容模式是指从医养结合的服务项目入手的服务模式。

服务内容主要包含两大板块服务资源。

（1）"医"，即养老服务提供过程中有相关医疗卫生资源供给，具体包括预防保健服务、健康咨询及检查服务、疾病诊治、建立健康档案并及时进行管理等不同类型的服务项目。

（2）"养"，即养老服务过程中提供必要生活服务，满足老年人物质生活及精神生活的基本需求。具体服务项目包括生活照料服务、家政服务、紧急救助服务、精神慰藉服务、文化娱乐服务、法律及金融咨询服务等。

案例1：山东烟台市根据自身经验，建立了定制服务内容四种模式。

一是"大养老+小医疗"模式，即以养老为主、医疗为辅的模式。采取政府购买服务、养老机构内设医疗机构等方式，满足养老机构对医疗护理、康复训练等方面的需求。支持养老机构根据规模内设卫生室、护理站或一级以上老年病医院、康复医院、护理院等机构。全市21处养老机构内设了医疗机构，为入住老年人提供医疗服务。

二是"大医疗+小养老"模式，即以老人医疗服务为主，养老、养生为辅的模式。以公立医院开设老年病专科为重点，镇街卫生院开设国医堂、社区卫生服务中心及设立老年人日间照料中心等为补充，构建以为老人提供疾病治疗、健康预防、护理服务为核心的整体健康管理理念，实现医、养、康、护一体化的服务模式。烟台市在试点基础上，不断增加医疗机构内设养老机构的数量，在数家医院开设了老年病专科门诊，增强社区医疗能力，增加社区护理中心和康复中心，实现了"医养康护一体化"的老年健康管理服务。

三是"医疗+养老"协议模式，即通过医疗机构与养老机构签订协议进行合作成立或医养联合体等方式为老年人提供养老服务。医养协议模式，主要是医疗机构为养老机构开通预约服务和就诊绿色通道，提供医疗巡诊、健康管理、急诊急救等服务。

四是"居家养老+医疗网络"模式，即利用居家养老服务信息平台和城市、农村医疗卫生服务资源，为居家老人提供优质便捷的养老医疗服务。

案例2：北京市大兴区正曜养老服务驿站划分功能区，开展不同内容的养老服务。

一是康复区（非药物疗法的功能康复区）：提供针灸、刮痧、拔罐服务，以及外用泡脚药方（可外带）、养生茶、开发食疗方、测血糖和血压等服务。

二是短期照料功能区：短期照料服务到驿站的健康老年人。

三是老年活动中心：与短期照料功能区一起对老年人开放，并举行活动。

四是专家咨询服务专区：开设专家咨询服务。

驿站提供护工定点定时上门服务、收取快递等生活服务。

案例3：北京朝阳区八里庄街道社区充分利用智慧养老和互联网技术，应用信息化智能系统，将社区老人管理纳入智慧养老系统。在社区进行"智慧养老+医养结合"试点，给社区内老年人发放了智能腕表，可以随时监测老人的血压、血氧、心率等基本健康数据，采用智慧化老年服务管理工具，如一键呼救、亲情拨号等简易功能，为老年人提供安全信息保障。通过智能手环系统，利用移动互联网对老年人的血压、血糖、心跳等实时监测，还能够与老人亲属和社区卫生服务中心时时沟通连线，做到多人数据共享"云同步"，以便及时知晓老年人的健康信息。

案例4：广东佛山市建立38家社区卫生服务中心和卫生院、325家社区卫生服务站，为辖区常住老年人免费提供各项基本公共卫生服务和家庭医生服务，65周岁及以上老年人健康管理率达79.12%。

（四）医养结合服务模式

从医养结合的服务方式入手的服务模式，包括公共服务外包、社会力量参与市场运作、甘家口"1+1+N"模式、家庭医生嫁接模式等。

案例1：浙江宁波海曙区实行公共服务外包，由区政府出资，与民间组织签订相关合约，为辖区内60岁以上的需要给予帮助和照顾的老人提供各种服务。政府不再直接参与公共服务供给。服务内容包括三方面，一是基本生活照护，为老人开设日托照料服务，提供老人衣食住行服务；二是老人健康服务，帮助老人测量血压、血糖，督促老人吃药，登记老人健康信息，协助医生为老人检查治疗；三是心理精神服务，为老人进行心理疏导，举办老人喜欢的文体娱乐活动等。

案例2：广东省江门市新会区幸福寿星安老之家与医疗机构合作，购买专业的医疗服务，定点安排老年专科医生到养老机构为老人开展巡诊服务，建立健康档案，定期为老人体检，指导老人用药，用中医养生办法辅助老人参加太极拳、八段锦等健身锻炼，提高老人的身体素质，如果老人在养老机构患急病，可向购买服务的医疗机构转诊，实现快速救治，降低养老院的成本，也能为老人提供更好的医疗服务。

案例3：万科集团建立邻里式养老模式，截至2018年年底，万科集团在北京、上海、广州等城市已经运营了超过80个养老项目。北京万科怡园光熙长者公寓和康复医院毗邻坐落，二者组合式运营，为老年人提供健康养老服务。这种老年康复专科医院与养老机构合作的模式，节省了养老院的成本，也为居住老人的康复治疗提供了精准服务，是医养结合的典型模式。

案例4：北京海淀区甘家口街道"1+1+N"模式。海淀区甘家口社区卫生服务中心与第三方专业养老服务公司合作，建立1个社区卫生服务中心、1个地区医养结合服务中心、6个医养结合服务站，共同构成区域性医养结合服务体系。在地区医养结合服务中心，设有10张"医养结合"病床，专门收治行动不便、家庭医生上门不便、健康监护达不到要求导致术后康复难、居家治疗康复难的老年人，由社区卫生服务中心提供医疗服务，专业养老服务公司提供养老服务。在社区设立医养结合驿站，同时提供医疗服务和养老服务。

案例5：家庭医生嫁接模式。深圳市将在基层推广家庭医生签约服务作为推行社区及居家养老的关键一步，到2020年，65周岁以上老年人家庭医生签约服务覆盖率和健康管理率均达到80%。

案例6：上海市社区卫生服务中心基本服务项目有六大类141项，其中69项主要服务对象为老年人群，包括社区护理服务、居家护理服务、舒缓疗护服务、老年人健康管理等，其工作量占社区卫生服务中心总体工作量的57%。自2011年起，实施家庭医生制度建设，家庭医生将老年人作为签约服务的重点和优选对象，共签约居民936万人，占常住居民的42%，签约居民基本覆盖本市60岁以上户籍人口，涵盖居家、社区和养老机构的住养老人的基本医疗卫生服务。

案例7：北京丰台区方庄社区卫生服务中心实行了家庭医生签约居民70%首诊在社区，建立了以全科医生为核心的医护绑定的管理团队，为老年慢病患者提供连续的健康的管理服务。

（五）医养服务管理模式

医养服务管理模式是指从建立服务管理机制入手的模式，包括建立相关社会保险、完善人力物力保障、健全政策制度、建立专项管理等。

案例1：青岛市实施长期医疗护理保险制度。

一是参保人向定点护理机构提出申请，定点护理机构对申请人病情和身体自理情况进行现场评定，向社会保险经办机构申报。对符合长期护理条件的，社会保险经办机构予以核准。

二是医疗护理费用（含医、药、耗材等费用）实行按床日包干管理标准,"家护"50元,"院护"65元,"专护"170元。

三是划分统筹比例。职工统筹支付90%,个人负担10%;按一档缴费的居民,统筹支付80%,个人负担20%;按二档缴费的居民只享受巡护,统筹支付40%,个人负担60%。

目前,青岛市共有658家护理服务机构开展了护理保险业务,4000余家一体化村卫生室按规定均可提供巡护服务,取得了较好的社会效益。

案例2:广东江门市改革医疗保险支付,将长期护理保险费用纳入医疗保险支付范围,通过专业评估机构对符合条件的医养结合机构进行评估分级,然后纳入江门市基本医疗保险定点医疗机构协议管理范围,参加基本医疗保险的老年人在医养结合机构就医,符合规定的医疗费用纳入医疗保险基金支付。

案例3:北京市中医药健康养老工程,是市政府为民办的实事之一,在中医药服务养老理念的引导下,通过设置中医药健康养老服务专区、组建中医药健康养老服务联合体、探索实施中医药健康养老服务模式,开通中医药健康养老服务热线,打造中医药健康养老服务圈,发挥中医药特色和优势,为老年人提供方便快捷、优质贴心的中医药健康养老服务。

五、各地"医养结合"创新模式

(一)养老机构模式

1."大养老+小医疗"型

在养老机构的基础上新增小型医疗机构,增设基本医疗服务,以养老服务为主、医疗服务为辅。目前大部分养老机构采取这种模式开展"医养结合"服务。该模式存在明显缺点:内设医疗机构只能开展门诊业务,不能解决在养老机构直接住院问题;医疗机构运营成本高,仅医务人员的工资就给养老机构带来很大负担，养老机构难以长期支撑。调研发现，许多已经申请办理了内设医疗机构的养老机构，医疗机构试运行一段时间后就难以为继了。

2. "两院一体"型

该模式多数是将地方政府建设的敬老院由当地乡镇卫生院托管运营，乡镇卫生院与敬老院实现"一体化"，或者由乡镇卫生院直接新建养老机构以实现"医养结合"。乡镇卫生院利用敬老院的资源除照顾好"五保老人"外，还接纳一部分社会养老人员。此模式是对养老和医疗资源的有效整合，能够激活医养资源供给引力，可以就近服务农村老年人群，帮助他们实现就地养老。调研发现，与"公建民营"养老服务相比，该模式容易保持原有敬老院国有资产的保值增值，是一种比较理想的"医养结合"模式。

3. "医康养一体"型

在维持原有医疗的基础上，充分挖掘潜力，开辟新的老年康复病区和护理病区，实现了医、康、养一体化运营。老年人在医院手术治疗后，从住院病床转到康复或护理病区床位，缓解了住院医疗的床位紧张局面，同时老年人手术后也能在专业的康复或护理病区得到疗养，直至身体彻底康复。康复患者在住院期间既得到康复治疗服务，同时又得到养老服务，康复出院后可能还会有老人在养老机构长期住下，机构的经济效益将大为提高，是资源配置效率最高的"医养结合"模式。

4. "个体诊所+小型养老"型

此模式一般由个体诊所举办，前面门厅为诊所，后面为家庭式小型养老院，诊所的医生、护士为老人提供医疗服务，另聘1~2位护理人员照顾老人。调研发现，这个模式的优点是收费低、离家近、比较方便，资源利用充分、效果好；但缺点是医疗和护理设施相对简单，护理不规范，同时还存在规模不经济的问题。

5. "养老机构+医疗服务整体外包"型

这种模式是指不具备设置医疗机构条件的养老机构与就近的有住院功能的医疗机构（多为一级综合医院）签订合作协议，将养老机构所需的医疗服务整体外包给医疗机构，养老机构为医疗机构提供场所和必要条件，医疗机构在养老机构设置分院等分支机构，医疗机构派医护人员到养老机构为其提供医疗整体外包服务，或称"整体托管养老机构的医疗服务"。这种模式的优点是医养双方责、权、利明确，双方均利用市场机制开展合作。调研发现，这是医养开展专业化分工与合作、提高资源利用效率的有效形式，特别适用于100~300人的养老机构开展医养结合服务（规模较小的养老机构采用这一模式，医疗机构可能会"赔本"，造成服务不可持续，需要养老机构对医疗机构给予一定补贴）。

6. "养老机构+医疗服务绿色通道"型

这种模式是指养老机构与邻近医疗机构签订合作协议，医疗机构为养老机构患者就医提供"绿色通道"，优先提供住院、远程会诊、预约挂号等服务。该模式的缺点是：医疗机构与养老机构合作基础来自双方的信任和利益驱动，双方的合作缺乏有效约束和利益协调机制，一旦协议影响到了某一方的利益，就很容易出现终止协议的情形，很难保证合作的有效性、持续性。

调研发现，医养机构签约互助模式在实际操作过程中效果并不明显，有的仅停留在合同层面。这种模式的实际操作基本属于"形式"，医养之间很难开展实质性合作，其根源在于，医院因为缺少人力和老年医疗资源，缺乏对养老院机构老人实施应急抢救和治疗的激励政策，养老机构的老人也缺乏主动性（如养老机构有患者需要住院，虽协议要求优先到合作的医疗机构住院，但患者家属并不一定同意，可能会选择到规模较大、更放心的医院就医），久而久之，难以实施长期医养协议合作。

7."大养老+小医疗+医疗服务绿色通道"型

这种模式是养老机构先建设一个小医疗机构，如卫生室或诊所，同时与其他较大规模的医疗机构签订合作协议，并由其为养老机构患者就医提供"绿色通道"。一般的医疗问题由养老机构自行解决，有较重患者时立即转入合作的医疗机构进行诊治。调研发现，松散型模式基本属于"搞形式"，医疗机构和养老机构难以实现实质性合作，更难以进行市场化运作，因此医养结合必须运用"一体化"发展模式。

（二）"社区养老"医养结合的主要模式

1."社区卫生服务机构+老年人日间照料中心"型

日间照料中心的设施可以在养老、医疗、基本公共卫生服务等多方面共享使用，资源配置效率高；一般情况下，送到"老年人日间照料中心"的老人多数是"一体多病"，这些老人更多需要医务人员为其提供服务，因而这一模式能更多地满足老年人的医疗需求；同时，只有医务人员承担相应服务，老年人子女才能更放心，才能更多地把老年人送到老年人日间照料中心。调研发现，社区卫生服务机构属于实体性机构，由其运营老年人日间照料中心，符合"能负责、能问责"的要求，且所有权与经营权相分离，既解决了由社区居委会对老年人日间照料中心管理运营带来的体制不顺、权属不清的问题，又解决了老年人日间照料中心资产闲置问题，还化解了社区卫生服务机构用房紧张的矛盾，实现了资源共享；既能收获"更好保障老年人保健、老年人子女更安心"等的社会效益，又能通过更多服务为社区卫生服务机构带来应有的经济效益，同时还能推进养老产业化，真正实现多方共赢，是社区层面实现医养结合的理想方式。

2. "社区医养设施共建共享"型

将养老服务设施同基层医疗卫生服务机构统一规划、统一建设，如农村幸福院与卫生室同步建设、城市社区日间照料中心与社区卫生服务机构同步建设。通过同步建设，一步到位地实现社区层面的医养结合。

3. "专业养老运营机构+老年人日间照料中心"型

由大型专业化养老机构托管老年人日间照料中心，将老年人日间照料中心的闲置资源充分利用起来。调研发现，此模式下老年人日间照料中心的规模较小（一般只有10张床位），难以发挥规模效益；同时，有些专业养老机构的医疗服务跟不上，很难做实、做优"医养结合"，一旦政府补贴减少或取消，就很难维持下去。

4. "社区综合养老服务机构与社区卫生服务机构签订协议"型

这种模式往往是社区建设了养老综合服务中心，为了开展"医养结合"而与社区卫生服务机构签订合作协议，但所开展的服务主要是基本公共卫生服务，基本医疗服务相对较少。

5. "村卫生室+农村幸福院"型

由村卫生室托管运营农村幸福院，实现农村社区层面的医养结合，但目前典型案例不多。

（三）"居家养老"医养结合的主要模式

1. "互联网+可穿戴设备+实体性服务机构"型

这种模式需要为居家老人配备穿戴式设备，对老人的生活和身体状况进行远程监测，通过信息管理平台并利用互联网、物联网，将老年人在日常生活、健康和出行情况的相关数据及时传递给实体性"医养结合"型的养老机构或实体性社区机构（如护理站、社区卫生服务机构）及老年人子女；实体性服务机构根据老年人身体监测数据制订服务方案，同时根据老年人及其子女的需求，及时为居家老人提供饮食起居、医疗医护、消防安保、休闲娱乐、报警呼救等相关服务。

调研发现，许多企业热衷于开发此模式，有的设计规模较大，但目前成功案例并不多。

2."居家养老+家庭医生签约服务"型

这种模式是通过开展家庭医生签约服务活动，推广家庭医生服务，与有需求的老年居民签订服务协议，开展契约式服务，签约对象可以获得家庭医生提供的医疗保健咨询服务、优质诊疗服务、精准预约转诊服务、保健指导、疾病干预、家庭病床、健康管理等服务，让老人在家中就能享受到优质医疗资源所提供的医疗服务、基本公共卫生服务和个性化健康管理服务。调研发现，这一模式主要解决了居家老人的医疗服务问题，但社会化的生活服务得不到有效解决，此模式不是实质性的"医养结合"，仍属于基本公共卫生服务范畴。

3."居家养老+长护险中的'家护'服务"型

这种模式主要是为符合条件的失能老人提供居家养老服务，失能老人平时在家中由家人提供生活照料，由长护险的定点医疗机构提供以康复为重点的"家护"服务，相关费用主要由医保资金提供。这一居家养老模式目前主要针对享受长护险的城镇职工，虽受居民欢迎，但社会成本很高，且医务人员往返医疗机构和居民家中的时间成本也很高，与失能老人入住养老机构的"院护"相比，资源配置效益不佳。调研发现，有些医养结合的大型机构在做好机构养老的同时向社区养老和居家养老提供延伸服务，在机构养老、社区养老、居家养老三个层面同步开展医养结合服务，形成了机构、社区、居家三个层面融合发展的智慧型医养结合模式，经济效益和社会效益都比较好[①]。

2019年12月15日,国家卫生健康委员会为总结推广医养结合的好经验和好做法,进一步加强合作交流,与世界卫生组织(WHO)共同开展2018—2019年双年度合作项目"医养结合在中国的最佳实践"。2019年6月,国家卫健委在全国范围内开展了医养结合典型经验征集推广活动,各地推荐申报典型经验633例,经专家评审和实地考察等环节,评选出"北京市平谷区卫生健康委:医养联动,老人康乐,政通人和"等200例医养结合典型经验。

全国医养结合典型经验及特色经营模式名单如下:

(1)北京市平谷区卫生健康委:医养联动,老人康乐,政通人和。

(2)北京大学首钢医院:以病人为中心,创新理念,提高标准。

(3)北京老年医院:以奉献为快乐,以满意为宗旨。

(4)北京市东城区隆福医院:构建老年健康服务体系模式,深入推进医养结合。

(5)北京康语轩孙河老年公寓:用专业服务守护健康,对失能失智老人的瑞典式照护。

(6)北京慈爱嘉养老服务有限公司:对标国际,创新社区居家服务模式。

(7)北京太阳宫社区卫生服务中心:构建以需求为导向的全方位老年健康服务体系。

(8)北京市丰台区颐康养老照护中心:依托区域医养联合体和大健康服务的社区医养模式。

---

① 资料来源:http://www.360kuai.com/pc/98e6764ded8942cd2?cota=4&kuai_so=1&tj_url=so_rec&sign=360_57c3bbd1&refer_scene=so_1。

（9）天津市和平区卫生健康委：不断完善健康养老服务体系，推动医养结合创新发展。

（10）天津市津南区天同养老院："居家—社区—机构"无缝衔接医养结合服务。

（11）天津市河西区马场街社区卫生服务中心：在探索中推进医养结合工作的开展。

（12）天津市河东区东新街社区卫生服务中心：探索"医养防融合"新模式。

（13）河北省衡水市阜城县卫生健康局：探索农村医养结合模式，打通健康扶贫"最后一公里"。

（14）河北省邢台市卫生健康委：整合多元医养结合模式，形成精准服务提供体系。

（15）河北省邢台市巨鹿县卫生健康局："医养一体，两院融合"，农村医养结合模式探索。

（16）河北省泊头市福星园护理院：建立体系化服务管理，制定个性化照护方案。

（17）河北爱晚红枫集团：综合多样化医养模式，建立多层次服务体系。

（18）河北省张家口市桥东区红旗楼阳光家园爱心托养服务中心：建立社区嵌入型医养结合模式，寻求精准多元化照护服务体系。

（19）山西省大同市卫生健康委：明确目标，步步推进；激励人才，智慧养老；因地制宜，平衡发展。

（20）山西省晋中市卫生健康委：政府办养老，医疗融服务，强力推动医养结合事业健康多元发展。

（21）山西省太原市第二人民医院：探索医养专业护理模式，开启安宁舒缓医学之路。

（22）山西省汾阳市汾酒集团社区卫生服务中心：嵌入社区，提供多层次服务；因人制宜，满足个性化需求。

（23）内蒙古自治区鄂尔多斯市卫生健康委：探索医养结合模式，打造健康养老服务。

（24）内蒙古自治区巴彦淖尔市慈善医院：探索"135"路径，推进医养结合一站式服务。

（25）内蒙古自治区锡林浩特市爱祺乐牧民养老中心：以蒙医蒙药为特色的新型牧区养老服务模式。

（26）内蒙古自治区鄂尔多斯市中华情医养院：医养康护一体化集团性运行。

（27）内蒙古自治区巴彦淖尔市五原县夕阳红老年公寓：县乡村三级"互联网+"智能医养服务体系。

（28）辽宁省沈阳市卫生健康委：建机制搭平台育人才，构建医养结合"沈阳模式"。

（29）辽宁省沈阳市安宁医院：失能失智老人整合照护的安宁模式。

（30）辽宁省金秋医院：医养融合、以创新举措，促老龄健康发展。

（31）辽宁省沈阳市和平区北市社区卫生服务中心：社区卫生服务中心开展安宁疗护的经验分享。

（32）辽宁省阜新市卫生健康委：全面推进农村医养结合工作经验分享。

（33）吉林省长春市卫生健康委：探索建立保障制度，落实医养融合全面覆盖。

第六章　我国"医养结合"典型模式解析

（34）吉林省白城市康泰养护服务中心：老年人心理照护经验分享。

（35）吉林省延边宁养医院：失智照护、姑息治疗与安宁疗护经验分享。

（36）吉林省长春市朝阳区红旗第一社区卫生服务中心：社区卫生服务中心与养老机构融合发展模式探索。

（37）吉林省吉林市震宇康复护理院：以技术和人才为抓手，提高医养照护服务能力。

（38）黑龙江省齐齐哈尔市卫生健康委：大力发展医养结合，助力老年健康。

（39）黑龙江省大兴安岭地区卫生健康委：健全机制、明确定位，构建医养结合"四模式"发展新路子。

（40）黑龙江省中医药大学附属二院南院：规划十大中心，构建"七位一体"龙江中医康养航母。

（41）黑龙江省海员总医院：以提升失能老人的生存质量为目标，努力维护失能老人的生命尊严。

（42）黑龙江省齐齐哈尔市卫生学校：整合资源，发挥优势，积极探索医养教结合新模式。

（43）黑龙江省牡丹江市社会福利院：发展养老服务体系，提升医养结合水平。

（44）黑龙江省哈尔滨市道里区通江社区卫生服务中心：立足基层卫生服务，开展老年特护工作。

（45）上海市卫生健康委：构建体系、创新机制，助推上海"医养"深度融合。

（46）上海市嘉定区卫生健康委："医养护保"四位一体服务建设探索。

（47）上海市金山区众仁老年护理医院：加强学科建设，完善专业化服务。

（48）上海市徐汇区康健街道社区卫生服务中心：整合资源，全效提升个性化医养结合服务。

（49）上海市黄浦区外滩街道社区卫生服务中心：建设"一站多点"服务体系，打造市区"为老服务圈"。

（50）上海市松江区车墩镇社区卫生服务中心：人本服务助推医养护一体化建设。

（51）上海市普陀区卫生健康委：以需求为导向，开展全方位医养结合服务。

（52）上海市徐汇区卫生健康委：服务整合、资源联动，积极推进"健康养老"。

（53）上海市静安区共和新路社区卫生服务中心：推进"1+25+X"健康管理，构建社区智慧养老模式。

（54）上海市青浦区重固镇社区卫生服务中心：发展乡镇"互联网+健康养老"服务建设。

（55）福寿康（上海）医疗养老服务有限公司：深化社区居家"医养结合"便捷服务。

（56）江苏省南京市卫生健康委：探索健康养老新模式，打造医养结合服务圈。

（57）江苏省苏州市卫生健康委：打通"最后一公里"，构建全方位老年医疗护理服务体系。

（58）江苏省南京江宁沐春园护理院：打造"医康养护"一体化服务新模式。

（59）江苏无锡朗高护理院：科学发展找定位，医养结合求创新。

（60）江苏省苏州市福星护理院：护理院专科齐全，突出特色护理。

（61）江苏省南通北阁护理院：病有可医、养有所享，创新医疗改革新模式。

（62）江苏省淮安市洪泽区夕阳红养老公寓：聚力健康养老，共建夕阳乐园。

（63）江苏省扬州市曜阳康复医院：积极打造"医康护养疗"五位一体养老服务体系。

（64）江苏省泰兴市大庆老人院：走医养结合之路，创爱心护理品牌。

（65）江苏省宿迁市虹枫老年康复护理院：标准化管理、规范化服务，推进医养结合护理院健康发展。

（66）江苏省南京市赛虹桥社区卫生服务中心：全面探索"医养一体化"社区养老新模式。

（67）江苏省南通市北护理院：打造优势照护专科，丰富医养结合内涵。

（68）浙江省杭州市卫生健康委：着力智慧医疗，助推医养结合。

（69）浙江省杭州市富阳区卫生健康局：致力于提升养老医疗服务质量。

（70）浙江省杭州市西湖区卫生健康局：医养融合，西湖模式。

（71）浙江省嘉兴市卫生健康委：医养护智慧服务型养老模式。

（72）浙江省金华市金东区卫生健康局：全覆盖、全方位、全过程的医养结合养老模式。

（73）浙江省义乌市卫生健康局："医、康、护"三位一体的健康养老模式。

（74）浙江省宁波市鄞州区钱湖医院：以医院转型为抓手的社区医疗

保健式养老模式。

（75）浙江逸和源嘉兴基地：养老与医疗无缝对接的养老模式。

（76）浙江省衢州市天颐老人之家：以互联网为手段创建智慧医养模式。

（77）安徽省亳州市蒙城县卫生健康局：改革创新服务模式，健全完善服务网络。

（78）安徽省阜阳红叶林老年护理院：三分医疗，七分护理。

（79）安徽省合肥市第一人民医院：四元联动，医养结合服务模式实践探索。

（80）安徽省合肥市九久夕阳红养老集团：不忘初心、锐意创新，加快发展医养服务。

（81）安徽省马鞍山市向阳护理院：医护养康、绿色低碳、天然氧吧。

（82）安徽省滁州市琅琊区西方寺社区卫生服务中心："医""养"融合让老年人安享晚年。

（83）安徽省合肥市庐阳区四里河街道社区卫生服务中心：强管理，勤练兵，重实效。

（84）安徽省芜湖市镜湖区大富社区健康养老服务中心：构建全方位医养结合模式，打造最美"夕阳红"。

（85）安徽省蚌埠医学院第二附属医院：开拓创新，推进皖北医养结合示范基地建设。

（86）安徽省蚌埠市壹智居家养老信息服务中心：互联网+医养结合。

（87）福建医大附一护养中心：加强慢性病管理，提升长者生命质量。

（88）福建厦门莲花医养集团：打造9073医养综合体，为长者提供全方位一站式服务。

（89）福建省莆田市秀屿区东庄镇厝头村幸福院：弘扬孝道文化，共建和谐社会。

（90）福建省宁德市古田县社区居家养老服务中心：加强资源整合，创新服务模式。

（91）江西省南昌市卫生健康委：盘活医疗资源，搭建服务平台。

（92）江西省南昌市青山湖区绿康国际老年城：公建民营医养结合的绿康模式。

（93）江西省赣州市兴国县夕阳红老年公寓：养老机构与医院一体化建设，为老年人保驾护航。

（94）江西省赣州市章贡区杨仙老年公寓：医护养康托管及旅居养老多模式养老做法。

（95）江西省赣州厚德医院：医院与康养中心融合的康复养老模式。

（96）江西省吉安市泰和颐康医院：慢病管理的医养结合养老模式。

（97）江西省宜春市老年护理院：以老年护理院为主导，提升护理员技能培训为导向的医养结合模式。

（98）山东省青岛市卫生健康委：创新培育，打造医养结合青岛新模式。

（99）山东省青岛市即墨区卫生健康局："医护巡航"推进居家医养结合工作。

（100）山东省济宁曲阜市卫生健康局：探索医养融合新模式，打通健康养老"最后一公里"。

（101）山东省烟台市牟平区姜格庄街道社区卫生服务中心：让街道社区卫生服务中心在医养结合工作中充当主力军。

（102）山东省桓台县索镇卫生院：探索两院一体新模式，开启健康养老新征程。

（103）山东威海海大护理院：强化制度建设，努力打造医养结合标准化服务品牌。

（104）山东省聊城市第四人民医院医养中心：以老人幸福为导向，探索医养结合智慧养老新模式。

（105）山东省滨州杏林医养健康管理中心：整体照护模式在失智老人护理中的探索和实践。

（106）山东省聊城市鲁西老年护养院：失能人员有保障，失智家庭减负担。

（107）山东微山湖老年疗养中心：打造湖区医养建设品牌，争做服务群众行业标杆。

（108）山东省临沂金雀山社区卫生服务中心：真情相伴与爱同行，打造"医康养结合"新模式。

（109）山东省德州市庆云县东辛店镇卫生院：坚定服务理念，创建医养服务新模式。

（110）山东省临朐县辛寨中心卫生院卧龙分院：创新模式融合发展，全力打造基层医养结合新模板。

（111）河南省商丘市卫生健康委：重规划强政策，促进医养融合，助推商丘健康养老产业转型发展。

（112）河南省兰考县卫生健康委：资源共享，社会参与，全面融合医疗卫生与养老服务。

（113）河南省郑州市爱馨阳光城：医养综合体上下联动，全程为老人保驾护航。

（114）河南省郏县四知堂中医院：创新"医养联合体"三级养护

模式。

（115）河南省鹤壁市老年公寓：打造立体式医养结合服务体系。

（116）河南省淇县朝阳仁爱康复养老中心：医养"联姻"，护航老人幸福晚年。

（117）河南省南阳市第九人民医院：医养结合，守护最美夕阳红。

（118）河南省濮阳市中医院：因地制宜，先试先行，主动探索医疗+养老结合新模式。

（119）湖北省武汉市卫生健康委：以需求为导向探索医养融合服务模式。

（120）湖北省襄阳市谷城县卫生健康局：推动医疗资源下沉，促进社区农村医养深度融合。

（121）湖北省咸宁市卫生健康委：创新模式市场运作，推进医养结合发展。

（122）湖北省随州市卫生健康委：以积极老龄化为目标推进社区、农村医养服务融合发展。

（123）湖北省随州老年康复护理医院：构建机构、社区和居家的医养结合服务体系。

（124）湖南省株洲市卫生健康委：发挥政府主导作用，整合资源助推医养结合。

（125）湖南省郴州市卫生健康委：探索"四合"模式，构建"医、养、护、康"四位一体健康养老服务体系。

（126）湖南省岳阳市卫生健康委：政府主导、多措并举，有效推进医养结合试点工作。

（127）湖南省长沙市卫生健康委：构建医养融合体系，推进医养结合发展。

（128）湖南省湘潭市卫生健康委：顺应老年健康需求，积极推进医养结合，完善健康服务体系，升级便民养老服务。

（129）湖南省岳阳市康复医院：倡导精养型医疗养老服务，提升医养结合服务水平。

（130）湖南省长沙市康乃馨养老产业投资置业有限公司：三位一体、无缝对接，守护长者健康。

（131）湖南省长沙市睦邻健康养老服务有限公司：深耕社区居家医养结合，打造幸福小区睦邻街坊。

（132）湖南省长沙市第一社会福利院：基于多元养老需求，持续改进医疗护理服务质量。

（133）湖南省湘潭市第六人民医院：坚持"五个导向"，打造"五种服务"。

（134）广东省深圳市罗湖区卫生健康局：探索"两个六"管理服务机制，全面推进医养结合工作。

（135）广东省广州市老人院：以四化协同为驱动，推进医养深度融合。

（136）广东省广州市番禺区祈福护老公寓：三甲医院资源共享，促进医养结合发展。

（137）广东省深圳市罗湖区医养融合老年病医院：管理、服务和资源三融合，注重标准化建设。

（138）广东省东莞市东坑医院：公立医院多维度探索医养结合服务路径。

（139）广东省湛江市第二中医医院：以中医为特色，飞入寻常百姓家的医养结合服务。

（140）广东省珠海市平沙镇社会福利中心：由医院运营镇社会福利中心，努力实现三方共赢。

（141）广东省广州市越秀区白云街社区卫生服务中心：做精家庭医生服务团队，推进医养结合。

（142）广东省广州市远海健康：以机构养老带动社区居家养老，打造"嵌入式养老服务综合体"。

（143）广东省广州市黄埔区红山街社区卫生服务中心：倾心打造闭环式医养服务的"红山模式"。

（144）广西壮族自治区南宁市卫生健康委：以"三抓"为突破口，开创医养结合工作新局面。

（145）广西壮族自治区靖西市卫生健康局：创新机制、顺应发展，满足老年人健康养老服务需求。

（146）广西壮族自治区南宁市第八人民医院：砥砺"养老"之医术，锤炼"孝老"之仁心。

（147）广西壮族自治区南宁市夕阳红康复护养中心：功能区齐全、老牌精细服务，解决刚需问题。

（148）海南省托老院：医养结合服务规范化与标准化探索。

（149）重庆市忠县卫生健康委：农村老年智慧健康促进与管理。

（150）重医一院青杠老年护养中心：医护康养教一体化模式探索。

（151）重庆宏善康乐源康养中心：构建社会支持网络加强慢病管理和心理健康服务。

（152）重庆市渝北区龙山老年养护中心：以养减医、以医助养实现医养结合。

（153）重庆渝西医院："康复与养老合作联盟"1+N模式探索。

（154）重庆市总工会杨家坪疗养院：多学科协作下的基于需求的分类照护管理。

（155）重庆市第一社会福利院：注重防治结合与院内外合作的"321"医养护综合照护模式。

（156）重庆西南大学医院：立足高校社区，促进健康养老。

（157）重庆市沙坪坝区井口社区卫生服务中心：社区卫生服务机构托老服务模式探索实践。

（158）四川省成都市卫生健康委：基础医养与特色医养并举，满足群众多层次需求。

（159）四川省攀枝花市卫生健康委：以需求为导向构建多元医养结合新模式。

（160）四川省德阳市卫生健康委：以政策标准体系建设为引领，加快健全老龄健康服务体系。

（161）四川省内江市卫生健康委：凝心聚力谋发展，高位求进推医养。

（162）四川省成都市第八人民医院："医护康养一体化"，共筑老年健康梦。

（163）四川省成都市都江堰杰琳康复医院：医务社工嵌入社区医养结合，"四维服务"构建全新养老服务模式。

（164）四川省第二中医医院医养中心：中医呵护下的康养之路。

（165）四川省自贡市老年病医院：老年病医院的医养结合养老模式介绍。

（166）四川省攀枝花市中西医结合医院：智慧支撑，打造"1314"健康管理模式。

（167）四川省德阳市中西医结合医院："一站式"医养服务，惠老人，惠机构，惠社会。

（168）四川省绵阳市江油市老年病医院：立足江油，辐射绵阳，医养结合，错位发展。

（169）四川省内江市第六人民医院：替天下儿女尽孝心，为社会家庭分忧愁。

（170）四川省雅安市人民医院：探索医养融合区块链，推进养老产业新发展。

（171）四川省成都市天府新区新兴卫生院：扬医养结合之帆，走改革创新之路。

（172）四川省遂宁市桂花镇医养结合示范中心：基层医改新举措，医养结合新路子。

（173）四川省乐山市犍为县中医医院：互联网+居家养老。

（174）贵州省铜仁市德江县卫生健康局：创新"三区三院三联"模式，推进医养结合工作。

（175）贵州省毕节市社会福利院：创新机制、多措并举，推进医养结合工作。

（176）贵州省凯里市中医医院：以患者需求为导向，探索医养结合服务新体系。

（177）贵州省六盘水市钟山区黄土坡社区卫生服务中心：夯实基础创新模式，助力医养结合健康养老。

（178）云南省昆明市卫生健康委：建立"三体一式一型"，助推医养结合大发展。

（179）云南省曲靖市陆良县卫生健康局：发挥区域优势，整合社会资源。

（180）云南省文山州德惠老年病专科医院：民办公助，融合发展。

（181）云南省大理州南山养老院：以医带养、以养促医，强化提升服务质量。

（182）陕西省卫生健康委：医养结合工作开展情况及问题对策思考。

（183）陕西省西安市卫生健康委：推进医养有机融合，优化老年健康服务。

（184）陕西省安康市卫生健康委：机构、社区、居家同发力，打造健康养老安康城。

（185）陕西省西安市工会医院：中法合作开展有品质的老年特色照护。

（186）陕西省宝鸡市福乐爱心护理院：注重流程规范，开展基于需求的综合照护。

（187）甘肃省卫生健康委：多措并举，加快推动医养结合。

（188）甘肃省酒泉市肃州区卫生健康局：政府主导、社会参与，创新推动医养结合新模式。

（189）甘肃省兰州市城关区康乐医院：立足实际，促进医养无缝衔接。

（190）甘肃省嘉峪关市建设社区卫生服务中心：融养老服务于社区健康管理。

（191）青海省西宁市大通县卫生健康局：多元分类服务、实施政策普惠，保障健康养老需求。

（192）青海省海东市卫生健康委：探索多种发展模式，促进医养融合发展。

（193）青海省海南藏族自治州卫生健康委：发挥特色优势，加强老年人健康服务体系建设。

（194）宁夏回族自治区石嘴山市大武口医养服务中心：政府主导，促医养深度融合。

（195）新疆维吾尔自治区乌鲁木齐市卫生健康委：推进医养结合发展，加快老年健康服务体系建设。

（196）新疆维吾尔自治区克拉玛依市人民政府：创新思路、探索前行，构建医养结合服务新模式。

（197）新疆维吾尔自治区库尔勒市九九老年公寓：医养事业献真情，智能康养我先行。

（198）新疆维吾尔自治区克拉玛依市白碱滩区广佑颐养老年服务中心：构建养医结合、医养结合、养康结合新型养老服务模式。

（199）新疆生产建设兵团第一师七团医院：惠民、利民、服务于民。

（200）新疆生产建设兵团第七师奎屯中医院：关爱健康生命有约，奉献真情服务无限。

第七章 国外"医养结合"养老服务的经验及借鉴

发达国家进入人口老龄化社会较早,具备较强的经济实力,目前已形成各具特色的养老服务制度,值得借鉴[①]。

第一节 英国的养老服务制度

一、英国的养老服务模式

英国于20世纪30年代进入人口老龄化社会,是较早进入人口老龄化社会的发达国家,为应对人口老龄化,英国政府提出了"整合照料"理念,将养老服务资源从不同部门、区域、领域整合使用,提倡将养老服务业和医疗机构设施相融合,强化执行老人个体医疗养护行为监控,将老人的医疗照护、长期照料、社会照顾、老年居中、交通食宿等方面,纳入老年服务网络。

1989年英国政府颁布了《社区照护白皮书》。英国的社区照护类型主要有社区内照护和社区照护两种方式,其中,社区内照护是政府和社会机

---

① 民政部全国老龄办养老服务体系建设领导小组办公室. 国外及港澳台地区养老服务情况汇编[M]. 北京:中国社会出版社, 2010.

构提供的养老服务,一般以机构养老方式为主。而社区照护则是将家庭、社区和政府的力量相结合,以家庭养老或居家养老为主的方式。

英国针对"医养结合"出台了系列法律政策,不断完善老年服务制度。早在1948年,英国政府就颁布了《国民健康服务法》,1990年推行"回归社区养老"理念,颁布《国民健康服务与社区照护法案》,2012年,英国养老服务委员会颁布《照顾与支持白皮书》,推行"医养结合",整合养老服务资源,改革原来的老年保障高福利政策,通过严格的需求评估和家计调查,精算老年护理服务补贴。

英国的"医养结合"服务主体,基本实现了地方政府、民营机构、慈善志愿者、家庭及老年人等多个主体参与。英国地方政府依据法律开展老年人照护等级评估和家计调查。而服务老年人的主体责任更多是由民营企业机构承担。民营机构开展养老服务,需要接受严格的经营能力审查,才能得到经营许可。英国的养老机构有多重层次,可以满足不同收入和护理等级老人的需求。老人可以根据自己的收入情况自主选择养老机构。英国的护理之家、健康保护中心、退休之家等是主要的养老服务机构。慈善组织和个人志愿者是英国主要的非正式服务主体,英国著名的全国性的老年慈善社团,如关心老人协会、全国照顾老人协会、帮助老人协会等,构成了以社区为中心、市场化和社会化多元供给的新体制。

英国"医养结合"的服务内容,主要包括居家养老、社区照护和机构照护等。居家养老服务的内容如图7-1所示。

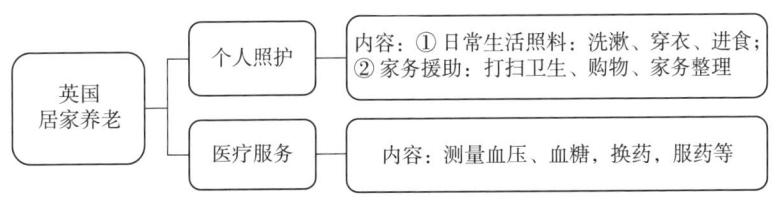

图7-1 英国居家养老服务内容

二、英国养老服务的类型

从20世纪70年代开始,英国政府将老年福利院照顾方式逐渐转变为基于社区照顾的老年服务,开设院舍式照护和护理院式照护,倡导家门口养老。社区养老服务突出医疗保健服务,能满足英国95%的养老服务需求,包括上门看病、个人护理、心理疏导、养生保健等基础服务。

英国的养老院和疗养院采用市场化养老模式,能满足从自理老人到半失能、失能老人的服务需求,机构类型包括老年公寓(自理老人)、辅助型养老机构(随时上门服务)、养老院(护理院)。养老院主要针对高龄失能老人,侧重全天候护理服务和临终关怀。英国地方政府承担贫困老人"最终付款人"责任,体现政府兜底的保障责任。针对不同护理需求,设置多种类型的护理院,如表7-1所示。

表7-1 英国不同类型老年人的护理院类型[①]

护理院类型	老年人类型
阿尔茨海默病患者护理院	阿尔茨海默病患者
残障老人护理院	残疾老人
智障老人护理院	失智老人
视觉障碍护理院	视觉障碍老人
学习障碍老人护理院	学习障碍老人
行动不便老人护理院	肌体功能障碍老人

三、英国的"医养结合"制度

英国"医养结合"机构的明显特征是小型化,伦敦市集中了英国80%的养老机构,但是大多数养老机构规模都控制在50个房间以下,每个房间

---

① 慕竞仪,康健.中英养老设施体系与空间设计比较研究[J].建筑学报,2017(3):102-106.

只有1~2张床位，实现了小型化、个性化的发展格局，值得我们借鉴。

英国"医养结合"的筹资模式和资金来源主要是税收为主体，原有的福利体制中实行全民免费医疗，长期照护是医疗保险的补充制度。要对每个有长期照护需求的老年人进行综合评估，评价结果分为重度失能、次重失能、中度失能、轻度失能四个等级，根据失能等级，获得相应的照护服务，包括日间护理、送餐、喘息照护、上门服务、改善居住条件及身体康复支持等，也可以选择用现金自行购买照护服务。

英国长期照护服务资金的来源是多元化的筹建渠道，既包括政府财政、医疗保障基金、慈善机构捐助，也包括家庭和个人支付。英国的社区照护体系是社会化组织管理，由社区聘任的经理人负总责，相关的工作人员和社区照顾人员参与。经理人负责社区养老资金的使用支配和人员调配及养老服务的监管。社区工作人员负责老年人健康档案管理、发放养老金、调查老人的一些服务需求，解决老人社区服务问题；社区照顾工作人员是直接参与社区养老服务人员，也包括社区志愿者服务。

英国政府为老年人提供多层次的养老服务照顾，若老年人经过有关部门评估身体状态是难以自理类型，就可以从政府申请家政援助，援助的项目和级别根据专业评估等级来确定。在英国的日常社会生活中，也有专门为老年人提供的特别设计和服务，充分体现了人性化的关怀，如公共交通中有专为老年人设计的乘车通道，公交、地铁上设有专门的老年人座位，在出租车更有经过特别改装的座位和乘车轮椅，专为老年人或残疾人提供特别的运输服务等。

英国政府倡导老人"回归社区"，享受社区专业的照顾服务，老年人居住在家，而社会专业人员上门为老人提供医疗、照护服务等，使老年人在家中就可以得到生活照护、物质支持和医疗健康照护等多方面、高品质的服务。社区照护是一个多层次的完整照护体系，日常也有很多社会志愿者前来做志愿工作，这种社区养老模式在当地颇受欢迎。据英国政府统计，目前英国的养老服务有95%都在社区内进行，包括老年公寓、日间照护中心、老年活动中心、护理机构等设施和服务，体现了在家门口养老的理念。

第二节 美国的养老服务制度

一、美国的养老服务模式

截至2018年年末，美国65岁及以上老年人口占总人口比重达到15.81%，老年人口总数5.17千万[①]，为应对人口老龄化，美国出台了老年医疗和服务法律政策。1965年，美国实施了老年医疗保险和老年医疗救助制度。老年医疗保险主要向65岁以上老年人提供，计划分为A和B两个种类。老年医疗救助则向贫困人口和残疾人提供服务。美国针对"医养结合"的专项项目即养老服务专项计划（PACE），是针对失能老人的专项方案。经过官方指定机构评估，老人符合PACE服务区护理院的失能或半失能标准，由PACE项目提供全方位的康复护理服务、医疗服务、社会支持服务，并及时再评估调整护理方案，必要时还会提供临终关怀服务，解决失能老人的照料难题，PACE计划明确了服务对象，有专项资金，提高了失能老人的康复服务质量，提高了老人的满意度。

1973年，随着"回归社区"养老理念的推行，美国启动了"家庭

---

① 资料来源：http://data.chinabaogao.com/hgshj/2020/04104X3492020.html。

和社区支持服务（HCBS）"项目，针对自理活力老人，以社区为平台，联邦政府按照各州的老年人口比例分配救助专项资金，服务的内容包括养老和医疗等方面，尤其注意老年健康检查和康复训练。老年服务效果明显，老年人的服务需求不断增加，支持HCBS项目的资金也不断增加。

二、美国的老年护理机构

针对失能老人的照护，美国建立了长期急性护理院（LTAC）和长期护理院（LTCH），这是美国新型"医养结合"的护理机构。患者从医院转院到护理机构，开始接受包括生活照料和医疗康复在内的全方位服务，入住老人的费用由美国医疗救助机构和被服务老人分摊承担，提高了资金使用效率。

美国长期护理保险的资金筹集主要依靠私人商业医疗保险和社会医疗保险结合的办法，其中，商业医疗保险是美国整体医疗保险的主体，商业保险市场发达，保险公司超过1000多家，美国80%以上的国家公务员和74%的私营企业雇员通过医疗保险公司投保，美国养老保险体系由三大支柱构成，即美国养老保险、企业补充养老保险和个人储蓄（商业养老保险），老年人有充足的养老资产，老年消费市场大，老年产业比较成熟。

美国老年服务有比较严格的政府监管，1987年，美国政府颁布《护理院整顿法案》，对护理机构的资质、服务标准、服务质量、老年人基本权益维护，以及投诉渠道等作了较明确规定，老年监督检查机构每15个月都会对入住老人进行一次访谈，针对老人服务满意度、生活质量、照护质量和护理机构的硬软件设施等方面开展访谈，不能达到标准的，将面临巨额罚金甚至被吊销营业执照。

美国的养老机构分为有医疗能力和无医疗能力两类,养老机构监管的法律依据是《综合预算协调法案》,以此规范养老机构的运行;针对有医疗能力的养老机构的监管更加严格,由专门针对医疗护理评判设立的康复设施委员会实施监管。

美国联邦政府的老龄署负责美国老年事务,下设56个州级老龄局,665个地方老龄办公室,243个原始部落老龄组织,29000个经注册认可的老龄服务机构及若干老龄志愿组织形成了老年社会工作网络。美国非政府组织发挥重要的养老服务功能,在社区层面,这些组织为老年人生活带来了极大方便和保障,通过居家方式,非政府组织解决了老人生活照料、精神慰藉、日常照护等问题,有大批志愿者参与,通过智能化系统管理,较好地满足了老年人的服务需求。

美国医疗护理服务按老年人需求程度细分为技术护理照顾型、中级护理照顾型、一般照顾型三类,根据评估老人失能等级确定老人护理服务类型,具体区分如表7-2所示。

表7-2 美国老人护理类型及内容

护理机构类型	服务对象	护理内容
技术护理照顾型	失能程度高	24小时精心医疗照护
中级护理照顾型	失能程度中等	24小时护理监护
一般照顾型	失能程度低	24小时提供膳食护理生活服务

三、美国养老机构的类型

美国的养老服务主要是照护服务,包括机构照护和社区居家照护。根据老人的失能程度,养老机构分为退休社区、独立居住机构、介护机构、养老院、收容所等。美国有多种人性化的养老方式,美国的养老机构占总需求的20%左右,而社区居家养老仍是其主要养老方式。美国支持养老机构创新模式，鼓励身体健康、生活自理老人结伴养老，丰富退休生活。利用发达的民间志愿者组织，承担老年人的日常服务照顾，服务内容丰富多彩，涉及老人生活的多方面，包括上门家政服务、帮助老人购物、伴随老人出门交通服务、房屋维修、老人家庭花园维护等，还有医疗护理专业的志愿者为老人提供健康医疗和保健护理服务等，有的养老机构设置为类似于中国的四合院模式，大家共享绿地菜园，互帮互助，既有私人居所，又享有公共厨房、洗衣房、图书馆、工艺坊、健身房、花园和餐饮区、休息区等，方便老人们互动交流，这样的群聚式养老模式受到老人们的普遍欢迎。

美国根据老年人健康分级设置不同的老年服务区，具体分为健康活跃生活社区、半失能需要协助生活社区、失能需要护理持续照顾社区等。其中，健康活跃生活社会社区主要为健康活力老人提供文化娱乐活动场所，社区提供老年人培养爱好、体育、团体活动的内容和设施，为低龄老人提供非营利餐饮、定期体检、健康咨询，为老人提供慢性疾病管理、药物调整指导，针对老人健康管理开展服务，为有需要的老人提供上门基本生活照护服务、家庭家务劳务服务；针对半失能老人的照护，重点给予康复护理服务，提供老年人洗澡、生活照护、家庭餐饮等基本生活服务，还需要为老人提供持续的医疗护理服务。

美国为推广社区养老服务，政府启动了专项方案，即有特色的社区服务（CCRC社区服务），也称持续护理社区，将社区所属的所有老年人全部涵盖在项目范围内。首先根据老人健康状况评估，将社区分为生活自理单元、生活协助单元和特殊护理单元三类，根据不同区域，设计和实施不同为老服务项目。生活自理单元，设计丰富的文体娱乐特长项目，鼓励老人参与集体活动，发挥学习特长，丰富老年生活；生活协助单元，一般针对高龄或半自理状态老人，需要社区专业人员协助护理，进行健康维护或督促用药，陪伴并为老人提供心理精神支持；特殊护理单元，主要针对失能残障、失智老人，需要全天候陪护，不仅提供基本生活照护，还需要提供健康护理，CCRC社区为老人提供全生命周期的养老服务，取得了较好的社区服务效果。

四、美国的养老产业制度

美国的养老服务由比较发达的养老产业制度支撑。完善的金融投资市场和房地产投资市场都为养老基金投资提供良好的市场机遇。美国联邦政府的401K退休计划由雇主和员工共同筹集，员工自主选择投资退休基金账户开展长期投资，政府通过法律规范金融市场秩序，降低养老基金产品投资风险。在养老金支付服务层面，美国建立了社会保险、商业养老保险和个人账户储蓄等多层次的养老金制度。政府为低收入老人提供养老资助，包括住房资助、疾病医疗补贴、居家养老服务项目补贴等方面，社会组织和志愿者组织为老年人提供非正式照顾服务。

美国有较发达的金融投资市场和多样化的金融产品，通过政府严格的预算管理和市场化资金约束机制，提高了养老金投资的规范性和规模化，美国直接融资市场较为成熟，直接融资占整个金融市场比重达90%。其中，房地产信托投资基金是养老地产的主要融资方式之一。

五、美国"医养结合"模式对我国的启示

一是有完善的养老保险制度。老年人有稳定的养老保险，是老年人高质量退休生活的基础，美国联邦政府的401K退休金计划，将员工纳入养老金保障体系，我国目前的养老保险制度，统筹层次低，区域差距大，城镇居民、事业单位、农村居民之间还存在养老保险水平差异，要加快实现养

老保险全国统筹的进度，体现制度的公平性。

二是规范预算管理体系，建立严格的监督机制。美国建立多方位、多层次的养老保险监督管理机制，运用行政和司法手段履行资金监督职能，对养老保险的预算及管理进行标准化评估，实施信息披露和信用评价机制，确保政府的养老政策能够落实。

三是扩大直接融资比例，鼓励开发多机制的养老基金投资工具。美国有老年住房抵押养老保险产品，有特殊的养老保险基金储蓄债券，也有私人银行为个人养老金开设专门信托项目，这些灵活多样的金融产品服务，为养老金融市场提供了广阔的投资渠道。我国应大力发展债券型直接融资，完善养老基金投资的政策和法规，稳步实现养老基金的保值增值。

四是发挥社会组织和志愿者力量，探索多元化的养老服务模式。美国制度经验表明，社区养老服务有社会组织和力量的参与支持，可以形成社会化的服务网络，具有极大的公益价值和社会意义。因此，在这一方面，我国应明确政府责任，调动社会组织服务老人的积极性，不断完善多元化的服务模式。

第三节　日本的"医养结合"制度

一、日本的养老服务制度

日本养老服务按提供服务地点来分，有居家型（居家养老）、地域密集型（社区养老）、设施型（机构养老）三类养老机构组织形式，其中居家型服务最受欢迎，老年人能在自己熟悉的家居环境中便捷地享受全天候的专业化养老服务。政府出台了多项政策鼓励居家养老服务，针对健康老人，提供健康咨询和生活咨询服务，尽量鼓励老人独立处理遇到的问题，锻炼老人的自理能力，可以延缓衰老。

日本的地域密集型养老服务，与中国的社区养老服务很相似，可以让老人在居住区域内结伴养老，这一区域必须是老年人多年居住的，有熟知的朋友和亲人，对周围环境也很熟悉。政府规划设立老人活动中心，可以是数家小规模的居家介护机构，能够服务的老人人数少，但是很精细贴心，能满足老人的多样化介护服务，比如用餐、文体表演、健康护理、慢性疾病调理等，这是日本政府近几年主力推行的养老服务方式。

日本的设施型养老服务，类似于中国的机构养老，即老年人长期住在机构享受介护服务。设施型养老机构服务，主要服务对象是半失能或失能老人，或者高龄失智残疾老人，需要提供全天候的护理康复服务，对医护的服务要求比较高，能提供家人难以完成的专业化护理，也需要在生活上全天候照护。常见的特别养护老人之家，主要由政府公共服务与非营利社会组织合作，具有社会福利的性质，费用低廉具有政府专项补贴支持，要想入住这样的机构，需要申请并对老人的身体状况进行评估，预约后才能入住，床位相对比较紧张，机构的床位基本呈满员状态。

日本特殊老人介护机构，一般规模较小，居住老人数量不多，并不在介护机构内部设立医疗诊所或者医院，医疗资源稀缺，一般都是同周边附近的医院签订协议，建立互助绿色通道，服务内容主要有以下方面：一是对在特殊介护机构出现患急病需要救治的老人，及时预约签约医院的医生做好急救准备，并以绿色通道的方式将其送达医院，确保老人在最短时间内得到医疗救治；二是签约医院的医生定期到特殊介护机构开展门诊咨询，为老人体检，测量血压血糖，记录老人健康档案，对老人管理慢性疾病和餐饮提出相关建议，提高了老人健康管理的精细化管理水平。

日本有些大医院医疗资源相对空闲，将医疗床位变更为特殊介护老人护理床位，增加老年康复服务，更有利于长期失能老人在专业化的医疗机构享有护理和康复服务，比老人居家护理的效率更高。但是也会产生护理费用，主要由长期介护保险来支付。日本养老院新办理医院的案例相对较少，医疗资质需要大量投资和严格的资格申请，大多数养老院通过同近边的医院签订协议，采用绿色急救救助、优先就医或者派驻医生到养老机构实行医疗服务等方式，这是日本"医养结合"模式的主要特点。

二、日本养老服务的政策支持

日本政府高度重视养老服务人才培养，从事养老机构介护服务的人员，必须通过国家统一考试取得相应证书，才能有上岗资格。日本的养老机构介护人员大致分为两类：第一类是社会福祉学士，一般要读4年本科才能毕业，毕业后直接从事机构养老服务；第二类是介护福祉士，有初级、中级和高级三个级别。初级介护福祉士仅从事简单的老年人家政服务和一般性护理工作，涉及护理专业性不强；中级介护服务需要为老人提供基本的健康服务，如日常护理和康复咨询，调整药物；高级介护服务人员是老年人的专职健康管理人，如为老人提供跟踪医疗服务、全方位的健康治疗咨询服务。由于日本人口老龄化程度已经很深，出生人数连年下降，日本的养老服务也与中国一样存在人才短缺、服务人员的年龄结构不合理（我国是40岁及以上的女性）、服务人员的离职率高、流动性大、工资待遇不高、职业荣誉感不高等问题。日本政府采取了多种措施解决养老服务人才短缺的问题。

日本政府在2000年建立了介护保险制度，介护保险费用逐年增长，尤其是高龄老年人平均支付介护保险费增速较大，介护保险采用自付保险费和政府补贴各占比例的筹资模式，鼓励每个人都要为自己的健康负责。日本政府为促进养老产业的发展，还相继出台了国民年金计划、医疗保险制度、劳动保险制度等，以实现多元化的养老金制度。

在养老服务体系建设方面，日本政府实现了地域内的介护医疗资源一体化融合。具体体现在：一是建立社区内全天候定期巡回、随时应对介护服务，满足居家单身和重度介护的老人需求；二是建立小规模、多机能居家介护复合型老年服务，并对其经营模式及人员配置施以宽松政策；三是日本政府计划于2025年在地域内将介护与医疗资源进行一体化融合，实现介护和医疗一体化，力求满足超级老龄化社会的需求，努力达到收支平衡，并持续有效地向老年人提供服务。

三、日本养老服务"医养结合"的融合情况

日本建立了齐全的沿生命周期布局的医、养、护综合服务体系。如东京新宿榉园综合养老机构，涵盖了从急性医疗到康复护理再到一般养老功能的三位一体多元服务体系。新宿榉园与邻近的两家医疗机构——三田医院和山王医院一直保持密切合作关系，确保入住者及时获得高质量的医疗服务。在康复护理方面，新宿榉园本身就拥有先进的康复医疗技术和经过严格培训的疗法师及护理员，为老人制定有针对性的康复计划并提供细心周到的护理服务。在养老方面，日本养老机构都设有茶话间、餐厅、健身房、文娱室、会议室等功能场所，有的还拥有温泉浴室、花房等特殊颐养设施，为老人起居、康养和社交提供便利。日本对介护服务十分重视，介护人才的培养被纳入正规学历教育系统。学员要通过至少130个小时的理论知识和实践操作课程，系统学习介护工作的基础知识、沟通技巧和介护方法。课程内容不仅包括技术层面教学，更重视心理学知识和社会互动技

巧的传授。介护人员上岗前要通过从初级到高级的资格考试，工资根据级别有所不同，但都在较高水平。日本介护服务排名第一的日医学馆人员工资支出占项目费的70%。高薪资和严格的培训是护理人员提供专业化、高质量介护服务的必要保障。

日本"医养结合"的内容更加契合老年人的需求，体现出明显有别于医疗机构的特点。日本重新界定了大健康管理内容，包括改善生活习惯和饮食结构、疾病预防、延缓衰老、特殊疾病等，长期护理保险在老年医疗中占有很大的比重，这是因为老人以特殊疾病和慢性病为主。医疗服务的配置没有一个固定的模式，日本也存在比较多的服务模式，主要根据养老院的具体情况和养老院的规模进行合理配置。

日本的"医养结合"紧紧围绕老人的护理需求，从老人的特殊疾病和常见的慢性病护理出发，体现出养老机构医疗护理的特色，明显有别于医疗机构医疗护理特征。因此，我国养老机构在发展"医养结合"方面，要避免养老机构医院化倾向，降低医院病床属性，体现出养老机构的特色，提高改善生活习惯和饮食结构、疾病预防、延缓衰老、特殊疾病长期护理在老人医疗护理中的比重。日本"医养结合"发展较为成功的关键，一是日本的介护保险制度，二是日本高素质的护理人员。前者解决了养老机构的支付问题，后者解决了养老机构的服务质量问题。从养老机构的角度来说，应加强对护理人员的培训和考核力度，通过行业协会平台，建立起被行业所认可的护理人员培训和考核体系，加强护理人员职业化建设，通过提高高素质护理人员的报酬，建立起有效的激励机制，不断提高养老机构的服务质量。

加强与日本养老机构的合作交流，日本养老产业发展比较成熟，并且由于中日两国具有共同的文化背景和人种生理结构，日本的养老经验对中国来说极具参考价值和借鉴意义。因此，我国养老机构应不断加强与日本养老机构的合作交流，学习日本先进的养老机构经营理念和管理规范，尤其是日本精细化的服务更是我国养老机构借鉴的重点。

四、日本的养老服务类型

日本"医养结合"模式主要有三种，分别是居家型（居家养老）、地域密集型（社区养老）、设施型（机构养老），日本"医养结合"模式通常是医院为拓展服务发展起来的，养老机构内设医疗机构较少。日本政府完善的养老产业法律法规和养老服务体系建设为养老产业的发展奠定了制度基础，覆盖全生命周期的医、养、护体系，增强了"医养结合"程度，完善的人员培训和考核制度为日本养老服务质量提供了保障，契合老人需求的"医养结合"内容，切实解决了患病老人的养老需求，这些共同促进了日本"医养结合"模式的成功。因此，我国"医养结合"机构要围绕老人需求，体现服务特色，避免养老机构医院化倾向；提高人员培养和考核力度，并提高高素质人才的薪资水平；加强与日本养老机构的沟通交流，学习借鉴其先进发展经验。

日本大力推行社区居家养老，即发展小规模多功能的社区养老，可以24小时入住，也可以提供日托服务或居家上门服务，按照老年人的需要，为其提供护理、医疗、保健、娱乐等各项服务。日本的个性化商业养老院种类较多，遍布全国。根据老年人需求及所提供服务的不同，大致可分为三大类：一是健康型养老院，即健康老年人入住，只负责打理日常家务；二是住宅型养老院，即身体状况正常的老人居住，必要时可提供上门护理服务；三是看护型养老院，即患病或半失能和失能老人入住，提供全面的护理服务。所有类型的养老院都被纳入护理保险范围，真正实现了"按需养老，按需护理"的目标。日本养老机构的设施设备非常现代化，老年护理人员经过专业护理学校的培训，并通过统考获得资格，为老人提供高水平的专业护理服务。"医养结合"服务呈多元协作特征。日本实行"年金—医疗—护理"为核心的"医养结合"服务体系，是在政府主导下，社会、市场多方参与，以家庭养老为中心、社区老年服务为补充的"医养结合"服务模式。日本的介护保险制度以社会互助为前提，以跨代抚养为基础，通过社会保险方式，理顺了给付与负担的关系，让所有社会保险参加者共同承担风险，从而达到减轻政府负担、促进国民养老自立的目的。

五、日本养老服务模式对我国的启示

日本与我国有着相近的文化背景，自20世纪60年代起经过半个多世纪的努力，日本已经形成了惠及全民相对较完善的养老体系，其在"医养结合"方面取得的经验值得我国借鉴。日本具有东方传统文化特色，比较注重居家养老。但是随着社会发展，家庭在结构、观念、功能等方面发生变化，不堪重负的传统家庭养老朝着居家、社区和机构相融合的养老服务模式转变。形成居家为主的多元化"医养结合"模式。借鉴日本的养老服务，我们主要考虑以下几方面。

一是注重老年期疾病的预防和康复护理。2006年日本政府修订了《介护保险法》，增加了"介护预防"内容，转变了前期重治疗、轻预防的老年健康管理误区，增加并重视老年健康预防工作，要求对社区老年人定期体检，为活力自理老人开展健康咨询服务，通过合理的饮食习惯、适当的运动保健，预防疾病发生，提高老人的保健意识，提高其退休后生活质量。

尽管日本进入深度老龄化社会，但是日本的老年人保障相对完善，长期护理保险发挥了很好的保障功能。日本的"医养结合"服务体系从原来的"治疗"型向"预防"型转变，老年健康预防和老年康复运动在日本得到积极宣传和普及，老年人会定期体检，对自身健康状况有明确认知，及时进行防护。因此，老年健康管理已经普及养老机构、社区和家庭，成为居家养老服务的一项重要内容。

二是"医养结合"服务以满足老年人基本需求为导向。日本的养老服务制度探索也走过弯路，在制度发展初期，也曾经用"黄金计划"建立大量高档养老机构，追求高品位、高档次的养老地产，结果养老机构高昂的费用与老人收入差距太大，导致床位空闲、资源浪费，养老服务效率低下，并没有满足老人的服务需求。2000年日本建立了介护保险制度，将养老服务理念转变为居家和社区养老，回归家庭的养老模式取得了较好的社会效果。

三是完善的法律和评估体系为"医养结合"发展提供保障。日本在养老服务建设过程中，遵循立法先行的基本路径，出台了系列法律法规，通过法律文件切实维护老年人权益，为老年人养老服务提供全方位的法律支持。此外，还有严格的监管制度和体制，如专门负责评估、监督和管理养老服务机构的组织，其主要任务就是监督和管理服务机构的服务质量，确保机构能够根据老年人的需求提供相应的服务。我国"医养结合"方面的法律法规还相对薄弱，难以满足"医养结合"发展的客观需要，制约了养老服务产业的可持续发展。

四是充分发挥护理保险的作用，为"医养结合"提供经济支撑。失能老人和高龄老人不断增多，仅靠养老金和医疗保险根本无法满足老年人的护理需求，建立护理保险制度成为必要。日本的护理保险制度也是在不断修改中完善。"医养结合"产业属于朝阳产业，市场潜力巨大，涉及养老地产、老年护理服务行业、老年教育、老年旅游、老年金融等领域。采取商业保险模式还是社会保险模式，费率如何确定，如何处理与基本医疗保险的关系，如何确定政府、单位和个人的权责关系等，都需要在地方试点的基础上，统筹考虑经济社会发展水平和人口老龄化趋势，充分借鉴日本经验，认真研究，尽快对长期护理保险制度的几个基本原则做出框架性规定，制定符合国情的长期护理保险制度，保障"医养结合"可持续发展。

五是系统的专业化人才培养体系是"医养结合"发展的关键。日本政府高度重视对"医养结合"产业的行业指导，出台了针对人才培养的专项法律，对医养结合产业服务人员进行培训和资格考试，培训资金由政府和企业共同负担，培育发展专业化的养老服务经营管理机构，提高从业人员专业化水平。"医养结合"服务队伍由多个职业构成，涵盖了服务的所有内容，每个序列都有相应的资格、等级和培训要求，持证上岗，按级取薪，服务队伍呈现出较强的专业化和职业化特征。我国必须高度重视养老服务人才培养和培训工作，完善养老服务人才激励政策和"1+X"职业技能等级证书制度，构建职业教育与培训体系。

第四节 德国的"医养结合"养老服务

一、德国"医养结合"的模式

德国的养老院比较注重为老人提供良好的医疗和护理服务。每家养老院按照法律和服务标准规定，都设有智能养老设备，密切跟踪老人的身体状况指数，如血压、心率等。此外，每家养老院至少要和3家医院合作，以确保老人享有医疗服务的直通线路。同时，合作医院的医生还会定期到养老院为老人进行检查。在德国，还有专门的养老护理机构。截至2018年年底，德国养老机构总数达2.8万家，其中专门的养老护理机构就占了总数的一半。那么如何支撑庞大的养老医疗需求呢？这得益于德国双元制的职业教育培养体系。在德国学习护理专业的学生，至少有一半的时间在养老院实习，而且会获得相应的报酬。这样就为养老院提供了实习人才和储备人才。德国护理行业协会的数据显示，截至2018年，德国的护理从业人员已经达到120万人，其中在养老护理机构工作的比例高达68.2%。

德国是目前欧洲国家老龄化最严重的国家，截至2018年，德国60周岁及以上人口占总人口比重达23%，目前德国共有1.24万家养老机构（养老院），其中54%由慈善组织创立，40%为私人养老院，其余为公立养老院。德国不断探索养老保障体系制度，形成了由政府和社会机构承办、拥有不同护理级别的养老机构，基本满足了养老和医疗需求。

二、德国养老服务机构的类型

1. 居家养老

居家养老与社区养老相结合，也是德国倡导的居家养老模式，即老年人居住在家，周边的养老机构和社区养老服务机构上门为老年人提供要求的服务，有日间照料或者短期的托老服务。

老年人与社区服务中心电话联系，说明具体的服务内容，服务中心安排相关人员上门服务，如老年人家庭卫生整理、维修家里设备、为老人采购需要的药品或生活用品，或者为老人提供洗澡等基本生活护理，也可根据需要将老人接到社区服务机构，集体参与文体娱乐活动，如参与朗诵、剪纸、下棋等活动，也会组织老人合唱团、舞蹈节目、插画和绘画等技能提升活动，也有老人从医院手术回家，需要至少3个月时间的上门短期护理服务，通过机构安排服务员工定期换班，老人享有24小时不间断的医护康复服务。

2. 德国老年住区式养老

如果老年人所在的家庭实施适老化改造，势必有比较大的改造成本。德国政府为减少居住环境对老人造成意外伤害，创建了一种居家式养老模式，将养老机构设置为老人宜居式公寓，基础设施具备预防滑倒、预防摔伤的功能，随处有老年扶手，实施无障碍设计；全部居住区都有监控，老人管理信息实现网络化；老人佩戴电子手环，就可以将老人的血压、血糖、心跳等基础健康数据传到健康数据平台，养老机构医护人员时时对老人健康开展监控。老人通过门铃系统，可以随时呼叫服务人员，短时间内就能得到有效救助和帮助，实现了实质的医养结合。

3. 养老机构型养老

德国的养老机构已经形成成熟的运营模式。德国由于可以提供完善的居家养老服务和养老住区服务，多数老年人都是在生命临终的时刻选择入住养老机构。

养老机构（养老院）与居家养老最根本的不同在于老人能在养老机构享有全天候、全方位的护理服务，养老机构都是小规模、实施精细化管理，包括基本生活照护和健康服务的全方位服务。德国的养老机构一般都基本具备健康服务资质，拥有老年医护专业人员，入住老人的健康管理基本服务完善，包含老人健康跟踪预防、慢性疾病用药调整、老年餐饮和营养的搭配建议。德国养老机构入住的老人大多是失能或临终老人，也会遇到医护人员流动性大、专业服务人员不足的问题，因此康复和护理任务比较重。

德国的长期照护服务包括居家养老服务、社区服务和机构服务三个层次。其中，居家养老服务是指老年人在家居住，社区养老服务上门护理，为居家老人提供基本生活照护、家务劳动或帮助购物等，也有短期康复护理服务。社区护理院服务是德国为增强老人康复服务专门机构，针对急性疾病患者需要恢复期康复训练，经过政府指定机构评估后，可入住护理院。德国还有专家照料院的养老机构。服务对象主要是半失能或失能老人，由于家庭不能提供全天候和专业化的照护服务，其需要提供更高质量的医疗服务，这类群体主要包括残障老人、失智老人、癌症晚期老人、精神病患者、脑损伤不能自理老人以及患有帕金森综合征的老人等。德国机构养老就是普通的养老院，也称为护理式养老院，老人居住在机构，享有全天候服务，包括一般医疗、护理、日常生活照护等。德国修订了老年保障法案，提出德国的养老院与附近老年健康监护公寓通过签订协议加强合作，监护公寓的专业化健康服务，为在养老院入住的老人提供健康服务。

三、德国的养老护理制度

德国较早进入了人口老龄化社会，针对老年康复和护理服务建成了比较完善的服务制度，无论是居家养老还是社区养老，机构养老都非常重视社会化的护理康复服务。大多数老人身体健康，刚退休的低龄老人，以居家养老服务为主，社会专业护理机构上门为老人提供流动性的护理服务。随着年龄的增长，身体机能衰退，老年人在家不能自理，需要辅助服务，可以联系社区养老服务机构上门提供短期服务，也有老人搬迁到养老机构，根据经济能力选择适宜的机构服务项目。

德国养老服务设施的建设主要包括三方面，一般包括住宅适老化改造建设、社区内护理系统建设及养老机构的建设。德国政府对老年人居住环境设施很重视，要求新建住宅强制性无障碍设计，老旧小区进行改造时，必须有宜居条件和无障碍改造项目，德国的适老化改造的需求随着老龄化深化不断增加。

德国建立了完善的养老金体系,由政府主导的长期护理保险制度为老年人护理服务提供了完善的保障和资金支持,成为各国研究借鉴的样板。德国养老制度从社会整体来说主要依靠三大保险支撑,即养老保险、医疗保险、护理保险。德国法律规定这三种保险都是法定保险,原则上所有就业人员都需缴纳保险费。缴纳保费的额度根据工资收入提取一定比例,虽然每个人缴纳保费的绝对数额可能相差很大,但是获得的医疗服务和护理服务水平基本公平。

四、德国养老服务模式对我国的启示

目前,中国也有很多企业在试水进军养老服务业,这个行业注定是一个短期难营利、长期看好的行业。养老院前期投资大、周期长,其服务对象老年人本身收入有限,需要做好前期预算。德国的养老院运营前期基本是以出租物业、购买服务的形式开展,并没有大规模的资金投资和房地产开发,主要原因是德国人口总数基本稳定,住房市场没有大量新增需求。

身体健康的老年人更倾向于居住在家,在社区里享有社区养老服务提供的服务项目,居家服务以基本生活照护和健康管理为重心,使老人健康管理需求得到有效供给,能够通过社区和流动护理服务得到满足。

中国的经济发展水平与德国还有一些差距,养老设施建设较为滞后。我们设计养老服务价格机制时,要充分考虑老人的支付能力,不能简单照搬德国经验,德国养老院以单人居住为主,且居住面积较大,中国需要根据项目定位特点确定相应的面积指标。2008年国际金融危机爆发以来,欧洲经济发展缓慢,德国整体经济增速也趋于放缓,但养老产业方面投资一直活跃,收益也良好,德国在老年照护方面取得了宝贵经验。中国未来中高收入老龄人群在居住和护理需求方面有较大的市场空间,养老居住社区建设适合老人体力和精神需求的环境时,如果能够准确把握客户需求,深入细致研究、开发相应的产品和服务,养老产业一定会有长期稳定的回报,因此还需要借鉴德国经验。

德国的社区护理拥有完备的建设系统,由德国社区护理服务专业机构提供,政府委托有资质的保险医疗机构进行监督和质量保障,为老人提供护理咨询和急救服务。德国养老机构的运营和管理一般通过慈善机构和民间组织共同承担,由政府统筹规划,开展合理布局。德国在老龄化到来时,社会经济基本达到发达水平,为老龄化基金制度奠定了良好的经济基础,而中国进入老龄化时,人均GDP还达不到世界平均水平,中国人口基数大、老龄速度快,老年人的经济收入水平存在较大差距,必须借鉴德国的老龄政策,做好顶层设计,根据老人需求设计养老服务产品,激励社会资本参与,建立护理保险制度。

第五节 新加坡的养老服务制度

一、新加坡的养老服务

新加坡曾被誉为"亚洲四小龙"之一,是亚洲经济较为发达的国家。新加坡有着传统的儒家文化和家庭主导理念,是较早重视家庭养老和构建养老保障体系的国家。新加坡的人均寿命在2014年就超过了80岁。新加坡为老人建立了完善的保障制度。新加坡的中央公积金制度,以政府法定的缴纳比例为基数,强制储蓄,政府为公积金投资和管理提供政策,强制公积金不仅解决了医疗、养老的资金问题,也使得国人提高了风险管理意识，认同健康防护个人责任的重要性，保证了养老制度可持续性发展。

新加坡重视家庭养老模式，是世界上最早为"子女赡养父母"立法的国家，政府倡导老年人在家养老，并在法律法规中为家庭养老提供政策支持，如倡导子女与老人同住，其住房贷款将享有利息优惠，同时还会享有其他社会补贴和津贴，规定同丧偶父母或残疾兄妹一起居住的，纳税时具有优惠政策。新加坡政府将家庭养老定位为三个层次，即经济扶助、生活照顾和精神慰藉。通过家庭养老，老人在亲戚的帮助下获得了精神上最大的安慰，这是任何养老模式都无法代替的。

新加坡鼓励子女与父母一起居住，保留三代同堂的家庭结构，实施"三代同堂"的"温情"政策，为激励家庭养老，新加坡为赡养老人的低收入家庭提供了多项养老和医疗的补贴政策，以减轻家庭经济负担。与高龄父母同住，纳税人的扣税额可以增加5000元新币；医疗报销也有激励政策，政府规定家庭成员平均收入在700元新币以下的老人，看病享受政府的医疗津贴；因疾病重度残疾的老人，家庭人均收入不足700元新币的，可以获得援助金渡过难关。这样的激励政策为子女赡养老人、在家照顾老人提供了有力保障。

"老有所养"是我国传统的道德追求之一，家庭养老理念历经千年而不衰，体现了中华民族的传统美德，也符合中国当前的国情。虽然社会经济不确定性风险在不断聚集，以家庭养老为主的养老模式依然是相当长一段时期内我国养老方式的主要选择。

二、新加坡"医养结合"的养老模式

新加坡政府高度重视老人健康，不但通过中央公积金制度提供完善的医疗保险制度，还通过老人健康管理和疾病预防，为老年健康提供良好制度保障。新加坡树立以健康为导向的理念，设计集合老人休闲娱乐、健康养生、医疗康复的养老服务项目，由政府以建屋发展局领衔的七个部门共同建造，社区内有充满活力的生活区、花园和小型公寓，有老人安宁的居住生活区，社区中心则是购买生活品中心和医疗中心，为居住老人提供生活服务和医疗服务。养老和医疗在养老社区的融合，实现了老人生活质量提升和健康的良好管理。

三、新加坡养老服务模式对我国的启示

"老有所养"是我国长期坚持的养老制度目标之一，家庭养老仍是我国主要的养老形式，体现了中华民族的家国情怀，也符合中国当前的国情。虽然现代社会经济生活发生了深刻变化，人们也改变了原来在家门口工作的模式，可能到远离父母的城市或国外工作，但家庭养老模式依然是我国养老方式的主要选择。对父母尽孝不是可做可不做的事情，而是必须做且要做好的事情，这是传统美德，也是老人在家养老的根源。

据统计，我国65岁以上人口增长速度比欧美发达国家快一倍，我国老人绝对数量居世界之首，快速老龄化对社会经济带来很多深刻的影响，养老资源的供给有限，但老年人实际养老服务需求巨大，供需矛盾日益突出。在这种情况下，积极开展养老服务供给侧结构性改革，增加养老服务政府、社会、家庭、志愿者等多方主体供给，依据老人的经济能力，分层次设计机构养老、社区养老和家庭养老模式。我国农村老人的养老问题更加急迫，不仅要解决贫困老人的生计难题，还需要更多关注留守老人的精神心理需求，既依赖家庭亲人，也需要社会化的上门服务。总之，家庭养老方式更适合我国现阶段国情。这与新加坡家庭养老方式相类似。

我国提出加快社会化养老服务制度建设，强化对老人的养老和医疗服

务，特别是满足老人护理和康复服务的需求，应借鉴新加坡养老保障制度优势和经验，加快制度建设步伐。借鉴新加坡的成功经验并采取以下对策：

一是重视家庭养老，倡导老人在家颐养天年。在建设社会化养老体系的过程中，政府要制定家庭养老的社会支持政策，继续弘扬传统孝道文化，将家庭养老作为我国养老保障的重要支柱，相关部门做好宣传引导工作，政府部门应通过立法等手段强化老年人接受赡养的权利，增强家庭养老法制观念，强调赡养人应履行"对老年人在经济上供给、生活上照顾、精神上慰藉"的义务，维护老年人的尊严，对侮辱虐待老人、拒绝赡养老人等情节严重者追究法律责任。

二是出台家庭养老支持政策。我们要借鉴新加坡政府的经验，对于赡养老人的三代同堂家庭，当其遇到贫困风险时，给予定期或不定期的经济补助，或者通过税收减免，如减免个人所得税，或者在住房消费、医疗、购买生活用品等方面给予照顾和消费优惠，减轻家庭经济负担。由于我国人均寿命延长，家庭多代老人同时高龄的情况并不多见，两代老人同时在世的情况比较常见，老人代际养老是目前可倡导的家庭养老模式。对于下岗、退养人员，政府能通过保障体系向这部分人分配适当的社会救助，有效地满足其家庭养老需要。

三是发挥社区养老服务平台功能。社区是家庭养老的延伸，为老年人提供家政、保健、咨询、应急服务等专业化服务项目。由政府和社会共同发展老年社区服务产业，不仅可减轻子女养老压力，而且可方便老年人在不脱离原来生活环境的前提下享受到社会服务，避免产生心理上的孤独感，为家庭养老提供有效的保障[①]。

---

① 资料来源：https://www.xzbu.com/6/view-2329484.htm。

第八章 我国"医养康护"一体化养老服务存在的问题及政策建议

第一节 "医养结合"养老服务存在的问题

一、对"医养结合"理念认识存在偏差

"医养结合"的关键是要科学界定"医"和"养"的内涵和边界,理清养老照护和医疗护理的项目内容,要以老年人基本医疗和服务需求为出发点,但目前民众对"医"和"养"的理念缺乏科学认知。

(一)对积极老龄观、健康老龄化理念缺乏科学认知

1991年的联合国大会提出了积极老龄观和健康老龄化的理念,倡导支持老年人积极融入社会,营造其发挥余热的政策环境,将老人知识和能力传给后来人,全社会关注老人健康,使老人享受应有的保健服务,定期体检重视预防,患病便捷就医,出院后入住所在社区康复中心,得到专业化的康复服务。而现实生活里,我们对老年人及老年生活的认知存在偏差,老年人自身也对老年生活认知不够,认为退休后就会成为社会的累赘,没有生存价值,从而没有积极老龄的观念,对健康老龄化目标缺乏追求,没

有及时健康预防概念，身体不舒服也不会及时就医检查，从而失去了最佳治疗时机。

（二）对"医养结合"养老服务缺乏科学理念

多年来，我国医疗机构领域重医疗、轻预防，重医治、轻康复。家庭医生责任制度设计的出发点就是为家庭健康设立顾问，并不是等疾病缠身了才找家庭医生，健康防护和健康咨询比检查、化疗、手术对老年人更有意义。但是医疗消费领域理念存在重大偏差，缺少宣传引导，诸多老人并不认同家庭医生签约服务。另外，社会大众的就医习惯也制约着社区"医养结合"的发展，无论大小疾病都宁愿到三级医院诊断治疗，对社区医疗服务能力缺乏信任感，这就是认识理念出现偏差的原因。

二、我国"医养结合"服务制度存在的问题

（一）"医"和"养"政策碎片化

随着国家"医养结合"工作的指导性意见出台，许多地方陆续对"医养结合"工作进行了尝试，但运行起来却困难重重。一是未能正确定位医疗与养老服务的关系。众所周知，养老机构在"医养结合"工作中侧重于老年人的生活起居照料，属于社会性服务，而医疗机构侧重于健康诊疗服务，属于医疗服务，虽然两者都是为老年人提供服务，但在服务属性、劳动强度和风险系数方面存在较大差异。如果不能找准两者的契合点，准确厘清二者的关系，就不能有序推动"医养结合"工作的顺利开展。二是三级医疗机构间医养服务体系有待健全。根据区域环境、规模效益、硬件条件、服务能力等方面情况，国家对医疗机构进行了分级和定位服务。三级医疗机构根据自身定位，履行自身诊疗服务职责。然而处于试点阶段的"医养结合"工作，作为三级医疗机构家庭中的"新人"，并未对其实施职

责进行准确定位和清晰界定，三级医疗机构间"医养"工作存在诸多重叠，一方面加重了医保、公共卫生服务基金压力，另一方面也在一定程度上加重了三级医疗机构工作人员的负担。

（二）社区医疗卫生中心服务供给不足

有些社区卫生服务人员态度不好，社区卫生中心老年病专用药品供给不足，除了能进行打针、输液等基本的治疗，一些常规检查都难以做到。社区医生流动性大、人员变动频繁，有些老年病医生明确说了不能诊断，笔者在访谈中发现很多老年人基本没有听说过全科医生的说法。老年人身体出现不适情况时，基本首选去附近的大医院排队挂号、检查、取药，等待时间长，老年人看病仍不方便，因病住院的医疗费用个人负担部分相对于其收入还是比较高。笔者访谈中还发现有的老人因为没有子女陪伴或考虑到经济的原因，身体不适时也不愿意去医院检查，因此耽误了最佳治疗时机。

（三）社区老年人康复护理服务基本缺失

老年病人身体不好需要住院治疗，但如果长期住院康复，将会挤占病床位，造成其他人看病难的问题，因此，老人康复理疗应该在社区护理院进行。但社区专业化的护理康复服务基本缺失，北京市尚且如此，经济欠发达的城市及农村地区的老年康复护理服务更是基本空白，急需建立老年康复中心，使疾病治疗老人得到专业化的康复服务。

（四）"医养结合"供需不足，三级医疗机构热情受挫

一是三级医疗机构内需不足。部分医疗、养老机构在探索"医养结合"模式，但受设置要求高、资金引进难、政策保障迟滞等因素影响，改革的积极性严重受挫。作为三级医疗机构的基层医疗机构，受设施设备落后、人力资源紧缺、运转资金匮乏等因素影响，无力满足老年人医养服务需求。上级

医疗机构由于缺乏激励性政策引导，又受医保控费、平均住院日等政策管控，加之日常诊疗服务压力巨大，缺乏投身"医养结合"服务的热情。

二是三级医疗机构外需乏力。现有的养老机构中，部分营利性养老机构由于市场经济作用缺乏实施"医养结合"的主观能动性，另外一部分公益性养老机构由于人员紧缺，且工作人员大多年龄偏大、文化程度偏低，不能有效实施"医养结合"工作。同时，老人受传统观念、康养经费顾虑和对"医养结合"认知不足等因素影响，缺乏对医疗机构和养老机构的信任。子女受传统观念影响，并对医养机构高额服务费用、服务能力等存在质疑，也无心让老人享受医养结合服务，这也间接导致了"医养结合"模式难以开展。

三、"医养结合"服务模式存在的问题

（一）"医"和"养"服务定位不准

不同老年人的养老服务需求不同，"医"是核心，"养"是基础，而目前"医养结合"的服务机构并没有准确定位，并不是在所有的养老机构里成立医院，就具备了"医养结合"的条件。医疗机构的投资成本和运行成本是很高的，这样反而拖累了养老机构的正常运行，针对老年人健康管理，并没有形成服务链条。在疾病发生前、生病治疗、病后康复等不同阶段需要不同的老年健康服务项目，比如老年人健康档案管理、定期体检、健康预防等。老年人生病，要去医院住院治疗，而治疗之后的康复治疗需要在护理院或康护中心，所以社区卫生服务、医院、康护院应形成医疗服务链条。但是目前"医养结合"供给不足，老年人健康管理不够精准，健康预防意识不强，老人生病在医院治疗，并长期卧病在床，有的甚至住院很多年，医疗和康复没有分离导致紧缺的医疗床位被老年人长期占据，康复护理服务短缺。这是

"医养结合"没有准确定位的结果。

（二）养老机构职能界定不清，没有精准市场定位

养老机构一般包括敬老院、养老院、老年公寓、护理中心、临终关怀机构等。访谈中了解到，目前这些机构都愿意接收健康老人入住，因为他们能够生活自理，而不愿意接受失能或半失能老人，机构在专业化方面也不能满足高龄、失能老人的服务需求，造成失能老人在家里不能接受专业照顾，对老人的心理慰藉和医疗康复护理服务更加短缺，家庭养老负担仍然很重。

四、长期护理保险制度尚未定型，缺失护理等级科学评估标准

我国在河北、青岛等15省市开展了长期护理保险试点，2018年7月，国家卫健委等11个部门联合印发《关于促进护理服务业改革与发展的指导意见》，鼓励有条件的地方积极支持商业保险机构开发长期护理保险，开发与老年护理服务相关的商业健康保险产品。但是我国城乡二元化差异大，长期护理保险试点的效果和标准并不一定适合全国所有地区，针对护理需求的护理保险产品定价、支付比例、筹资渠道、保险责任等诸多方面，还尚未界定。

长期护理保险制度的核心是老年失能等级评估，目前我国制定的老年人能力评估标准，可操作性不强、执行难度大，没有明确各级判定详细标准，医疗系统和养老系统之间关于护理等级分类标准认定存在明显差异，公办医疗机构和民营养老机构对老人能力评估的标准不同，导致护理保险执行服务不足。

我国在养老服务领域，尤其是护理保险等方面还缺少法律规范和监督，老人在入住养老院时需要评估老人自理能力，养老院设置老年服务项

目，比如某款智慧养老产品，需要服务需求评估、对老年服务产生效果评估等，这些都需要相关配套的法律制度，目前养老服务制度亟待完善。

五、"医养结合"的支付保障系统不完善

目前"医养结合"养老机构申请医疗保险报销点，对于老年人医疗服务至关重要，因为目前大多数养老机构都不是医保定点，老年人医疗费用需要到指定户籍所在地报销，对于一些高龄、失能老人来说，医疗费报销跟去医院挂号看病一样困难重重。这是制约"医养结合"机构发展的重要因素。

我国政府正不断出台鼓励社会资金和力量发展养老机构的政策，比如减免运营补贴、贷款利息优惠、政府购买服务等系列优惠政策，泰康人寿、中国人寿、太平洋人寿等保险公司探索开设CCRC养老社区服务，涵盖养老、医疗、健康、临终关怀等服务，社会资金进入养老服务领域，社会化力量在不断探索不同养老服务的新模式。制约养老服务发展的关键仍然是老年人医疗保险报销尚不能完全实现异地结算，政府对民办养老机构前期政策的支持和投入相对有限，没有激发社会资本对"医养结合"养老服务的投资热情。

六、"医养结合"部门协同存在壁垒障碍

我国的行政管理体制是自上而下的，养老服务原来隶属民政部，而医疗服务隶属原来的卫生部管辖。原有的养老和医疗两大基本需求，就如同老人的左右手一样是互相关联、互相协调、不能分开的，却被不同行政主管部门分割管理，而现在又提出"医养结合"，即医疗服务和社会照料服务相结合，管理体制的碎片化和被部门化的现状短时间内难以改变，尤其

是社区基层，社区卫生服务中心和养老服务中心难以有效融合。

"医养结合"的养老服务制度，涉及的部门较多，主要部门有民政部、卫健委、老龄办、人力资源社会保障部等，普通养老机构由民政部门认定管理，社区居家养老服务由老龄办组织实施，老年医疗归属国家卫健委，而医疗报销则由社会保险部门管辖，导致"医养结合"养老服务模式处于多头管理、"多龙治水"的难堪境地，对政策的落实和执行难以形成统一认识、统一步伐、统一行动，使得政策难以协同。制度分设、管理分割、资源分散，导致养老服务制度效率低下，改革难以取得突破。

反过来说，如果一个"医养结合"的养老机构被多个部门管辖和监督，也会导致效率低下，比如卫健委、民政部、人社部、公安消防等多部门管理，容易因为行业种类、制度原因、行政目标、任务分工等的不同，在管理中造成政策执行不统一、互相推诿扯皮，制约"医养结合"型养老机构的健康发展。

七、"医养结合"专业人员短缺，成为制度发展的短板

自2015年政府推行"医养结合"政策以来，先后推出两批国家级的医养结合试点单位，笔者调查访谈了一些试点单位负责人，目前普遍存在的问题是医护专业技术人才短缺，成为制约养老机构和医疗机构合作的因素。养老机构基础护理人员、管理人员匮乏，护理员队伍基本上是40~50岁农村的家庭女性，不具备医学护理专业知识，家里农忙时还要回家，人员流动性大，工作强度大，工作时间长，自身职业素养低，对老年照护并没有认同感，甚至还存在虐待老人的现象。针对人才质量参差不齐，医疗、护理、康复、社工等人员数量不足且流动率高，人才专业化、系统化培训标准不统一，人才培养机制不健全的现状，大力培养"医养结合"机构人才、提

第八章 我国"医养康护"一体化养老服务存在的问题及政策建议

升人才保障水平、推进"医养结合"机构平稳运行、促进医养深度融合发展，刻不容缓。人才是目前制约养老服务发展的最大短板，无论是养老服务的专业技术人员，还是养老服务的从业者，其薪酬待遇、养老服务行业的职业认同感、职称待遇稳定性等方面，都需要建立制度进行规范。

（一）养老服务从业人员数量严重不足

养老服务人才，从服务类型上可以划分为老年医疗护理人才、生活照护人才、养老院管理人才、老年护理培训人才等，具体如图8-1所示。

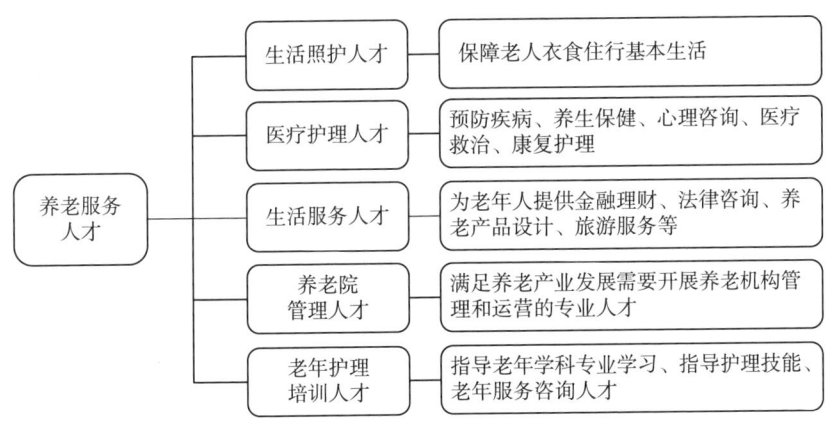

图8-1 养老服务人才类型

根据《全国民政人才中长期发展规划（2010—2020）》要求，养老护理人才在2020年达到总数600万人，对于照护老人对象与护理员配备比例，自理老人是1∶8，需要半护理的配比不低于1∶5，而需要针对失能老人全程护理的配比是1∶3。而从目前4300万全失能老人总数看，全国将需要1500万左右的养老护理人员，全国实际从事养老服务人员的总数不足150万人，经过专业技能培训取得养老护理资格证书的仅有30万人，数量上严重短缺。

（二）养老服务从业者学历低，专业化程度低

人社部门统计数据显示，养老服务从业人员学历低、专业能力不足。

上海白领陈青的爷爷已经失能瘫痪在床3年，照顾老人的重担就落在了自己父母的身上，可是父母也已步入老年。"我们家这三年来请了不下7个护工。"说起来请护工的经历，陈青不免有些激动，"一开始是朋友家的护工帮忙介绍，再后来通过中介机构面试招工，但是这些护工基本上没有经过专业的培训，有的甚至连老人都没有照顾过。"一项调查显示，养老护理人员中，具有小学及以下文化程度的占被调查者的21.7%；初中学历占比为45.2%。可见养老服务从业人员文化程度低、专业程度不高，仅能完成老人基本生活照顾，而养老服务的其他专业化项目，比如预防保健、慢性病管控、康复训练、精神慰藉，甚至要给老人吃药、打针、测量血压血糖等基础护理服务，都难以完成。

（三）养老服务人员流动严重

一家社会福利院副院长说："我们在提供养老服务、失能老人照料当中，最紧缺的是养老护理员。这些护理员的待遇很低，社会认可度和社会地位也很低，不仅人员数量少，而且不稳定。"目前我国养老服务人员工资待遇低、职业社会认同度不高、工作时间长、劳动强度大，工作内容和劳动报酬严重失衡，导致养老机构难以留住服务人员，人员流失率居高不下，护理工人的流失率在30%以上，成为制约机构养老和社区养老长期发展的根本原因。

在养老机构，老年人对养老服务的需求日趋个性化、多元化。在专业护理之外，心理慰藉、老年教育、文体活动、社会融入等诉求也越来越高，但与之匹配的人才队伍却难以寻觅。

在上海市杨浦区一家社会福利院，社工部社工为了帮助老年人恢复社会交往能力，推出了"老克勒烟纸店"项目，由院内老人充当志愿者负责小店的日常运作，借此锻炼老年人的社会交际，让老年人保持心情愉悦。社工部负责人介绍，5名专职社工用小组或个案的工作方法，为院里老人提供专业服务。但按理想状况，100个老人至少需要配备1名社工，目前福利院里住着600多位老人，今后床位数将增加到1000张，社工缺口显而易见。

大家都认识到了养老的重要性与紧迫性，但愿意投身这个行业的人还是不多。从事养老专业服务的人员，其经济地位与社会地位不匹配，所担负的责任与专业需求也难以匹配，找护理员难，招医生和护理老人工作者更难。

（四）养老服务高级管理人才缺失

高级管理人才，尤其是具备老年学基础学科知识、熟知养老产业、对养老院运行管理具备多年经验的人才极其短缺。但是我国的养老服务综合培养和基础素质培养相对滞后，高校设置养老服务及管理的专业较少。实践层面，由于收入不高、职称晋升渠道不畅、专业水平晋升社会认可度不高等原因，高级管理人员的社会认可度和职业成就感差距较大，高级管理人员流失严重，养老服务管理人才队伍不稳定。

（五）全科医生及护理人员短缺

全科医生家庭签约服务是"医养结合"的制度创新，但是目前我国医学高等教育专业设置越来越细化，使得全科型医疗专业技术人才短缺，而社区医疗服务及家庭医疗康复服务需要全科医生，二者对立冲突，造成家庭签约医生制度难以有效推行。专业护理人员严重短缺，也成为制约我国养老服务业发展的瓶颈。护理人员供需矛盾突出，目前全国取得老年护理资格证的人员不足10万人，护理队伍整体上年龄偏大、学历偏低、工作强度大、人员流动快、待遇偏低、社会对该职业认同度不高，以及养老机构的护理人员在薪酬水平、职称晋升、职业发展等方面与医疗机构的护理人员存在较大差别，使得本来稀缺的高校护理专业毕业生不愿意到养老机构就业,造成专业化、高素质的护理人才更加短缺,成为制约"医养结合"老年服务制度发展的重要因素。

八、"医养结合"基础设施不完善

1. "医养结合"养老服务床位总体数量不足

调查研究显示,老年人在选择养老院时,重点考虑的要素一是养老院的整体环境;二是养老服务基础设施;三是服务收费。可见,养老院的基础设施建设至关重要。《2018年民政事业改革发展情况》显示,截至2018年年底,全国养老服务机构近3万家,养老服务床位746.4万张,其中养老机构占392.8万张,社区养老占353.6万张。国家发改委副秘书长赵辰昕表示,截至2019年年底,我国养老服务床位数已经超过761万张,养老机构超过3.4万个,其中社会力量占比超过50%。老年人口持续上升也就意味着养老的社会需求压力持续增大,百万张床位仍不能满足日益增长的养老需求。每千名老年人口拥有床位约29.9张,这不仅远低于发达国家50~70张的平均水平,与"十三五"规划35~40张的目标亦有距离。

2. "医养结合"机构远离市中心,医疗不方便

相比日本的养老机构,我国养老机构呈现出规模大型化、连锁经营,为节省建造成本,大型养老院都选址在城市郊区或远郊,有的养老院甚至选址到农村,环境宜居,但是老人实现医疗救助相对困难,远离医疗机构,造成老年人患急性病难以得到有效救助;远离家庭,亲友探视老人时也不方便,难以满足老人的精神需求。

3. "医养结合"老年用品不能满足老人需求

老年人对健康、护理、生活起居等方面的用品需求不断增加,产生了多元的服务需求,但是老年用品供给不足。民政部门数据显示,2018年我

国老年用品和服务市场需求高达6000亿元，而市场专门为老人提供的产品和服务不足1000亿元，针对老年人健康辅助产品相对更为短缺。老年用品市场监管不到位，产品质量差，以次充好，甚至虚假宣传，存在消费陷阱，出现诈骗老年人现象。

第二节 "医养结合"养老服务政策及建议

一、完善"医养结合"养老服务相关法律法规

（一）完善《中华人民共和国老年人权益保障法》，维护老人合法权益

老年人对金融投资领域不熟悉，风险防范意识薄弱，有的手头有方便支付的资金，容易成为诈骗对象，危害身心健康。切实维护老年人养老服务和医疗服务的权益，尤其是贫困老人、高龄老人、空巢老人、失能老人应该得到法律服务、法律援助和司法救助，确保老年人享有健康权和被照顾服务的权益，要完善维护老年人健康服务领域的社会监督、家庭矛盾纠纷排查调解，建立老年人维权联合综合治理机制。

（二）健全养老保险和医疗保险制度

加快完善养老保险的三大支柱体系，稳定基本养老保险合理调整机制，逐步提高退休人员养老保险待遇，缩小退休金地域群体差距，激励职业年金、企业年金不断增长，用税收优惠等政策激励商业保险公司个人储蓄型保险业务发展。目前，退休人员大致有三类，即机关和事业单位退休人员、企业退休人员及农村和城镇居民退休人员，这三类人员的退休金有较大差距，导致老人购买力也有差异。要加快养老保险改革步伐，稳步提高养老保险均等化待遇。

医疗保险异地报销，是"医养结合"制度实施的关键和瓶颈，要加快推进基本医疗保险全国联网和异地就医结算，实现跨省异地安置退休人员住院费用直接结算。要加快"医养结合"养老机构医保定点结算，将老人康复辅助工具逐步纳入基本医疗保险支付范围。鼓励商业保险公司开展补充医疗和商业健康保险。

（三）完善老年人社会救助制度

在贫困人口中，老年人占据多数，要确保所有符合条件的老年人纳入最低生活保障，将特困老人救助纳入预防返贫的重要组成部分。突出发挥老年人医疗求助制度作用，落实重大疾病医疗救助政策，将贫困老人纳入救助范围。

二、树立"医养结合"发展的科学理念

理念是行动的指南，进行"医养结合"养老服务制度创新，应对人口老龄化挑战，必须树立科学理念。

（一）树立健康老龄化和积极老龄化的理念

随着人口老龄化进程的加深，相较寿命的长度，个体的寿命质量越来越受到全社会的广泛关注，而健康预期寿命的概念就是在此基础上被提出的。相比平均预期寿命，健康预期寿命既能反映寿命的数量，也能反映寿命的质量。它将死亡与健康相统一，能够为健康公共政策的制定提供较为可靠的依据。健康老龄化概念最初于1987年5月在世界卫生大会上提出，并在1990年世界老龄大会上被世界卫生组织作为应对人口老龄化的一项发展战略。

一是健康老龄化关注的目标是老年人的生命质量，即长寿的程度和老年人健康程度，对于老年人而言，"活得久"并不代表"活得好"。虽然现

在的老年人比过去更加长寿,但他们是否拥有更加健康高质量的生活才是健康老龄理念的关键。二是健康老龄化遵循以人为本的基本理念,更多关注寿命质量,突出老年人的尊严和人格自由。健康老龄化的内容包括生理健康、心理健康、行动能力和社会功能健康等方面,强调老人行动能力和社会功能发挥,这是健康老龄化战略关注的焦点,也凸显了政府对老年人主体地位的重视。三是对寿命质量的投入是一项促进人力资本可持续发展的战略性投资,老年人是社会发展宝贵的智力财富(丁建定,2019)。

2002年,世界卫生组织在第二次老龄问题世界大会上正式提出"积极老龄化"理念,这是"健康老龄化"理念的升级版,目标是通过提高老年人生活质量,创造老人积极参与社会交往的机会,使其更好发挥余热,通过积极心态改善生活质量。积极老龄化有三层支柱,即健康、参与、保障。"健康"具体来说就是减少老人患病机会,慢性疾病及时得到治疗和康复;"参与"是指老年人结合自己的能力和喜好,参与文化娱乐活动及社会经济活动,继续发挥余热为家庭和社区做贡献;"保障"是指老年人在失能失智状态下,能够得到家庭和社会持续的健康照护和康复服务。

(二)树立关心关爱老年人健康、关注老年服务的社会风尚

尊老敬老是中华民族的传统美德,老年人一生为家庭和社会付出辛苦,老有所养不仅是家庭的责任,也是政府义不容辞的责任。全社会要树立尊老敬老的传统美德,各级政府、社会组织、民间力量都要关心老人健康,激发老年人参与社会建设的热情,开拓老人发挥自我价值的渠道,支持老年人实现最大限度的独立和最小限度的依赖,实现人口健康预期寿命的延长。要贯彻"医养结合"政策,全社会树立积极老龄化的社会风尚,营造对老人充满关怀的社会和家庭环境,运用市场调控的手段,整合养老服务资源公平均衡配置,逐步缩小老人收入差距。

(三)贯彻《联合国老年人基本原则》,保障老人基本权益

1991年12月,联合国大会通过了《联合国老年人原则》(第46/91号决议),基本内容包括五方面,即独立、参与、照顾、自我充实和尊严,老年人应该享有独立决定自我管理事项的权利;老年人应该始终融入社会,参与制定或执行社会福祉的事项决策;老年人应该享有被家庭和社区照顾保护服务的权利;老年人享有充分发挥自己潜力,享用社会教育、文化、精神文化资源的权益;有尊严的生活,是每位老年人的基本权益,不论年龄、性别、民族、身体健康情况都应该受到公平对待。落实"健康老龄化"和"积极老龄化"理念,让每位老年人享有居住、生活照料、医疗护理和康复保健的服务,在关注老年人基本生活照护和健康维护的基础上,关注老年人精神健康,使他们身心愉悦,在熟悉的环境里颐养天年。

三、强化"医养结合"供给侧结构性改革,增加养老服务供给

(一)增加国家财力支持"医养结合"养老服务

新冠肺炎疫情暴发后,政府出台了系列财政金融政策,加大投资,刺激消费。老年消费是社会消费的重要组成部分,要克服疫情对社会经济造成的影响,弥补养老服务基础设施不足,加大资金投入,有针对性地加强养老服务基础设施建设,同时提高财政精准监督,发挥老年消费拉动经济的作用,增加失能老人照护床位,培养护理专业人才,改造养老机构适老居住环境,通过补贴的形式激励社会组织参与养老服务,推动社会组织成为养老服务的建设主体。

(二)增加"医养结合"多元化筹资渠道

1. 商业银行开展养老理财产品及服务

大力发展老年金融产品设计和服务,商业银行开发适合老年人稳健理

财的商业银行理财产品，如浦发银行发行了一款专门针对中老年客户客群推出的创新储蓄产品——"安享赢"定期存款，1万元起存，存期分为3年和5年，年利率最高可达3.95%，以人民币计价；兴业银行发行了多款"养老"专属理财产品，包括安愉分期付息储蓄存款、安愉智能定期储蓄存款、安逸信托，并推出安愉老年学院、"安愉人生"俱乐部[①]。

2. 保险公司开展养老服务产品及养老社区服务

保险公司开发商业养老保险产品，如中国人寿保险公司有福禄满堂养老年金保险、福禄金尊两全保险、福禄鑫尊两全保险等养老保险险种，年金保险和两全保险都是商业保险公司开设的养老型产品。保险公司开设"医养结合"养老社区，目前泰康保险、太平洋保险、中国人寿等保险公司都参与了养老社区项目，保险公司参与养老社区益处体现在：一是有巨大的资金优势。高端养老社区创建，对资金的需求很大，并且要求资金长期、稳定安全，而保险公司资金规模巨大、安全性高，能够很好地满足养老社区的资金需求。二是服务工作。保险公司以服务为核心，经验丰富，了解客户的需求并能相应解决；再者保险公司的综合服务能力强，能够通过多种渠道整合优质资源。三是政策支持。国家正大力支持保险公司参与养老保障服务体系的建设，政策的支持，更加保障了保险公司开展高端养老社区的合法性和稳定性。

3. 住房反向抵押养老保险产品

住房反向抵押养老保险产品，是设计未来养老保险金的来源渠道之一，是商业养老保险公司的创新保险产品，其主要内容是，有房屋完全产权的老人，将其经过专业机构评估的房屋抵押给保险公司，根据合同获得养老金，老人身故后，保险公司依据合同获得抵押房产的处分权，补偿支付老人的养老保险费用。

---

① 资料来源：https://bank.cngold.org/c/2017-12-12/c5536265.html。

以房养老保险属于商业保险范围，是跨资本市场和房地产市场的一种资源配置方式，以自愿参加为基础，在不影响老年人既有养老福利的前提下，增加了一种新的养老金筹集方式。截至2017年8月31日，"幸福房来宝"共有118户家庭的169位老年人投保。在北京、上海、广州、武汉等第一批试点城市中，北京地区承保了23户家庭的31名老人，承保人数占全国的近40%。

4. 开发养老目标基金产品

养老目标基金是证券市场设计的专门为储备养老资金的新型投资产品，根据2018年3月中国证监会发布的《养老目标证券投资基金指引（试行）》，其特征有：一是投资期限长，养老目标基金是公募证券投资基金，目标是追求资产长期增值，为未来储备养老所需，需要经过长期组合投资，具备成熟资产配置策略；二是采用稳健投资策略，养老目标基金，也称为基金中的基金（fund of funds，FOF），通过长期稳健投资策略，配置跨经济周期的投资产品，为将来养老金所需提供可靠的资金支持。因此，养老目标基金投资策略稳健，追求长期回报，充分利用复利效应，实现长期优异业绩。养老目标基金由于其具备的独特优点，成为诸多退休老年人养老规划工具的理想选择。

养老目标基金侧重长期投资，一般采用稳健的资产配置策略。养老目标基金的投资策略主要包含目标日期基金和目标风险基金两种。目标日期基金又称生命周期基金（life cycle fund），针对某一段特定时间内达到退休年龄的投资者发售。目标风险基金又名"生活方式基金"，主要通过权益仓位或波动率等指标定义基金的风险等级，一般也是以一个系列的形式存在，系列中每只基金对应不同的风险等级，投资者根据自身的风险承受能力选择适合自己的基金。

5. 税收递延型商业养老保险

2018年5月，银保监会和财政部联合发布《个人税收递延型商业养老保险产品开发指引》，明确税延型养老险的设计原则、交费方式、收益类型等规范。凡16周岁以上、未达到国家规定退休年龄，且符合通知规定的个人，均可参保税延养老保险产品。纳税人首先需要有一个用于归集税收递延型商业养老保险缴费、收益及资金领取等的商业银行个人专用账户。该账户封闭运行，与居民身份证件绑定，具有唯一性。个人商业养老保险的发展顺应时代需要，可以应对长寿风险，弥补基本养老金的不足。税延优惠政策的出台有利于激励发展商业养老保险业务。

四、提高"医养结合"养老服务模式运行效率，整合医养服务资源

（一）拓展多种"医"和"养"结合的模式

"医养结合"的关键是"医"，要鼓励医院增加护理和康复服务。有条件的三级医院，可开设老年病科或者老年护理（康复）中心，让疾病治疗后的老人转到护理中心进行康复照护，而不是常年占用医院的病床，可以缓解医院住院床位紧张现状，调节医疗资源配置；鼓励有闲置床位的一级和二级医院及专科医院，转型成为"医养结合"型机构，提供"医养康护"一体化服务；中医拥有我国传统的康复护理技术，中医院转型为"医养康护"一体的护理机构，可发挥中医的养生保健功能，助力打造具有中国特色的养老服务模式。

大力发展社区"医养康护"一体化服务成为养老政策目标，李克强总理在2019年政府工作报告中，把社区养老机构发展提到当年度发展的主要任务中，"医养结合"政策推动着医疗卫生服务逐步向社区和家庭延伸，

它不仅可以满足老年人就近获得医疗服务的需求,而且有利于提高医疗卫生资源的利用效率。"医养结合"服务中,医疗机构是不可或缺的部分,通过义诊活动,可以提前介入和预防老年慢性病的发生,避免或延迟老年人进入半失能、失智状态,充分发挥卫生服务机构的作用,体现公立医院的公益性。

(二)鼓励社会力量参与"医养结合"服务

鼓励有医疗条件的医院、社区卫生服务中心与养老机构联合实施"医养结合"型养老试点,将"医养结合"服务普及到家庭和社区卫生服务中,推动家庭"医养结合"型养老模式发展。拓宽"医养结合"型养老机构的创建路径,通过养老院自建康复医院、内设医务室,养老机构与附近医院建立绿色通道等多种形式建立"医养结合"模式。医疗机构、社区、家庭之间医养融合,为老年人养老提供连续的医养康护服务。

(三)发挥家庭医生职能,鼓励医养护从业人员多点执业

家庭医生一般由全科医生担任,以家庭医疗保健服务为主要任务,提供个性化的预防、保健、治疗、康复、健康教育服务和指导,使老年人足不出户就能享受日常保健服务,享有家庭治疗和家庭康复护理等服务。家庭医生具有全面系统的预防、保健、医疗、康复知识,具有较强的语言表达能力、人际沟通能力、工作协调能力,能提供及时、有效的服务,是新型医疗顾问和健康管理者。鼓励社区卫生服务中心医生担任家庭医生,解决居家老人健康咨询和康复照护的问题,鼓励医师多点执业,到养老机构轮岗服务,在职称和职级晋升过程中予以优先照顾。

(四)构建长期护理保险制度

我国长期护理保险应在15个省市试点的基础上,尽快出台《长期护理保险制度》,政府在建立高龄补贴、护理补贴的基础上,在养老保险制度和医

疗保险制度改革方面，鼓励商业保险公司开发长期护理保险产品和服务，逐步建立起适合中国国情的长期护理保险制度。以"医养结合"为出发点，确定长期护理保险制度的支付比例、保险筹资渠道、服务对象、责任界定。

长期护理保险制度目标是为老人提供保健预防、住院治疗、康复护理等不同阶段的"医养结合"服务，整合机构和社区医养设施资源，形成居家照护机构、社区照护中心、养老院等机构医养一体化的养老服务机构，注重社区"医养结合"养老服务，为老人常规血压、血糖监测提供便利，提供老人健康指导咨询服务，社区医疗机构提供老人基本医疗服务，如诊疗、取药、康护等，如果老人有急性疾病，社区与附近医疗机构建立绿色通道，开展救护急救，完成老年人的保健、常见病治疗、社区护理和疾病康复等基本医疗服务。长期护理保险是"医养结合"制度的基础。

（五）发挥中医药在老年人健康管理方面的独特作用

新冠肺炎疫情突然暴发，在武汉方舱医院救治过程中，中医药发挥了关键作用。中医药也在推进国家健康战略过程中发挥了不可替代的作用，在改善老年人亚健康状态、防止老年病、治疗老年慢性疾病等方面具有突出优势。中医具有医疗、预防、保健功效，可以丰富和完善"医养结合"内容，将中医药纳入"医养结合"服务范围，通过整体调整老年人身体机能，提高免疫力，在健康保健方面有更积极的理念，操作性强、老年人接受度高，能够将医疗、康复、养生、养老一体化，将中医治疗和养老机构养生融合，重点预防老人慢性疾病。

五、强化"医养结合"管理和监督体制

（一）明确国家卫生健康委员会"医养结合"总管职责

党的十九届三中全会审议通过《中共中央关于深化党和国家机构改革

的决定》，组建国家卫生健康委员会，推动实施健康中国战略，树立大卫生、大健康理念，把以治病为中心转变为以人民健康为中心，预防控制重大疾病，积极应对人口老龄化，加快老龄事业和产业发展，为人民群众提供全方位全周期的健康服务。方案提出，由国家卫生和计划生育委员会、国务院深化医药卫生体制改革领导小组办公室、全国老龄工作委员会办公室、工业和信息化部牵头履约《烟草控制框架公约》，整合国家安全生产监督管理总局的职业安全健康监督管理职责，组建国家卫生健康委员会，为国务院组成部门。

国家卫健委是"医养结合"的总管部门，要理顺原来的多头管理、"多龙治水"的局面，加强多部门的横向联系，明确各部门职责，权责分工，对"医养结合"进行统筹管理。比如组织"医养结合"养老服务的发展规划和顶层设计，针对"医养结合"型养老服务机构的准入标准、服务标准、管理规范提出监管和退出机制，制定老年人身体状况的评估标准，为长期护理保险制度构建提供基础数据。

（二）强化养老服务的监督保障

完善老龄工作机制，在家庭原有的照护功能的基础上，健全老人退休前工作单位、居住社区、老年社会组织等齐抓共管的老龄工作机制，完善全国老龄办、民政部、国家发改委等共同组建的社会监督平台，保护老年人权益，监督养老机构实施执行国家养老服务政策的情况，构建老人服务管理常态化和制度化渠道。

六、加快培育"医养结合"人才队伍

补齐"医养结合"发展人才短板，以顶层设计为基石，以市场需求为导向，培养多层次、专业化的养老服务人才，满足养老服务发展需求。

第八章 我国"医养康护"一体化养老服务存在的问题及政策建议

（一）做好"医养结合"专业人才培养规划

党的十九大报告中提出"积极应对人口老龄化，构建养老、孝老、敬老政策体系和社会环境，推进'医养结合'，加快老龄事业和产业发展"的要求，为老龄事业和产业发展描绘了蓝图。提高综合素质，健全职业体系，与养老服务业发达国家或地区开展教育培训合作，增加养老行业就业，增加健康风险评估师、社会福祉咨询师、老年康复师、适老改造师等岗位；建立养老服务人才信息平台和信用评价体系，建立服务标准，建设养老专业人才数据库；提升养老护理人员社会地位，扶持人工智能护理机器人产业，降低从业人员劳动强度[①]。

（二）建立多途径养老服务人才培养机制

养老服务人才通过在校培育和在职培训等方式培养。一是强化学校教育培训，整合养老服务的应用型本科院校、高等职业学校、中等职业学校等教育培训资源，设计不同等级的养老服务课程体系和教学标准，将涉老专业课与养老服务职业资格衔接，设置养老护理员、全科医师、中医师、护师、康复师、理疗师、心理咨询师、社会工作师等为养老服务的核心能力职业资格，加快全社会专业人才培养。二是强化非学历在职教育，这是培养养老护理人才的重要形式，采取养老机构专业化培训和岗位实训，开展在职养老服务人才培训，组织老年机构管理人员示范培训、养老院标准化培训、养老院社会工作者技能培训，扩大养老职业教育人才培养规模，缓解养老机构对养老服务人才需求的紧张局面。

（三）加快全科医生培养

2011年国务院第23号文件发布《关于建立全科医生制度的指导意见》，

---

① 资料来源：http://news.gmw.cn/2018-03/22/content_28061718.htm。

提出"3+2"全科医生培养模式,即"两个途径"和"三个统一"。"两个途径"是指通过五年制临床医学专业毕业后进行三年规范化培训和专业学位研究生培养;"三个统一"是指统一全科医生规范化培养方法和内容、统一全科医生执业准入条件、统一全科医生医学专业学位授予标准。通过临床分阶段轮训、社区阶段综合训练,增强全科医生基本理论和综合素质,不断提高养老从业者实操能力。

七、构建"医养结合"信息化和智能化服务系统

发展"医养结合",借助互联网和智慧系统,提高制度效率,诸多养老机构将互联网、可穿戴设备信息化和智能化手段应用到养老院医疗健康管理方面,降低成本,提高效率,将政府对养老服务的信息化和智能化建设上升到国家战略层面。

构建养老信息共享平台,包括养老服务信息系统、养老服务资源信息系统、养老管理信息系统、居家养老服务信息平台、社区养老服务信息平台、社会养老服务信息平台、远程医疗信息平台、健康管理服务平台等,可为老人提供智慧智能化服务和差异化服务,满足老年人的需求,提高养老服务效率,降低养老成本。

八、构建"医养结合"社会支持系统

"医养结合"的养老服务需要构建社会支持系统,包括非政府组织、社会志愿、社会服务、社会救助、社会参与等支持系统。

(一)为"医养结合"培育社会志愿者队伍

在养老服务的社会支持系统中,社会志愿者是不可缺少的。社会志愿倡导公益和自愿、奉献社会。建立稳定专业的为老服务志愿者队伍,有益

于形成爱老、敬老的良好风尚，倡导高等院校志愿学生参与志愿服务，满足老年人需要陪伴的心理诉求，也培养了志愿者对老年服务职业的认同感和责任感。"时间银行""爱心银行"等志愿积累机制，使得志愿者在需要服务时能免费享受国家福利待遇，激励志愿者为老人服务，使志愿者服务得到社会认可。构建城乡社区志愿者注册制度，鼓励和引导社会组织、社区党员、爱心人士、低龄健康老人参与居家养老服务，完善志愿者登记制度，使得居家养老服务主体、服务对象有机联系，稳定志愿者服务队伍。

（二）鼓励社会支持养老服务

逐步完善公益慈善组织、养老行业协会、老年社会组织等养老服务相关社会支持系统，公益慈善组织为老年人开展募捐捐赠、慈善信托、老年预防金融诈骗、老年人安全知识防护、急救技能培训、突发事故预防等活动，要加强对公益慈善组织和活动的监督和扶持，查处侵害老人合法权益的行为，扶持慈善组织发展。建立社区养老行业协会或老年社会组织，指导养老服务，组织服务评估，开展养老行业培训咨询，推动养老服务标准化、规模化、专业化发展。加强老年社会管理工作，成立老龄工作委员会，建立社区内所有老人的健康档案并及时更新，同时加强养老服务管理队伍、社会工作队伍、志愿者队伍的能力建设，从注重培训、加强引导等方面入手，不断提高老年服务能力和水平，适应不断发展的养老服务需求，为养老服务事业提供人才保障。

第三节 研究结论

随着中国人口快速老龄化，传统的家庭养老功能因家庭结构变化而减弱，社会化养老服务尚不完善，医疗和养老服务供给不足，老年人进入长寿时代，对生活照料和医疗康复的需求日益增加。因此，要探索中国特色"医养结合"的养老服务模式，寻求多层次、多元化供给的健康养老服务，满足老年人照护和健康的需求。研究"医养结合"养老服务制度，探索构建老年服务保障体系，对于实现老有所养和老有所医目标具有实践和理论意义。

"医养结合"中的"医"是指医疗护理；"养"是指生活照料，提出"医养结合"基于两方面理由：一是照顾服务和医疗服务是老年人两个基本需求，对于老年人来说是一个整体不可分割，而我国的现实是老年人的医疗卫生服务和养老服务资源在体制上归属于不同部门管理，被人为分割。对于一些失能、半失能的老年人来说，"医养结合"的服务非常必要，也能提高效率。因为老年人需要的不仅是生活照护服务，还需要医疗康复护理，服务项目包括医疗诊治、护理保健、大病康复、临终关怀等一系列内容，体现了"医养结合"对于老年人临终期照护的重要性。

总结前文的分析，对于"医养结合"内涵的构成要素，主要应把控需求对象、责任主体、服务内容、资金来源和管理机制几个方面。"医养结合"需求对象并不是针对所有老年人，其侧重于服务两方面刚需的老人：一是疾病或残障老人，需要以医疗为主，配合长期生活照料服务；二是高龄化导致不能自理老人，需要突出生活照料，并伴随医疗保健需要。应该根据不同模式界定"医养结合"责任主体，政府、医疗机构、养老机构、社会组织、社区、家庭都应该是"医养结合"的责任主体。"医养结合"的服务内容包括两个主要方面，即基本生活照顾和医疗康复服务，具体包括日常生活照料、精神慰藉，更加侧重于老人健康预防、疾病转诊、康复护理、临终关怀等服务，"养"是基础，"医"是关键。关于"医养结合"的资金来源，有的项目是医保直接报销或医保基金支付，主要依附基本医疗保险制度，政府激励养老事业发展专项补贴要精准到位，严格资金

第八章 我国"医养康护"一体化养老服务存在的问题及政策建议

审查。关于"医养结合"的管理体制,国家卫生健康委员会总揽全局,统筹规划,协调民政部、人社部、老龄办分工负责,明确责任。

本书通过问卷调查和实证分析,认为我国"医养康护"一体化发展,侧重点要放在以下方面:一是加快医疗保险制度改革,发展医疗服务,这是"医养结合"的关键和基础,也是目前制约养老服务发展的短板,可以解决老年人"看病难看病贵"的问题。"医养结合"养老服务,其中的"医"不仅是为老人疾病治疗,更应该侧重于老人康复和护理服务,推动社区卫生服务规范化、专业化发展,增强社区康复和护理服务能力,这是提高"医养结合"制度效率的重中之重。探索"医养结合"发展模式,建设专业康复医院、老年病医院、护理院、临终关怀医院,增强老年护理和康复服务,努力把老年人从医院的住院病床转移到康复护理医院。二是尽快补充护理人员短板,规范护理服务。职业教育和高等教育两条线应同步发展,加大政府支持力度,鼓励在职护士培训学习,提高其职业认同感,稳定护工队伍。三是大力发展康养服务,提高老人健康防护意识,医疗体制重点从治疗疾病转移到预防疾病,顺应国家健康战略规划和实施,社区康养服务要把健身、休闲、养生、疗养、康复、护理等项目作为必选服务,政府激励社会资本和组织投入康养产业中,发展特色养老机构,政府要在规划审批、建设、税收、人才等方面给予其公办养老机构待遇,加快落实社保报销、职称评审、养老机构等级评审、技术准入等方面与公办养老机构同等政策。四是发挥中医保健养生功效。发展中医药健康养老服务,有条件的养老机构引进中医疗养、护理、养生服务,邀请中医专家不定期到养老机构坐诊咨询,实现养老院与社会中医医疗资源共享。鼓励社会力量加入中医药康养产业,培养中医人才,社区与附近中医院签约服务,弥补社区医疗服务不足,增强中医药保健服务功能。

笔者经过调研访谈，认为目前我国"医养结合"亟待解决的问题有以下方面：一是医疗资源分布不均，供给不足。长期以来，三级医院集中在特大城市和省会城市，集中了全国最先进的医疗设备和最资深的医疗专家，而社区层面和农村基层的医疗卫生可及性和便利性却与老年人日益增长的卫生服务需求相差甚远。由于社区卫生服务的专业性和服务能力有限，老年人大病小病都要去大医院，"看病难、看病贵"的问题仍然突出，政府要再配置医疗资源，侧重于发展基层社区卫生服务，采取激励措施鼓励医师到社区就诊，增强基层医疗能力。二是"医养结合"人才短缺，专业化、规范化的康养护理人才队伍是"医养结合"养老服务可持续发展的关键因素和前提条件，要建立稳定人才培养发展的激励制度，从业资格、职称评审、薪酬调整等方面向社区和基层医护倾斜。建立全国性医护在职技能培训基地，不断提高医护人员技能，开展大医院与社区医疗机构交流互动，提高医疗技能，高等院校开设老年医学、健康护理、老年康复等专业，鼓励在校学生到医养机构实习，提高医护技能。三是"医养结合"产业体系发展尚不完善。"医养结合"产业体系主要包括老年人生活用品、老年人饮食、老年人金融消费、老年人旅游文化等系列产业，关系老年人衣食住行诸多方面，涵盖了老年人生活护理和医疗康复两大基本需求。目前以居家为基础、社区为依托、机构为支撑的养老服务体系尚不完善，老年产品供给相对不足。四是社区养老服务供给不足，社区养老服务基层设施不完善。老年活动中心场地缺乏统一规划管理，社区健身器材损坏，无专人管理维修；老年餐桌服务不可持续，有的社区指定附近的餐馆为老人做午餐，并没有专门配制适合老年人胃口的饭菜，社区没有专门为老人服务的人员，对辖区长期居住的老年人也缺乏长期跟踪服务，尤其对高龄老人、残疾老人、独居老人的专人上门服务不够。五是社区医疗服务供给不足，社区卫生服务人员态度不好，老年病专用药品不足，除了能进行打针输液基本的治疗以外，一些常规检查难以实现。社区医生流动性大，人员变化频繁，有些老年疾病社区无力诊断，笔者访谈中发现，很多老年人基本没有听说过全科医生的概念。老年人身体出现不适情况时，基本首选去附近的大医院，排队挂号、检查、取药需要等待很长时间，老年人看病仍不方便，因病住院医疗费用个人负担相对较重。访谈中还发现有的老人因为没有子女陪伴或自身经济的原因，身体不适也不愿意去医院检查治疗，因此耽误了最佳治疗时机。

本书提出完善"医养结合"制度、创新养老服务模式的政策建议，主要包括：构建"医养结合"养老服务相关法律法规；树立"医养结合"发展的科学理念；强化"医养结合"供给侧改革，增加养老服务供给；提高"医养结合"服务模式的运营效率，整合医养服务资源；强化"医养结合"管理和监督体制；弥补"医养结合"专业技术人才缺口；构建"医养结合"信息智慧系统；构建"医养结合"社会支持系统。

参考文献

［1］穆有帅.健康老龄化背景下"医养结合"发展现状与趋势[J].社会福利（理论版），2018（3）：15-17，52.

［2］刘继同，韦丽明.中国特色现代社区福利制度框架与幸福和谐社区建设[J].浙江工商大学学报，2019（2）：102-109.

［3］SCHNEPPER，JEFF A. Can you afford long-termcare USA today Nov. 130（2627）[Z]. Academic Research Liberary，2001.

［4］PINKA CHATTERJI，NANCY R. BURSTEIN，DAVID KIDDER，ALAN WHITE. Evaluationof the program of all-inclusive care for the elderly（PACE）demonstration the impact of PACE on participant outcomes[R]. Cambridge：Abt AssociatesInc，1998.

［5］HILLEL SCHMID. The Israeli long term care insurance law：Selected issues in providing home care services to the frail elderly[J]. Health & Social Care in the Community，2005，13（3）.

［6］LUBITZ，J. GREENBERG，L.，GORINA，Y.，ET AL. Three decades of health care use by the elderly，1965-1998[J]. Health Affairs，2001，20（2）：19-32.

［7］BRANGAN N AND GROSS D. Medicare beneficiaries and prescription drug coverage：Gaps and barriers[J]. Issue Brief（Public Policy Institute American Association of Retired Persons），1999：1-10.

［8］吕学静.日本长期护理保险制度最新改革的启示[J].中国人力资源社会保障，2016（4）：23-25.

［9］CHARLENE HARRINGTON, JACQUELINE CHOINIERE, MONIKA GOLDMANN, ET AL. Nursing home staffing standards and staffing levels in six countries[J]. Journal of Nursing Scholarship, 2012（1）: 88-98.

［10］HENK N. & PHILIP C. B. Integrating services for older people: A resource book for managers[M]. Dublin: European Health Management Association, 2004.

［11］苏健. 德国长期护理保险改革的成效及启示——以三部《护理加强法》为主线[J]. 社会政策研究, 2020（4）: 39-49.

［12］JOANNA B. BROAD, TONI ASHTON, ET AL. , Selecting long-term care facilities with high use of acute hospitalisations: Issues and options [J]. BMC Medical Research Methodology 2014（14）: 93.

［13］R. HEINZ, R. ROSEN and A. P. MARCZELL. Splenektomie bei idiopathisch-thrombocytopenischer Purpura（ITP）[J]. Langenbecks Archiv für Chirurgie, 2005, 374（2）: 95-98.

［14］白晨, 顾昕. 高龄化、健康不平等与社会养老保障绩效研究——基于长期多维健康贫困指数的度量与分解[J]. 社会保障研究, 2019（2）: 3-12.

［15］林涛, 王德文, 田俊, 等. 社区老年人健康功能多维评价及影响因素[J]. 中国公共卫生, 2003（10）.

［16］范涛, 曹乾, 蒋露露, 等. 老年人慢性病影响因素的健康生态学模型解释[J]. 中国全科医学, 2012（1）.

［17］勾姝宇. 我国老年人健康自评影响因素研究——基于结构方程模型[D]. 南京: 南京财经大学, 2015.

［18］周浩礼, 李佩玲. 影响老年人健康的若干社会因素[J]. 中国社会医学杂志, 2008（3）: 152-154.

［19］彭雅，彭涛."医养结合"服务质量及其影响因素研究——基于马斯洛需求层次的实地调研[J]. 长沙大学学报，2018，32（2）：95-100.

［20］朱志伟. 医养结合健康养老体系的构建思路[N]. 中国人口报，2018-04-20（003）.

［21］谢穗雅，邓素玲，沈海靓."互联网+医养结合"管理模式在社区老年慢性病人群中的应用[J]. 护理实践与研究，2020，17（10）：120-122.

［22］於军兰，周文萍，张杰，等. 黄石市医养结合养老服务现状分析[J]. 护理研究，2015（9）：1079.

［23］耿爱生. 养老模式的变革取向："医养结合"及其实现[J]. 贵州社会科学，2015（9）：107.

［24］孙励，蒋远胜. 失能老人的医疗养老服务成本分析——基于医养结合式养老机构的调查[J]. 西南金融，2014（12）：23-26.

［25］何艺轩，王郁芳. 社区居家"医养结合"养老模式支持体系研究[J]. 成都师范学院学报，2018，34（2）：106-111.

［26］刘小铭，肖炯恩，许旭江. 我国近年"医养结合"典型模式研究[J]. 未来与发展，2020，44（4）：22-28.

［27］成秋娴，冯泽永. 美国PACE及其对我国社区医养结合的启示[J]. 医学与哲学，2015（9）：78-80，88.

［28］同春芬，王珊珊. 社区医养结合：价值、实践及构建路径[J]. 行政与法，2017（2）：40-46.

［29］李杰. 青岛"医养结合"养老模式问题研究[J]. 中国人力资源开发，2014（18）：74.

［30］耿爱生. 养老模式的变革取向："医养结合"及其实现[J]. 贵州社会科学，2015（9）：107.

[31]赵锡锋."医"参与医养结合的动力机制研究[J].卫生软科学,2020,34(2):25-30.

[32]谢军,王丹丹,李扬."医养结合"现状评价及优化[J].环渤海经济瞭望,2020(4):129-130.

[33]黄佳豪,孟昉."医养结合"养老模式的必要性、困境与对策[J].中国卫生政策研究,2014(6):63-68.

[34]张立平.把老年"医养结合"养老服务做成最美的夕阳产业[J].中国老年学杂志,2013(21):5496-5497.

[35]吴宏洛.探索实行医养结合养老模式的政策[N].福建日报,2013-12-23(11).

[36]符美玲,陈登菊,张伟,等.从长期住院研究谈构建"医养结合"照护体系的必要性[J].中国医院,2013(11):21-23.

[37]邓庆,甘需,任国胜.养老医疗护理康复职业培训融一体 构筑"医养结合"养老新模式[J].中国科技产业,2014(6):42-47.

[38]杨景亮.老年人医养结合服务模式探究[D].沈阳:东北大学,2012.

[39]万仁涛.医养结合的中国模式[N].中国老年报,2020-06-11(003).

[40]彭雅,彭涛."医养结合"服务质量及其影响因素研究——基于马斯洛需求层次的实地调研[J].长沙大学学报,2018,32(2):95-100.

[41]杜娟,田嘉禾.医养结合型养老护理服务模式的探讨与实践[J].中国乡村医药,2020,27(9):68-70.

[42]冉光艳.贵阳市机构养老实证研究[D].贵阳:贵州大学,2008.

[43]尚振坤.中国养老机构的服务与管理[J].人口与经济,2008(2):

50-54.

[44] 佘瑞芳. 我国医养结合养老模式的现状、问题及其对策研究[D]. 南昌：南昌大学，2014.

[45] 郭斌. 论上海市社区卫生服务中心"医养结合"模式的可行性[J]. 黑龙江生态工程职业学院学报，2015（1）：39-41.

[46] 童小琴. 论医养结合服务体系建设中地方政府行为的优化[J]. 大连海事大学学报（社会科学版），2018，17（1）：59-65.

[47] 董红亚. 养老服务视角下医养结合内涵与发展路径[J]. 中州学刊，2018（1）：59-64.

[48] 杨菊华，杜声红. 长期照护保险资金筹措：现状、困境与对策思考[J]. 中国卫生政策研究，2018，11（8）：8-14.

[49] 王素英，张作森，孙文灿. 医养结合的模式与路径——关于推进医疗卫生与养老服务相结合的调研报告[J]. 社会福利，2013（12）：11-14.

[50] 朱昱璇. "医养结合"养老的问题解析及创新[J]. 医学与哲学，2020，41（6）：45-49，64.

[51] 刘清发，孙瑞玲. 嵌入性视角下的医养结合养老模式初探[J]. 西北人口，2014（6）：94-97.

[52] 王胤添. "医—养—康—护"融合的养老模式创新研究[D]. 杭州：浙江大学，2014.

[53] 张艳荣，马冬梅. 健康中国背景下医养结合服务运行效果评价研究——基于银川市的调查[J]. 老龄科学研究，2018，6（3）：47-61.

[54] 何婉红，黄鸣峰，等. 光明社区医养结合服务模式实践的探索[J]. 上海医药，2016，8（7）：41-43.

[55] 陈世明，田阡，王霞. 社区与人文："两康理论"背景下的医养

结合新思路[J]. 保健医学研究与实践, 2018, 15 (2): 4-9.

[56] 杨景亮. 老年人医养结合服务模式探究[D]. 沈阳: 东北大学, 2012.

[57] 袁晓航. "医养结合"机构养老模式创新研究[D]. 杭州: 浙江大学, 2013.

[58] 刘琼. 谈医养结合养老新模式[J]. 企业家天地, 2013, 8: 23.

[59] 张旭. 医养结合养老模式研究[J]. 赤峰学院学报（汉文哲学社会科学版）, 2014 (3): 104.

[60] 刘金玲. 杭州市居家老年人健康状况与家庭型医养护一体化服务需求的调查研究[D]. 杭州: 浙江中医药大学, 2017.

[61] 王雯, 张菲. 北京市"医养结合"养老需求及影响因素[J]. 中国老年学杂志, 2020, 40 (5): 1069-1071.

[62] 武媛媛. 老龄化形势下我国医养结合养老服务: 一个研究综述[J]. 劳动保障世界, 2020 (6): 30-31.

[63] 王越. 医养结合养老服务多元协同参与的思考[N]. 中国人口报, 2020-02-21 (003).

[64] 周建红, 杨金禄, 等. 家庭医生服务对社区空巢老人干预效果研究[J]. 中国全科医学, 2014, 17 (16): 1845-1850.

[65] 郭斌. 论上海市社区卫生服务中心"医养结合"模式的可行性[J]. 黑龙江生态工程职业学院学报, 2015 (1): 39-41.

[66] 王政清. 动能转换春光好 医养结合看山东[N]. 健康报, 2018-03-28 (006).

[67] 顾介康. "医养结合"是养老服务的必然选择[N]. 新华日报, 2018-05-29 (013).

[68]谢文野."医养结合"养老的家庭医生服务模式的伦理优势、问题分析与对策[J].中国医学伦理学,2018,31(4):519-524.

[69]吴宏洛.探索实行医养结合养老模式的政策[N].福建日报,2013-12-23(011).

[70]杨暐,魏花萍,路红,等.基于供方视角的家庭医生签约及双向转诊制度执行效果调查[J].中国农村卫生事业管理,2020,40(6):442-446,456.

[71]景日泽,方海.基于供需视角的中国家庭医生签约服务研究进展[J].中国全科医学,2020,23(25):3131-3138.

[72]许彩虹,杨金侠,王章泽.基于公共产品理论的医养结合养老模式的问题与对策研究[J].卫生经济研究,2015(11):22-24.

[73]郭婷.老龄化背景下我国城市居家养老浅析[J].长沙民政职业技术学院学报,2015(9):24-27.

[74]王玲,徐健康,等.医养结合养老服务模式探究[J].中国继续医学教育,2015,7(31):24-26.

[75]孔聪.医养结合养老服务模式的发展困境及破解路径[J].济宁学院学报,2020,41(1):38-43.

[76]魏海斌,徐方明,陈景霞.养老产业医养护一体化人才培养现状分析及对策研究[J].现代医药卫生,2018,34(9):1288-1290,1297.

[77]郭冬等.医养结合服务老年人的可行性探讨[J].改革探索,2005(21):43-44.

[78]马杰,唐靖一,殷志刚,等.构建医养结合照护人员培养体系探讨[J].中医药管理,2018(7):1-4.

[79]施国祥."医养结合"方兴未艾[N].吕梁日报,2018-02-11(002).

[80] 顾介康. "医养结合"是养老服务的必然选择[N]. 新华日报, 2018-05-29（013）.

[81] 曹华华. 当前医养结合服务主要问题及对策[N]. 中国人口报, 2020-05-22（003）.

[82] 蒋媚, 黎昌珍. 供给侧结构性改革视域下养老机构医养结合优化路径探析[J]. 沿海企业与科技, 2020（2）：26-30.

[83] 田雨同, 张艳, 王荣华, 等. 基于福利多元理论的医养结合养老服务的发展现状[J]. 中国老年学杂志, 2020, 40（8）：1773-1777.

[84] 李海燕, 郑文贵, 井淇, 等. 基于文献计量分析的我国医养结合领域问题重要性研究[J]. 中国医学伦理学, 2020, 33（2）：252-256.

[85] 陈政扬. 浅谈如何加快推进医养结合[N]. 中国人口报, 2020-04-03（003）.

[86] 高迪, 张红杰. 人口老龄化背景下医养结合养老模式[J]. 医学研究与教育, 2020, 37（2）：55-62.

[87] 李晶. 城镇养老机构发展中的政府角色定位问题研究[D]. 长春：吉林大学, 2010.

[88] 戴尚. 消除医养结合项目中的痛点[N]. 健康报, 2020-05-27（007）.

[89] 潘多拉. 深入推进"医养结合"是养老服务发展的大势所趋[J]. 中国卫生人才, 2020（6）：6-7.

[90] 陈超贤. 探索发展医养结合的健康产业城模式[N]. 中国人口报, 2020-05-28（003）.

[91] 刘冰, 孙学明. 医养结合的社区居家养老服务质量研究[J]. 教育教学论坛, 2020（13）：110-111.

［92］张勘，董伟. 上海城市社区失能老人长期照料的现况和政策建议[J]. 中国卫生政策研究，2009，2（9）：48-52.

［93］张广利，马万万. 我国老人长期照护的模式选择[J]. 华东理工大学学报（社会科学版），2012，27（3）：33-39.

［94］荆涛，朱庆祥，赵洁，等. 论社会医疗保险和商业健康保险的有效衔接——以荷兰、法国、爱尔兰、澳大利亚的做法为例[J]. 中国医疗保险，2012（4）：64-67.

［95］张利. ICU护理管理中应用层级护理管理的价值评估及研究[J]. 中国卫生产业，2020，17（8）：25-26，29.

［96］鲍捷，毛宗福. 社会医疗保险助推医养结合服务的政策探讨[J]. 卫生经济研究，2015（8）：41-43.

［97］邝奕轩. 推动医养结合高质量发展的五个着力点[N]. 中国人口报，2020-02-20（003）.

［98］范卫星，李淑华，黄恩. 老年人医养模式管理研究[J]. 中医药管理杂志，2010（6）：504-506.

［99］孙雯芊，丁先存. 公立医院医养结合模式可行性研究——以合肥市滨湖医院老年科为例[J]. 安徽农业大学学报（社会科学版），2013（5）：69-74.

［100］吴园秀，罗铁娇，罗文华. 老年慢性病患者实施医养结合的实践与效果[J]. 现代医院，2014（3）：149-151.

［101］赵晓芳. 健康老龄化背景下"医养结合"养老服务模式研究[J]. 兰州学刊，2014（9）：129-136.

［102］柏涌海，张跃，张欣，等. 对我国养老服务业中健康主题的思考[J]. 中国医疗管理科学，2015（2）：63.

[103] 纪娇, 王高玲. 协同理念下医养结合养老机构创新模式研究[J]. 中国社会医学杂志, 2014 (6): 378.

[104] 耿爱生. 中国医养结合政策研究[J]. 中州学刊, 2018 (6): 68-73.

[105] 梁清芳, 张先庚. 中医特色护理在社区养老院的应用[J]. 护理研究, 2013, 27 (3): 767-768.

[106] 袁娟, 何银安. 中医护理在社区养老卫生服务的应用优势[J]. 安徽医药, 2011, 15 (1): 102-103.

[107] 刘延东. 中医药是独特的卫生资源[N]. 中国中医药, 2014-11-06.

[108] 杨永菊, 张宇鹏, 范春博, 等. 中医药在医养结合模式中的优势探讨[J]. 辽宁中医药大学学报, 2018, 20 (3): 79-81.

[109] 全毅, 袁红霞, 胡蒻宝, 等. 健康老龄化视角下中医药参与医养结合模式SWOT分析[J]. 天津大学学报（社会科学版）, 2020, 22 (3): 282-286.

[110] 施国祥. "医养结合"方兴未艾[N]. 吕梁日报, 2018-02-11 (002).

[111] 彭雅, 彭涛. "医养结合"服务质量及其影响因素研究——基于马斯洛需求层次的实地调研[J]. 长沙大学学报, 2018, 32 (2): 95-100.

[112] 董红亚. 我国社会养老服务体系的解析和重构[J]. 社会科学, 2012 (3): 68-70.

[113] 曾玉婷, 赵丽. 论"医养结合"养老服务模式老年人人身权益保障[J]. 中国卫生法制, 2018, 26 (2): 17-20, 36.

[114] 王展, 蔡宏斌, 赵怡伟, 等. 基于中医特色的医养结合养老健康模式探析[J]. 医学食疗与健康, 2020, 18 (9): 214, 216.

[115] 朱孟斐，朱孔来，姜文华. 加快推广运用医养结合优化模式[J]. 宏观经济管理，2020（5）：78-82.

[116] 周乐明，吴开明，许小兰，等. 人口老龄化背景下重庆市社区开展医养结合的成效及探讨[J]. 现代医药卫生，2018，34（9）：1281-1284.

[117] 沈俊. 北京市医养结合养老服务模式分析[J]. 医学与社会，2018，31（3）：76-79.

[118] 谢呈嫡，熊婧佚，王艺霏，等. 北京市海淀区医养结合试点发展现状及建议[J]. 中国经贸导刊（中），2020（4）：128-130.

[119] 景丽伟，张超，孙书彦，等. 北京市医养结合资源配置现状及公平性研究[J]. 中国卫生政策研究，2020，13（3）：49-56.

[120] PHOTOMALL. 上海：在社区推行"医、养、护"一体化服务模式[J]. 中国卫生人才，2016（11）：8.

[121] 崔方圆，周润明，姚卫光. 广州市医养结合养老服务存在的问题与对策[J]. 医学与社会，2018，31（2）：39-41.

[122] 孔银焕，王华丽，闫雪，等. 乌鲁木齐市医养结合养老模式探讨[J]. 卫生软科学，2018，32（7）：6-9，15.

[123] 姚雪超，魏强. 河北省"医养结合"养老模式发展的制约因素及对策[J]. 工业技术与职业教育，2018，16（1）：72-75.

[124] 王菊宁，张蓉，贾怡婷，等. 创建"医养护一体化"社区居家养老公益云平台服务的模式研究——以西安市社区为例[J]. 临床医药文献电子杂志，2017，4（25）：4947-4948.

[125] 程冉冉，周燕，王培培，等. 社区失能老人对家庭型医养护一体化需求[J]. 中国老年学杂志，2018，38（13）：3247-3249.

[126] 滕建荣，周智林，周华，等. 创建医养护一体化智慧医疗服务

模式[J]. 中国医疗管理科学, 2015, 5（1）: 23-26.

[127] 赵杨, 吴宪. 安徽省医养结合养老模式的发展现状及路径[J]. 卫生软科学, 2020, 34（5）: 6-9.

[128] 王磊, 李文静, 王斌全. 推进医养结合养老模式的调查与思考——以山西省太原市迎泽区为例[J]. 中共山西省委党校学报, 2020, 43（2）: 58-62.

[129] 陈廷, 刘建兵. 打造医养结合的"互联网+养老"平台[J]. 中国信息界, 2018（1）: 66-69.

[130] 陈超贤. 疫情影响下养老机构开展医养结合服务的思考[N]. 中国人口报, 2020-03-12（003）.

[131] 邵玲, 徐宁. 医养护一体化签约服务中的问题分析及对策探讨[J]. 中国全科医学, 2017, 20（33）: 4096-4099.

[132] 王秀花, 肖云. "互联网+"社区居家养老"医养结合"机制研究[J]. 山西高等学校社会科学学报, 2018, 30（3）: 41-45.

[133] 石丹林. 医养护一体化养老产业融资模式初探[J]. 武汉金融, 2016（12）: 56-57.

[134] 马慧芬, 周伟. 医养结合服务人才策略探析[J]. 中华老年心脑血管病杂志, 2020, 22（4）: 447-448.

[135] 叶喆. 医养结合模式下我国养老护理发展研究[J]. 中国医学伦理学, 2020, 33（2）: 242-247.

[136] 姜帆. 医养结合模式下资源整合问题研究[J]. 劳动保障世界, 2020（5）: 28.

[137] 龚俊杰. 医养结合社区居家养老模式[J]. 中国老年学杂志, 2020, 40（8）: 1777-1781.

[138] 唐咏，徐永德. 香港"持续照顾"的老年福利政策及其借鉴意义[J]. 山东社会科学，2010（11）：158-160.

[139] 陈振建. 我国医养结合养老服务的现状、问题及对策研究[J]. 佳木斯职业学院学报，2020，36（5）：269-270.

[140] 吴宏洛. 论医疗保险制度设计对失能老人的救助功能——基于医养结合长期护理模式的考察[J]. 福建师范大学学报（哲学社会科学版），2014（2）：23-29.

[141] 郭丽君. "医养结合"养老服务体系[M]. 北京：科学出版社，2019.

[142] 陈作兵，杨芳. 中国医养结合专家共识2019[M]. 杭州：浙江大学出版社，2019.

[143] 民政部全国老龄办养老服务体系建设领导小组办公室. 国外及港澳台地区养老服务情况汇编[M]. 北京：中国社会出版社，2010.

[144] 丁建定. 中国养老服务发展研究报告（2019）[M]. 武汉：华中科技大学出版社，2019.

附　录：调查问卷

关于医养结合养老服务现状的调查问卷

您好！我是中华女子学院养老服务研究的课题组成员，现在开展关于养老服务现状认知情况的问卷调查，我们的调查对象是年满60周岁的人群。请您在您认为符合自己实际情况的选项"□"里打"√"，注意有单选和多选的区分，我们的调查只做研究使用，依据《中华人民共和国统计法》对您的个人信息严格保密，谢谢您！

A1. 您的年龄是：　□60~70岁　　□71~80岁　　□81岁及以上

A2. 您的性别是：　□男　　□女

A3. 您的婚姻状况：　□已婚　　□未婚　　□离婚　　□丧偶

A4. 您的子女数量：

□0个　□1个　□2个　□3个　□4个　□5个及以上

A5. 您目前的长期居住情况是：

□独居　　□仅与爱人居住　　□与爱人及子女一起住

□仅与子女居住　　□与其他亲属居住

A6. 您目前的生活自理情况是：

□完全能自理，不需要帮助　　□基本能自理，偶尔需要帮助

□半自理，经常需要帮助　　□不能自理，完全需要帮助

A7. 您的工资收入（或退休金）每月大约多少元：

□1000元及以下　　□1001~2000元　　□2001~3000元　　□3001~4000元

☐4001~5000元 ☐5001~6000元 ☐6001~7000元 ☐7001~8000元

☐8001~9000元 ☐9000元以上

A8. 您长期居住的地方属于：

☐北、上、广、深等大城市 ☐省会城市 ☐县城 ☐乡镇

A9. 您是否关注政府出台的老年保障相关政策：

☐比较关注 ☐偶尔关注 ☐从不关注

A10. 您对自己目前退休生活的总体满意程度是：

☐非常满意 ☐满意 ☐一般 ☐不满意 ☐非常不满意

B1. 您认为养老应该由谁承担责任？【可多选】

☐子女 ☐自己与老伴 ☐政府 ☐相关社会组织

☐其他__（填写）

B2. 当您身体出现不适时，首选的看病地点是：

☐附近大医院 ☐附近社区医院 ☐附近诊所

☐其他__（填写）

B3. 您认为目前我国养老服务面临的主要问题是：【可多选】

☐老年人养老金低，自身储蓄不够

☐子女没有时间和精力照顾老人

☐老年人医疗和康复服务不够完善

☐高龄和失能老人的专业护理人员短缺

☐养老院服务水平良莠不齐，收费偏高

☐社区养老基础设施不完善

B4. 您比较愿意的养老方式是：【可多选】

☐能自我照料时，在家养老

□在家养老，希望必要时社区能上门提供帮助

□希望去社区或村里距离家比较近的养老院

□将来不能自理时考虑去养老院

B5. 您认为目前需要的社区老年服务主要包括:【可多选】

□社区卫生服务中心方便看病取药

□社区服务人员必要时能为老年人上门提供服务

□社区有老年活动场所和设施

□社区有老年人从事志愿者的渠道和组织

□社区有老年人兴趣爱好学习班

□社区有老年人健康和疾病预防方面的相关讲座

B6. 您理想的老年人退休生活状态是怎样的:【可多选】

□身体健康　　□儿女孝顺　　□自己有比较安心的退休金

□受到社会和家庭的尊重　　□能继续从事喜欢的工作

□参加喜欢的文娱旅游活动　　□能帮儿女带小孩

B7. 您所在社区都有哪些老年服务设施和场所:【可多选】

□老年文体活动室　　□老年医疗保健室

□老年健身器材　　□老年餐桌及日间照料室

□老年读书阅览室　　□老年兴趣培训中心　　□以上都没有

B8. 您比较关注老年人退休生活的主要方面是:【可多选】

□养老金是否够花　　□老年人精神层次需求是否满足

□老年人身体疾病预防　　□子女能否在经济和精神上帮助和支持老人

B9. 请您对所在社区养老服务情况进行总体评分，在相应的等级"1~5"上划"√"。

项目	等级	1	2	3	4	5	等级
在社区看病的难易程度	难						易
社区服务人员的态度	差						好
社区老年服务的项目	少						多
社区老年服务的质量	差						好
社区老年服务的设施	差						好

B10. 您认为社区增强老年人看病和护理服务，理想的渠道是：【可多选】

☐社区卫生服务中心增加老年疾病的治疗、康复及护理服务

☐老年人居住地附近的医院建立老年病专区，建立老年人看病急救的绿色通道

☐邀请签约家庭医生不定期服务老人

☐社区建立养老护理院，增加医疗及康复护理服务

B11. 您认为社区更好地服务老年人，目前的困难有：【可多选】

☐目前社区的医疗水平不高

☐社区里医疗和养老没有明确管理责任人

☐社区卫生服务中心缺乏全科医生

☐社区老年护理专业人员不足

B12. 给老年人看病和服务，社区应该如何做：【可多选】

☐街道办事处建立医养结合的老年服务指导工作协调机构

☐政府增加财政投入

☐新建社区规划要有法定的老年医疗和养老服务场地和基础设施

☐社区建立养老服务网络信息平台

☐完善家庭医生签约服务激励机制

B13. 社区增强老年人看病和护理服务的功能，您觉得对老年人的好处

是:【可多选】

☐满足老年人基本服务需求

☐老年人看病方便快捷

☐解决老年人慢性病管理和疾病后康复护理难题

☐减轻子女照顾老人时间和精力的负担

B14. 您认为目前您所在社区的卫生医疗服务有哪些问题:【可多选】

☐社区卫生医院医生的诊疗技术不高

☐社区医院的就诊环境较差

☐社区医院诊疗设备简陋

☐看病费用和大医院差不多

☐医护人员服务态度差

☐社区医院药品数量少,难以满足老人需求

索 引

C
长期护理保险 ……………… 23
CCRC社区服务 …………… 215

F
福利多元主义理论 ………… 22

G
姑息治疗 …………………… 77

J
家庭养老 …………………… 10
机构养老 …………………… 12
健康老龄化 ………………… 22
健康中国战略 ……………… 95

K
空巢老人 …………………… 6
康复护理服务 ……………… 12

L
临终关怀 …………………… 16
老年康复 …………………… 23
老年风险 …………………… 64
老年需求 …………………… 24

M
马斯洛需求理论 …………… 15
美国养老服务专项计划 …… 30

Q
全科医生 …………………… 24
全面小康理论 ……………… 22

R
人口老龄化 ………………… 1
日本介护保险 ……………… 31

S
社区居家养老 ……………… 50
失能老人 …………………… 13
社区照顾 …………………… 15
商业养老保险 ……………… 213
生命周期理论 ……………… 6

X
新公共服务理论 …………… 23

Y
医养结合 …………………… 1
养老服务驿站 ……………… 176

以房养老	250	"医养康护"一体化	2
养老目标基金	23	养老理念	10
养老服务管理	42	医养结合模式	39
养老服务体系	12	养老服务政策	23

后 记

国家社会科学基金项目《社区养老服务"医养护"一体化路径研究》自2016年立项以来，历时四年多，怀着对广大老年人的崇敬、对我国老龄事业的无限热爱，以及对老年人一生为国家和家庭付出艰辛的感恩，我一直在努力，希望能知晓广大老年人的心声和需求，为国家养老保障制度建设和发展做一点自己的贡献和力量。

没有调查就没有发言权，因为对老龄事业的执着和热爱，我只要有时间就会到社区和养老机构，到老年人身边访谈，成为老年人的知心朋友。到老年人身边方知其内心需求，三年来我走访调查了无数个城市社区，从广东省珠海市到青海省西宁市的社区，以国家出台的"医养结合"两批试点地区为重点，探求"医养结合"改革创新点和经验，着力解析"医养结合"试点运行过程中遇到的问题和制度障碍。社区老年人看病难的问题仍然很突出，农村老年人的养老问题还面临诸多难题，"医养结合"的理念不明确，医疗资源分布不均衡，社区和农村的失能、失智老人护理和康复服务存在短板，家庭照护老年人的功能弱化，基层社区的医护人员流动性高，基层医护能力薄弱，养老院护理人员严重短缺，"医养结合"机构申请办理医保报销点的流程还很烦琐，医养结合机构实践效率低下。

调查时我经常到老年人身边，深切感受到了诸多老年人因为子女不在身边所经受的孤寂和无奈；诸多老年人常年卧床，失能失智，精神接近崩溃。我深刻地认识到老年人健康风险管理的重要性，认识到人生退休养老规划的必要性。通过调查研究，我感到应对人口老龄化挑战和老年保障任务的艰巨，更加坚定了从事老年研究的信心和决心。

本书的顺利完成并出版，要感谢的人太多。感谢中华女子学院金融系曾煜教授、国晓丽副教授、张群副教授的大力支持和帮助！感谢中国人民大学社会保障学博士同窗杨建海、龙玉其、梅丽萍的鼎力相助！感谢中华女子学院科研处叶亮老师、财务处赵燕坤老师的大力协助！特别感谢中央财经大学黄秀莲博士研究生，中华女子学院金融系2017级本科生屈欢欢、鲁静雯、陈文娟及2018级邓志英、梁丹等同学协助问卷调查和数据整理。

感谢爱人李开仙和女儿汪嘉楠的支持！

感谢中国经济出版社贺静编辑的辛苦付出！